课程重构的现实路径
——基于初中生物课程整合的实践探索

KECHENG CHONGGOUDE
XIANSHI LUJING

张　涛◎主编

中国社会出版社

国家一级出版社 · 全国百佳图书出版单位

图书在版编目（CIP）数据

课程重构的现实路径：基于初中生物课程整合的实

践探索 / 张涛主编. — 北京：中国社会出版社，

2020.5

ISBN 978-7-5087-6340-8

Ⅰ. ①课… Ⅱ. ①张… Ⅲ. ①生物课—教学研究—初

中 Ⅳ. ①G633.912

中国版本图书馆 CIP 数据核字（2020）第 060899 号

书　　名：	课程重构的现实路径：基于初中生物课程整合的实践探索
主　　编：	张　涛

出 版 人：	浦善新
终 审 人：	尤永弘
责任编辑：	陈贵红

出版发行：中国社会出版社　　　　　邮政编码：100032

通联方式：北京市西城区二龙路甲 33 号

电　　话：编辑部：（010）58124828

　　　　　邮购部：（010）58124848

　　　　　销售部：（010）58124845

　　　　　传　真：（010）58124856

网　　址：www.shcbs.com.cm

　　　　　shcbs.mca.gov.cn

经　　销：各地新华书店

中国社会出版社天猫旗舰店

印刷装订：河北盛世彩捷印刷有限公司

开　　本：170mm×240mm　　　1/16

印　　张：19.5

字　　数：307 千字

版　　次：2020 年 5 月第 1 版

印　　次：2020 年 5 月第 1 次印刷

定　　价：68.00 元

中国社会出版社微信公众号

编 委 会

几年之前，威海市启动了教育名家工作室建设工程。在首批的 7 个工作室当中有一个是初中生物工作室，工作室主持人张涛老师早在 2000 年参加"跨世纪园丁工程"全国骨干教师国家级培训时就与我有过师生之缘。后来，他又作为访问学者在我的工作室，也就是北师大基础教育课程中心工作了近一年的时间，参与了我主持的"全国初中毕业升学考试生物学科试题评价"以及其他几个项目，参加了北师大版《生物学》教材编写的有关工作，旁听了我执教的研究生班的课程，由此有了较深入的交往，那时，他的勤学善思就给我留下了很深的印象。以后，在各种类型的活动中也有接触和交流，有时是在我的专题报告会上，有时是审阅他投递给《生物学通报》的稿件，有时是同时作为某教师培训活动的讲座嘉宾，虽然每次接触的时间都不算长，但也能感受到他对生物教育教学研究的执着和不断的成长进步。因为有着这样一些渊源，所以在接到他的邀请，要我作为工作室指导专家时，便即欣然应命，于是又有了近三年的交集。

作为指导专家，我每学期至少会有一次亲临现场听课、研讨或讲座。按照以往的经验，这种顾问性质的工作是比较清闲的，以我对生物课程教学多年的浸淫和积淀，应该可以轻松应对，然而，随着参与工作室活动的深入和与工作室成员互动的增加，我发现要当好这个顾问并不容易。

首先，这项工作的挑战来自他们研究的选题。工作室选择的课题是"指向核心素养的初中生物课程整合"，该课题以 2011 版初中生物课程标准为依托，研究内容中关于落实学科核心素养、聚焦大概念等，也是当时正处于研制进行中的高中生物新课标考虑的重点。不仅如此，该课题还借鉴了《美国新一代科学教育标准》中的有关内容，力求与国际科学教育最新进展接轨。坦率地讲，对于工作室选定的研究课题，最初我是持有一点保留态度的，因为这个课题涵盖的范围太广，实施的难度很大，他们能驾驭得了这样的课题吗？能将其中的每一项研究都推向深入吗？我曾经建议将研究课题改为"STEM项目与初中生物课程的整合"，这个课题既不改工作室课程整合研究的初衷，研究方向又相对集中，易出成果。工作室接受了我的建议，但也没有舍弃原来的内容，而是将"基于STEM项目的跨领域整合"作为课程整合的最高层次，融入原课题当中。这样一来，课题比原来更加立体、丰满了，但研究与指导的难度也加大了许多。

其次，工作室对课程整合实施的创造性设计，也使得指导会不断面对新的问题。比如，在学习内容的整合方面，以大概念为统领的组织方式需要对所有学习内容进行系统梳理，需要充分考虑学科内在逻辑和学生认知逻辑的统一，这个难度相当于重新编排教科书的结构框架。在研制2011版义教课标时，我曾组织我的研究生做过部分专题重要概念梳理的工作，深知其中的不易。再如，在教学设计方面，把构建知识结构作为核心任务贯穿于主题学习的始终，而知识结构的构建又以学生已有的认知为基础，为此他们设计了"前知展现课"等五种课型。以往，虽然也强调要重视学生的前科学概念，但重视到将它单独作为一个课型，并把学生已有的认知作为构建知识结构的基础，把通过前知展现暴露出来的问题作为安排后续教学活动的依据，还未有人进行过尝试。因此，在我第一次了解了他们对于课程整合实施的设计，并听了工作室成员展现的3个课例之后，第一感觉就是"全是新式武器"。

这项工作的挑战，还来自指导的针对性和问题的不确定性。比如，2017年我做的两个关于STEM的讲座都是需要量身打造后才适用的。再如，工作室曾组织过几次面对面的互动交流，在为时半天的交流中，老师们提出的问题涉及课程整合的方方面面，有些问题还有着一定的深度，要对这些问题作出即时详尽的解答也颇为不易。

在一次次奔赴威海的过程中，我经历了课题研究的整个过程，看到了工作室在课题研究和实践中扎扎实实的探索，见证了他们在短短半年时间就开发并实施了20多个相对成熟的STEM项目"奇迹"。他们的工作热情和成长的渴望也感染和打动着我，让我在这份顾问工作中越陷越深，因而，我愿意将自己对教育的感悟、研究的心得乃至人生的经验与他们分享。

《课程重构的现实路径——基于初中生物课程整合的实践探索》一书是工作室研究工作阶段性的成果和见证。概括地讲，本书具有以下几个方面突出的特点：

第一是站在课程的层面，而不仅仅局限于教学。书中的内容涵盖了课程目标的定位、课程内容的梳理、课程实施的方法、课程资源的开发以及课程的管理和评价等多个方面。

第二是具有较强的前卫性。本书的两个关键词"生物学科核心素养"与"课程整合"分别是刚刚颁布的《普通高中生物课程标准（2017年版）》和《美国新一代科学课程标准》的标志性研究成果，而将两者进行"对接"，对于初中生物课程的整合来说更具有超前性。

第三是全方位地回答了"学什么？怎样学？学得怎样？"三个教学中最基本的问题。通过"主题设置"构建起学习内容的整体架构，回答了"学什么"的问题；通过课程整合的教学策略、课型设置和教学模式等，回答了"怎样学"的问题；通过对课程整合的过程性和终结性评价设计，解决了"学得怎样"的问题。

第四是内容来自实践，又可用于指导实践。本书所依托的课题属于实践性课题，在书中介绍的主题中，概念梳理和内容确定的方法、教学的策略、五种课型实施的要点、备课的模板以及评价的工具等，都可以在教学中直接"拿来"使用，书中提供的丰富的教学和实践活动案例可以为教学提供直接的借鉴。

但是，任何事物都具有两面性，正是因为研究内容的超前，决定了本书的编写必然是一项艰巨的任务，本书对有关内容的探索在不落窠臼的同时，也会不尽成熟和不尽完美，比如主题的设置和概念的梳理还需进一步修正，前知展现分寸的把握和结果的使用还需有更多的考量，知识结构的建立和完善还需深入到操作的细节，课程整合与核心素养的对接还需进一步磨合等。虽然有着些许的遗憾，但瑕不掩瑜，本书的价值还是显而易见的，尤其本书成书之日，也正值《义务教育生物学课程标准》研制之时，此时威海市初中生物教育名家工作室推出的这本有关生物核心素养如何落地的实践性成果尤其有其现实意义。

至于那些尚未完全解决的问题，就留下作为他们进一步研究的课题吧，这也正好符合了教育科研"为解决问题而来，到产生问题而去"的规律。

最后，我要说的是，人是需要有一点理想主义情怀的，虽然没有理想的教育，但需要有教育的理想。在追求理想的道路上，希望工作室能够走得更远，也走得更稳，希望他们能够将这项课题继续深入研究下去，结出更为丰硕的果实。对此，我充满信心，也充满期待！

北京师范大学教授、博士生导师
国家生物课程标准组组长

2019 年 12 月

目 录
CONTENTS

前　言

　　2015年，"威海市英才计划"启动。在教育领域，该计划的主要内容为"威海市教育名家工作室"建设工程。通过严格的评选，首届工作室共确定了7个，"威海市初中生物教育名家工作室"（以下简称工作室）即是其中之一。经过深思慎谋，工作室确定了"通过工作室开展课题研究，通过课题研究培养人才，通过人才和成果辐射带动，从而实现课题研究、人才培养、辐射带动一体化"的总体工作思路，选择了"指向核心素养的初中生物课程整合的实验研究"作为研究课题，选择了6所实验学校全面推进课题实验、21所实验学校开展STEM项目开发与实施专题研究，由此开始了本书的孕育之旅。

　　本书的孕育过程充满了艰辛，也充满了收获的喜悦，让我们通过一些枯燥的数字来管窥工作室近三年付出的努力吧。据不完全统计，工作室共开展网络研讨150多次，组织内部专题听评课40余场，召开大型研讨会议14次，组织全市范围内的课题成果展示活动4次，邀请国家生物课标组组长刘恩山教授来威海指导5次，实验教师研究成果获奖10人次，在省级以上刊物发表论文15篇（其中8篇为全国中文核心期刊），执教市级以上优质课、公开课31人次，在市级以上的活动中做专题报告29场……这些活动的开展，不仅有力地推进了课题研究，也为本书的编写积累了大量原始材料。

　　但即使有了丰富的素材，要把课题研究过程中无数的案例和思考梳理出来，并用一条清晰的主线贯穿，再提升到一定的理论高度，做成一桌主题鲜明、富有营养、色香味俱全的"大餐"，也还是殊为不易的，因此，本书的编写几经反复，数易其稿，最后才成为现在呈现出来的样态。

第一章："核心素养呼唤课程整合"，介绍了选题的背景、国内外同类研究的现状以及本书中课程整合的整体构架；第二章："课程整合的主题设置"包含"大概念统领下的主题设置"和"STEM 项目的主题设置"两部分，呈现的是主题设置的原则、步骤及部分案例；第三章："大概念统领下的课程整合"既有设计层面的教学策略、教学方式、教学设计工具及说明，又有实施层面的上述设计组织实施的过程和方法，还有属于保障层面的教学评价，这些内容都采用案例解读的方式呈现；第四章："实践活动与概念理解的整合"是大概念统领下课程整合的延伸，内容包括实践活动的开发、实施和保障，其中包含了大量鲜活生动、具有较强可操作性的案例及分析；第五章："基于STEM 项目的跨领域整合"介绍的是如何针对 STEM 项目进行教学设计、组织实施并通过评价保证项目实施的效果，其基础是 21 所实验学校已开发出的50 多个 STEM 项目；第六章："课程整合与核心素养的对接"是为了将课程整合对学科核心素养发展的促进作用清晰地呈现出来而设置的，是对前面所有内容的归纳提升，本章以理论与案例相结合的方式，阐述了课程整合如何指向核心素养的发展，核心素养培育又如何渗透在课程整合各个环节当中，目的是让读者对课程整合与核心素养发展之间的关系能有一个清晰的认识。为帮助读者整体感知课程整合的实践路径，本书的最后还附有两个案例，一个呈现的是"以主题为单位"进行的整合，另一个呈现的是"以课时为单位"进行的整合。

本书力图解决教师日常教学中存在的这样一些困惑：知道应把学生的已知作为教学起点，但不知道如何发现学生的前科学概念；知道应摒弃机械灌输、死记硬背和题海战术的教学方式，但不知道什么样的教学方式能够兼顾发展能力与应对考试；知道应给学生充足的时间自学、讨论和实践，但不知道怎样安排好宝贵的学习时间；知道应该注重概念的深度理解，但不知道通过什么样的途径能够达到预期的效果；知道生物学是一门实践性的学科，但不知道除了教材中的活动之外还可以开展哪些实践活动；知道应充分关注知识之间的相互联系，但不知道如何使学生独立建立起知识结构；知道教学应以发展学生的生物核心素养为目的，但不知道从何做起……

　　本书是工作室九位核心成员及两位青年教师分工合作完成的。主持人张涛老师负责全书的整体规划、统筹安排、审查统稿等工作，书中的这六章内容编写分工，依据的是工作室每位成员的专长和在课题研究中承担的子课题。凤林学校丛雪雁老师善于构建整体架构，因而承担了第一章的编写任务；环翠教研中心夏熠老师研究的子课题是"课程整合的内容组织"，因而编写了第二章；环翠国际中学谷萍老师研究的子课题是"课程整合的教学方式"，因而编写了第三章的第一、二节；皇冠中学王思玲老师研究的子课题是"课程整合'主题整体备课'"，因而编写了第三章的第三、四节；威海塔山中学张海鸥老师研究的子课题是"实践活动的开发和利用"，因而编写了第四章；荣成教研中心吴晓燕老师研究的子课题是"STEM 项目的组织实施"，因而编写了第五章第一、二节；文登天福山中学毕明松老师研究的子课题是"目标、评价、教学一致性"，因而编写了第三章的第五节和第五章的第三节；乳山实验中学的苏田军老师是工作室除主持人外唯一的男性成员，最需要理性思维的第六章就成了他的任务；承担本书第一个案例编写的是皇冠中学刘晓霞、环翠国际中学林文杰两位青年教师，承担第二个案例编写的是王思玲老师，这两个案例都是依据她们真实的教学经历整理而成。另外，书中还引用了一些案例，这些案例的作者详见"引用案例来源"。当然，在实际编写中大家并没有、也不可能界限清晰地"各人自扫门前雪"，几乎所有的工作都是在大家一次次的沟通研讨、求教解答和互相审稿中共同完成的，以力求使全书能够浑然一体。

　　当然，由于水平有限和时间仓促，本书难免会存在错漏，恳请广大读者提出宝贵意见，我们将不胜感激！

　　"最美好的生活方式是和一群志同道合的人，一起奔跑在追求理想的道路上，回头有一路的故事，低头有坚实的脚印，抬头有清晰的方向。"这段广为流传的话也是工作室同人们的共同感受。感恩大家，一直在路上，从不懈怠，从未离开。更要感谢的是成就本书的众多力量：感谢威海市教育局、教研中心提供的良好环境，感谢基层教研中心和实验学校的大力支持，感谢各区市教研员和实验教师的积极参与并提供丰富的案例，尤其感谢不断为我们提供高端引领的刘恩山教授。

其实，相比这些口头上的致谢，表达感谢更好的方式应是将这个课题深入研究下去，拿出更为丰硕的成果。为此，我们将继续前行，不懈努力。

编 者

第一章　核心素养呼唤课程整合

随着《中国学生发展核心素养》的公布，"如何将核心素养落到实处"成了当前基础教育课程教学的重难点问题。当前，"课程与教学需要改什么？怎么改？如何保证改的效果？"等一系列的问题也接踵而来。其实，早在 2001 年国家颁布的《基础教育课程改革纲要》就指出要改变课程结构过于强调学科本位、科目过多和缺乏整合的现状……对发展学生的核心素养而言，课程整合仍不失为一种行之有效的路径。

第一节　核心素养，未来社会的人才要求

每一轮教育改革都是由其当时的时代背景引发的。近几十年，我们生活的世界发生了巨大的变化，先进的技术与快捷的交流手段，迅猛的经济发展与激烈的市场竞争，日益加剧的全球性挑战，使得整个社会对人才素质的要求发生了很大的变化。

一、社会发展对人才的素养要求

全球人力资源服务行业的领航者 Adecco 集团（瑞士阿第克公司）CEO Alain Dehaze 曾表示："自动化和人工智能的快速发展将对我们的工作与生活产生巨大冲击……我们需要向年轻人传授符合社会大环境发展的知识与技能。每一个职场人都应该记住，在这个剧变的时代，只有不断学习，才能保持并提升自己的就业能力。"

（一）科技创新使新的岗位不断涌现

随着科学技术的创新和发展，人类社会进入了"知识爆炸"时代。与科技

（特别是计算机科学）有关的新科学不断出现，传统学科知识边界不断扩展，人类创造的知识在短时期内以极高的速度在增长。与此同时，人类的生存环境和生存方式也发生了很大的变化，新的工作岗位不断涌现。

有统计表明，在 20 世纪 60 年代，以制造业为基础的美国工业经济占国家经济总量的 54%。而在随后的 30 多年间，制造业的主导地位逐渐由以信息、知识和创新为支撑的服务业所取代，信息产品和基于信息的服务业在 1967 年到 1997 年的 30 年间，占国民经济总量的比重已经由 36% 上升至 56%，并在以后的十几年间产值持续超过制造业。随之而来的是就业市场的变化，从 1995 年至 2005 年，美国失去了三百万个制造业的工作岗位，同时创造了一千七百万个服务业的工作机会，主要集中在高新的信息服务业的高端职务上。到 2008 年，美国服务业的就业机会已经达到了 86% 的比例，成为就业市场的主导，且信息服务业员工的年收入平均高出制造业员工两万美元[①]。这样的变化不仅出现在美国，也出现在其他发达国家，这意味着信息化时代的经济模式与职业模式将出现高智能化和综合化的趋势。

（二）未来人才需拥有适应发展需要的素养

信息化时代，新工作岗位的涌现必然会对人才的能力和素质提出新的要求。在 Adecco 集团、英士国际商学院（INSEAD）和新加坡人力资本领导能力研究院（HCLI）联合发布的 2017 全球人才竞争力指数（Global Talent Competitiveness Index）报告中指出：在未来的职场中，对人才的能力有着新的要求，专业技能、适应性和合作精神是成功的关键。另外，未来人才还需要有足够的灵活性适应新形势，即拥有终身发展的能力和素养。

---

① 刘恩山：《"21 世纪技能"呼唤科学教育改革》《基础教育课程》，2010 年第 6 期。

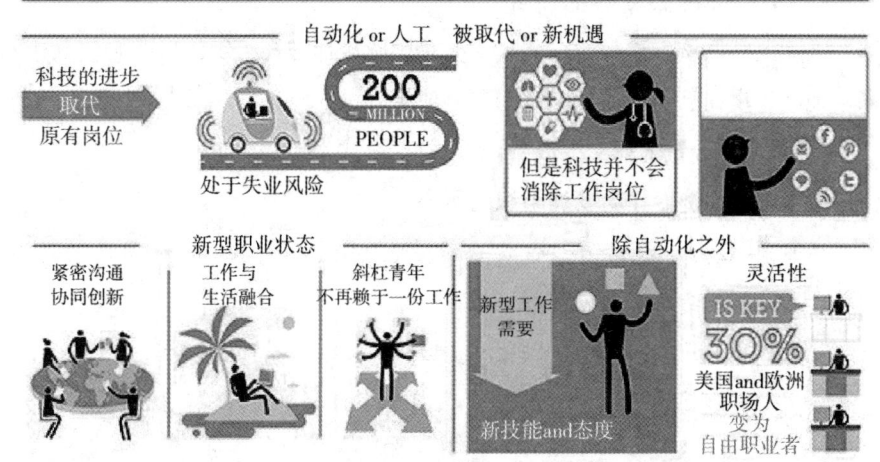

图 1-1-1　2017 全球人才竞争力指数报告

其实，早在 20 世纪 90 年代，一些国际教育组织和国家就开始讨论 21 世纪所必需的技能，与 21 世纪技能相呼应的"核心素养"概念也逐渐被提及。

在个体终身发展过程中，每个人都需要许多素养来应对生活的各种情况，其中，最关键、最必要、居于核心地位的素养被称为"核心素养"。核心素养中的"核心"，不是只适用于特定情境、特定学科或特定人群的特殊素养，而是适用于一切情境和所有人的普遍素养。"素养"是指基于具体情境应对复杂要求并成功开展工作的能力，它是一个动态的、整合的概念，相比于技能，所包含的内容更为宽泛，相比于素质，更侧重于可以经过后天的培养而发展。核心素养是知识、能力、态度和价值观等方面的融合。高中生物学课程标准研制项目的负责人刘恩山教授认为：核心素养既包括问题解决、科学探究、批判性思维等"认知性素养"，又包括自我管理、人际交往、社会责任等"非认知性素养"。

二、国际国内对核心素养的研究现状

核心素养直接指向的是"培养什么样的人"的根本问题，与许多国际组织、国家或地区在教育目标中所要表达的含义非常贴近，因而成为目前研究的重点。

（一）国际核心素养的研究

国际上开展核心素养研究的，主要是国际或地域性组织，以及一些发达国家和地区，现在已经形成了一定的研究成果。

1. 国际核心素养研究的成果

（1）国际经济合作与发展组织的研究

1997 年 12 月，经合组织启动了"素养的界定与遴选：理论和概念基础"项目，确定了三个维度九项素养。

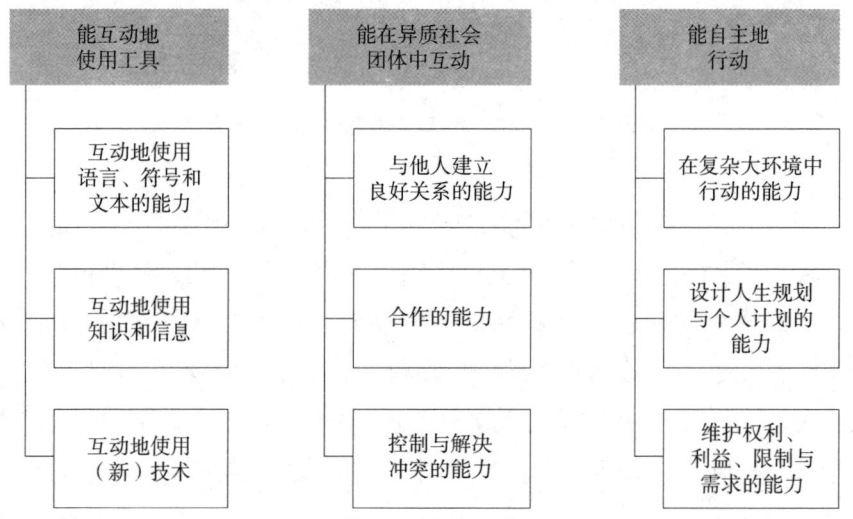

图 1-1-2　国际经合组织的三个维度九项素养

①能互动地使用工具，包括互动地使用语言、符号和文本；互动地使用知识和信息；互动地使用（新）技术。

②能在异质社会团体中互动：与他人建立良好关系的能力；合作的能力；控制与解决冲突的能力。

③能自主地行动：在复杂大环境中行动的能力；设计人生规划与个人计划的能力；维护权利、利益、限制与需求的能力。

（2）联合国教科文组织的研究

2000 年，联合国教科文组织开启了学习结果指标体系，即核心素养指标体系的研究。2013 年 2 月，教科文组织发布了研究报告《走向终身学习——每位儿童应该学什么》。该报告基于人本主义的思想，即从"工具性目标"（把学生培养成提高生产率的工具）转变为"人本性目标"，提出要使人的情感、智力、身体、心理诸方面的潜能和素质都能通过学习得以发展。在基础教育阶段尤其重视身体健康、社会情绪、文化艺术、文字沟通、学习方法与认知、数字与数学、科学与技术七个维度的核心素养。

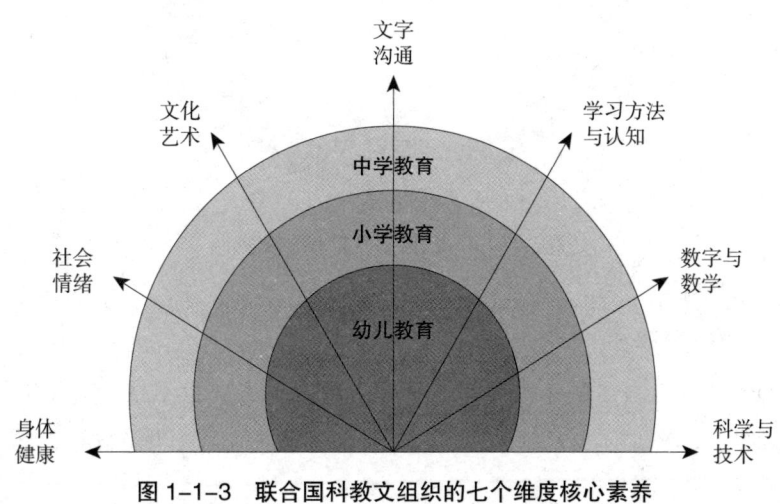

图 1-1-3　联合国科教文组织的七个维度核心素养

（3）欧盟的研究

2000 年欧盟在里斯本举行的高峰会议中，确定要立足于终身学习，建构一套"核心素养"作为欧盟各成员国共同的教育目标。2005 年，欧盟正式发布《终身学习的核心素养：欧洲参考框架》，向各成员国推荐 8 项核心素养作为推进终身学习、教育与培训改革的参照框架。

八项核心素养包括使用母语交流的能力、使用外语交流的能力、数学素养与科技素养、数字化素养、学会学习、社会和公民素养、主动与创新意识、文化意识与表达，每个素养均从知识、技能和态度三个维度进行具体描述。这些核心素养作为统领欧盟教育和培训系统的总体目标体系，其核心理念是使全体欧盟公民具备终身学习能力，从而在全球化浪潮和知识经济的挑战中能够实现个人成功与社会经济发展的理想。

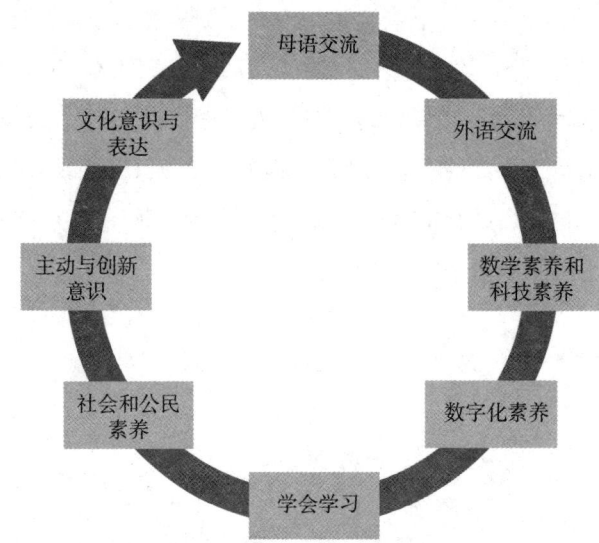

图 1-1-4 欧盟的八项核心素养

（4）美国的研究

2002 年，美国在联邦教育部的主持下成立了"21 世纪技能合作组织"，该组织将 21 世纪应具备的基本技能进行整合，制定了"21 世纪技能框架"。

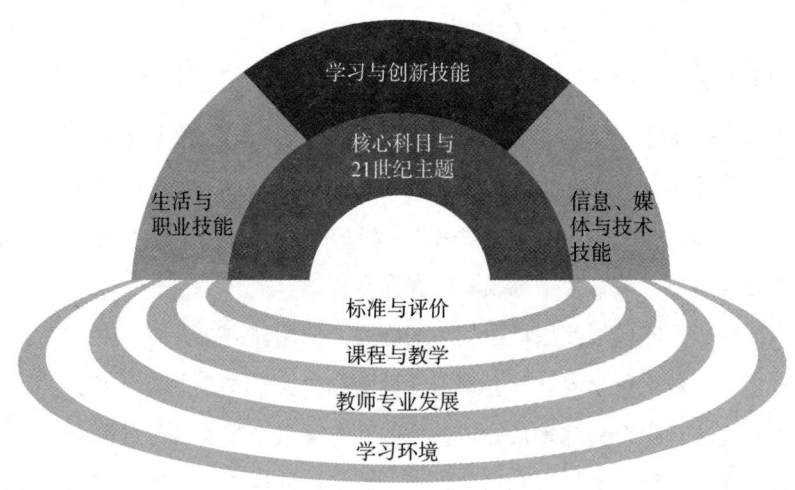

图 1-1-5 美国的 21 世纪技能框架

美国 21 世纪技能框架将核心技能、与之配套的课程以及支持系统之间的相互关系以彩虹图形式呈现（如上图所示）。彩虹外环呈现学生学习结果的内容，主要包括"学习与创新技能"（创造力与创新、批判思维与问题解决、交流沟通与合作）、"信息、媒体与技术技能"（信息素养、媒体素养、信息交流和科技素养）、"生活与职业技能"（灵活性与适应性、主动性与自我导向、社会与跨文化素养、效率与责任、领导与负责）三个方面。这三个方面主要描述学生在未来工作和生活中必须掌握的技能、知识和专业智能，是内容知识、具体技能、专业智能与素养的融合。彩虹的内环部分呈现的是核心科目与 21 世纪主题，每一项学习成果的落实都要依赖于基于核心素养的核心科目。核心科目包括阅读、外语、美术、数学、经济、科学、地理、历史、政府和公民。图中的底座部分呈现的是四个支持系统，包括标准与评价、课程与教学、教师专业发展以及学习环境，它们构成了保证 21 世纪技能实施的基础。

（5）日本的研究

日本从 2009 年起启动了新一轮的课程改革基础研究，基于社会变化的特征和各国的实际发展情况，以及日本的教育政策变化动向，提出了日本人必须具备的"能在 21 世纪生存下去"的能力，即"21 世纪型能力"。

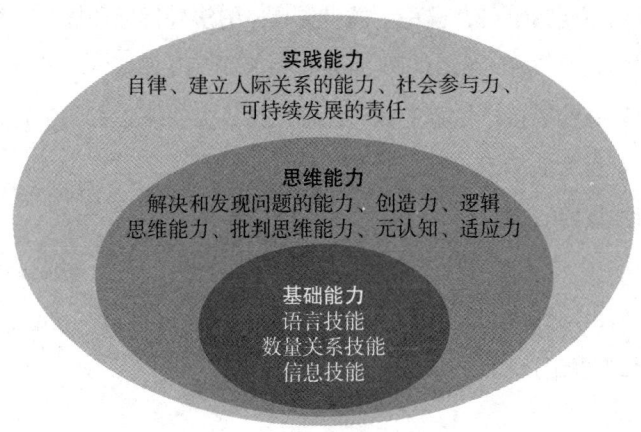

图 1-1-6 日本的 21 世纪型能力

在这些能力中，"思维能力"居于核心地位。思维能力是指每个人自主学习、自我判断、形成自己的想法、与他人商讨、比较并整合自己的想法、形成更好的见解、创造新的知识，进而发现下一个问题的能力。支撑"思维能力"的是"基础能力"，它对促进思考力起到强大的支持作用。基础能力包括语言技能、数量关系技能和信息技能。这三种技能与所有的学科、领域均有联系，需要在全部的教育课程中有计划地进行培养。最外侧是"实践能力"，它引导着"思维能力"。实践能力是指在日常生活、社会和环境中发现问题，并运用自己掌握的知识，寻求对自己、社区和社会有价值的解决办法，并将解决办法通报社会，与他人共同协商讨论这种解决问题的方法，通过这种方式认识到他人和社会重要性的能力。

（6）芬兰的研究

芬兰 2004 年颁布的《基础教育国家核心课程》中，把"核心素养"的概念融入其中。根据当代以及未来社会、国家对公民的要求，提出了七大核心素养：①思考和学习素养；②文化理解、交往和自我表达素养；③自我照顾和日常生活管理素养；④多模态识读素养；⑤信息技术素养；⑥就业与创业素养；⑦社会参与和构建可持续未来的素养。

七大核心素养是跨学科的，体现的是教育与教学过程中最为核心的部分。在实际课程设计与教学中，芬兰则是将核心素养与课程紧密结合，将目标和核心内容分解到不同的学科，进一步提出更具体的学科目标和核心内容。这样一来，从上位的教育目标，到中间层面的核心素养，再到具体的学科目标，各个层面之间有较好的衔接。核心素养与课程设计成为一体，有助于教师对课程的实施和对教育目标的把握。

（7）新加坡的研究

2010 年 3 月，新加坡教育部颁布了新加坡学生的"21 世纪素养"框架。核心素养框架由内到外共包含三部分核心内容：核心价值观、社交与情绪管理技能以及新 21 世纪技能。

图 1-1-7 新加坡的"21 世纪素养"框架

核心价值观处于框架图的中心，是素养框架中的核心因素，包括尊重、诚信、关爱、抗逆、负责、和谐。核心价值观的外层为自我意识、自我管理、社会意识、人际关系管理、负责任的决策，这些都属于社交及情绪管理技能。通过社交及情绪管理技能进而决定需要培养学生哪些新 21 世纪技能，包括交流、合作与信息技能；批判性、创新性思维；公民素养、全球意识和跨文化交流技能。最终，达到形成 4 个理想教育成果的目的，即充满自信的人、能主动学习的人、积极奉献的人以及心系祖国的公民[①]。

2. 国际核心素养研究的特点

（1）核心素养的指标具有时代性与前瞻性

纵观上述核心素养的研究，指标的选取都反映了社会、经济、科技等方面发展的最新要求，突出强调创新与创造力、信息素养、国际视野、沟通与交流、团队合作、社会参与及社会贡献、自我规划与管理等素养指标，这些指标都属于能够在满足个人自我实现的同时，推动社会发展所需要的最核心的知

---

① 林崇德：《面向 21 世纪的学生核心素养研究》，北京师范大学出版社，2016 年版。

识、能力与情感态度，都是为了帮助学生成功地融入未来社会。

（2）核心素养的价值取向存在差异

由于各国际和地域组织、国家的出发点、服务对象和政治经济文化制度等方面的差异，所以在 21 世纪核心素养的价值取向上出现了以下几种情况。①经合组织以培养完整的人为价值取向，目标是实现个人成功的生活和社会的健全发展。②联合国教科文组织和欧盟以追求终身学习为价值取向，把终身学习作为一切重点教育行动与变革的指导原则。③美国以未来社会职业需求为价值取向，意在掌握将来工作和生活中所必需的技能、知识和专业智能。④新加坡以培养完善品德的人为价值取向，旨在培养有自信的人、自主学习的人、积极贡献者和热心公民，实现个人发展与国家发展相统一。

（3）核心素养的培养落实到具体的课程中

由于各个国家或地区实际情况不同，落实核心素养的方式方法也不尽相同，但共同之处在于通过课程设计和实施将核心素养落到实处。国家核心素养与课程体的相互关系大致有以下三种模式：核心素养独立于课程体系之外的美国模式，在课程体系中设置核心素养的芬兰模式，通过课程标准内容设置体现核心素养的日本模式。无论哪种模式，具体做法都是在国家课程的设计与改革过程中，不断对核心素养的各个方面进行细化、分解和调整，最终与微观的学科知识紧密结合。由此，将上位目标层面的素养转为具体实施的内容，融入了具体的课程之中。

（二）国内核心素养的研究

2013 年 5 月，由教育部委托，北京师范大学林崇德教授牵头组织的"我国基础教育和高等教育阶段学生核心素养总体框架研究"重大项目正式启动，表明我国核心素养的研究正式揭开了帷幕。

1. 中国学生发展核心素养

2016 年 9 月 13 日，《中国学生发展核心素养》正式公布，这项历时三年的研究成果，对学生发展核心素养的内涵、表现等做了详细阐述。

（1）中国学生发展核心素养的内涵

中国学生发展核心素养，是指学生应具备的，能够适应终身发展和社会发展需要的必备品格和关键能力；是关于学生知识、技能、情感、态度、价值观等多方面的综合表现；是每一名学生获得成功生活、适应个人终身发展和社会发展不可或缺的共同素养；是一个持续终身的发展过程，在家庭和学校中开始培养，在一生中不断发展。

中国学生发展核心素养以培养"全面发展的人"为核心，分为文化基础、自主发展、社会参与三方面，综合表现为人文底蕴、科学精神、学会学习、健康生活、责任担当、实践创新六大素养，还可以具体细化为十八个基本要点。

"全面发展的人"所包含的三个方面，文化基础，重在强调能习得人文、科学等各领域的知识和技能，掌握和运用人类优秀智慧成果，涵养内在精神，追求真善美的统一，发展成为有宽厚文化基础、更高精神追求的人；自主发展，重在强调能有效管理自己的学习和生活，认识和发现自我价值，发掘自身潜力，有效应对复杂多变的环境，发展成为有明确人生方向、有生活品质的人；社会参与，重在强调能处理好自我与社会的关系，养成现代公民所必须遵守和履行的道德准则和行为规范，增强社会责任感，提升创新精神和实践能力，促进个人价值实现和推动社会发展进步，发展成为有理想信念、敢于担当的人。文化基础、自主发展、社会参与三个方面构成了核心素养的总框架，有效整合了个人、社会和国家三个层面对学生发展的要求。

总框架的三个方面包含的六大素养，既涵盖了学生适应终身发展和社会发展所需的品格与能力，又体现了核心素养"最关键、最必要"的重要特征。六大素养之间相互联系、互相补充、相互促进，在不同情境中整体发挥作用。

六大素养进一步细化的十八个基本要点，是为了方便实践应用，从更细微的角度对核心素养予以的阐释，其中不少要点直指当前教育中的难点，如针对当前遭诟病较多的学生动手能力和解决问题能力不足的问题，提出了"问题解决"的要点，要求学生善于发现和提出问题，并具有在复杂环境中行动的能力。

（2）中国学生发展核心素养的价值定位

作为一套经过系统设计的育人目标框架，中国学生发展核心素养是党的教育方针的具体化，是连接宏观教育理念、培养目标与具体教育教学实践的中间环节，从中观层面回答了"立什么德、树什么人"的根本问题。党的教育方针通过核心素养这一桥梁，可以转化为教育教学实践可用的、教育工作者易于理解的具体要求。因此，中国学生发展核心素养因可以引领课程改革和育人模式的变革，而被置于了深化课程改革、落实立德树人目标的基础地位。以学生应具备的适应终身发展和社会发展需要的必备品格和关键能力为培养目标，可从多个途径引导课程设计、教学实践、教育评价等环节的变革[1]。

2. 学科核心素养

学科核心素养是学生在学科学习过程中形成的、体现学科本质的、具有一般发展属性的品质与能力，是学生发展核心素养在学科中的具体化，是学科育人价值的集中体现，是学生学习该门学科后的期望成就。各个学科的核心素养都有共同的特点，每个学科又有本学科自己的特征。由于本书的内容只针对生物学科，所以下面只介绍生物学科核心素养。

（1）生物学核心素养的内涵

2018 年 1 月，教育部通过《普通高中生物学课程标准（2017 年版）》，正式公布了生物学核心素养。生物学核心素养是学生在生物课程学习过程中逐渐发展起来的，在解决真实情景中的实际问题时所表现出来的价值观念、必备品格和关键能力，是学生知识、能力、情感态度与价值观的综合体现。生物学科核心素养包括生命观念、科学思维、科学探究和社会责任四个方面[2]。

生命观念是对观察到的生命现象及相互关系或特性进行解释后的抽象，是经过实证后的观点，是能够理解或解释相关事件和现象的意识、观念和思想方法。

科学思维是指尊重事实和证据，崇尚严谨和务实的求知态度，运用科学的思维方法认识事物、解决实际问题的思维习惯和能力。

科学探究是指能够发现现实世界中的生物学问题，针对特定的生物学现象，进行观察、提问、实验设计、方案实施以及结果的交流与讨论的能力。

社会责任是指基于对生物学的认识，参与个人与社会事务的讨论，作出理性解释和判断，尝试解决生产生活中的生物学问题的担当和能力。

---

① 人民日报：《〈中国学生发展核心素养〉发布》《上海教育科研》，2016 年第 10 期，第 85 页。

② 中华人民共和国教育部：《普通高中生物课程标准（2017 年版）》，北京：人民教育出版社，2018 年版。

　　通过生物学核心素养的内涵不难发现，在生物学核心素养中融入了中国学生发展核心素养中的理性思维、批判质疑、勇于探究、珍爱生命、社会责任、国际理解、问题解决、技术运用、人文积淀、人文情怀、信息意识、勤于反思、乐学善学等素养。

　　（2）生物学核心素养要素间的关系

　　生物四大学科核心素养是一个统一的整体。在生物学科核心素养的四个方面中，生命观念处于中心位置。它是科学世界观在生命科学中的体现，是生物核心素养的基础和支柱，也是六大核心素养之一——科学精神的重要载体。

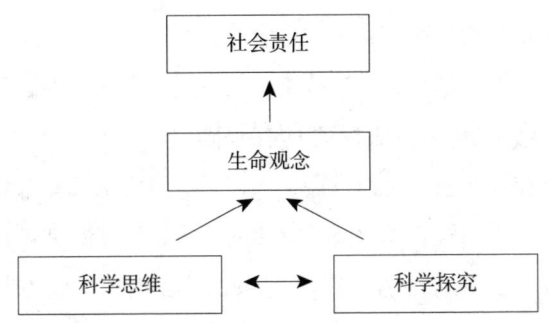

图 1-1-8　生物学科核心素养要素间的关系

　　生命观念的形成过程离不开科学思维和科学探究。科学思维是从事科学工作的基本方式，需要习得的思维习惯和方法，是科学精神和客观性思维能力的培养过程。科学探究包括观察发现生物学现象、科学地提出生物学问题、设计实验、对实施方案和结果进行交流与讨论等。科学思维和科学探究互为倚重，科学思维是科学探究的重要内涵，科学探究是科学思维的实证过程[①]。

　　生命观念又是社会责任形成的基础，因为观念会决定一个人的行为和态度。社会责任也是科学思维和科学探究结果的体现，它应是对科学探究结果进行科学思维后理性选择的结果。

---

① 荆永涛、王海：《开展研究性学习，培养学生理性思维》《中学生物学》，2017年第6期，第22—23页。

第二节　课程整合，核心素养的培养途径

通过对国内外核心素养研究的梳理可知，核心素养是课程实施的主要目标，课程是学生核心素养发展的重要载体，课程建设与学生核心素养具有互为因果、相辅相成的关系。

一、基于核心素养的课程需具有的特点

核心素养主要是指学生应具备的适应终身发展和社会需要的必备品格和关键能力。指向核心素养的课程性质特点，是由核心素养的内涵定位决定的。

（一）基于核心素养的课程要具有基础性

核心素养是在科学技术迅速发展，知识呈爆炸式增长的态势下提出的。基于核心素养的课程内容既要能够反映时代的特点和科技的进步，又要在有限的课时中让学生学习到最有价值的知识，因此，"少而精"成为课程内容设置的目标。

"少而精"指的是课程内容要具有基础性，即既要与社会和个人生活关系密切，又要能够作为后续学习发展所必需的基础。课程的基础性可体现在以下几个方面：首先，是对选材上的要求，要凸显概念在课程中的地位，淡化细枝末节的内容；其次，是对课程实施过程的要求和期待，精练的课程内容保证了有相对充裕的时间实现学生的主动学习；最后，是对学生学习结果的定位，学生在课程结束后，应该能够对重要的概念有较好的理解和应用，进而形成学科核心素养，而不仅仅是对知识的记忆和背诵①。

（二）基于核心素养的课程要具有整合性

如前所述，核心素养是知识、能力、态度和价值观等方面的融合，具有综合性的特点。核心素养的综合性决定了基于核心素养的课程需具有整合性，即

① 刘恩山、刘晟：《核心素养作引领 注重实践少而精——〈普通高中生物学课程标准〉修订思路与特色》《生物学通报》，2017 年第 8 期，第 8—11 页。

不能只拘泥于学科内孤立的知识和能力、拘泥于各学科各学段的特有知识和能力，而应实现学科内和学科间的"统整"，以整合性的课程发展综合性的核心素养。

整合，是将不同的部分连接成一个整体或将不同的部分纳入整体当中。课程的整合性通常是指，将学校课程内容与社会科技发展以及学生生活纳入学生教育的整体中，通过有机融合，实现学校、社会和生活教育的统整。

课程的整合性可以从学科知识的整合、知识与生活的整合等方面体现。学科知识的整合，是以主题、问题、概念或课程标准的要求为中心组织学科内的知识或连接不同学科。知识与生活的整合，是把人与自然、人与社会、人与文化、人与自我的关系作为选择和组织课程内容的主题，从而将学科知识和学生生活进行整合，引导学生对自然、社会、自我进行深层次的研究学习。

（三）基于核心素养的课程要具有实践性

核心素养的发展离不开实践，因为，实践是学科知识内化和建构的前提，是创新精神和实践能力形成的主要途径，社会责任感、坚强的意志、乐观的性格、人际交往能力及良好的处世心态等也需要在实践中形成。

因此，基于核心素养的课程要以活动为主要实施形式，以实践为重要学习方式，使学生在观察、调查、考察、实验、设计、操作、制作等一系列活动中获得亲身体验，积累实际经验，发现和解决问题，发展创新和实践能力，锻炼意志品质。

二、当前课程教学制约核心素养发展的因素

尽管世界各国在通过课程教学发展学生核心素养方面已经有了很好的规划，但在实施层面，大多数国家的课程建设还没有能够完全满足核心素养培育的需要。在我国，学生核心素养的发展就受到了课程教学诸多因素的制约。

（一）课程设置学科化

当前，我国的课程设置主要以学科为主，中小学的绝大多数课程都属于学科课程。学科课程是依据知识门类分科设置的课程，课程内容按照学科知识的逻辑结构选择和安排。由于学科课程强调学科知识的完整性、系统性和严密性，所以容易忽略学生的认知逻辑及生活实际。此外，学科课程过于强调知识

体系的完整性，容易出现学科知识容量偏大，教学时间紧张的问题，不少教师采用减少实验、探究等实践活动的方式保证知识学习。由此可见，学科化的课程设置方式，偏重知识的系统性而忽视获得知识的过程、方法及情感态度与价值观的形成，不利于促进学生核心素养的发展。

（二）学科之间相隔离

学科化的课程设置，强调学科的区别和界限，导致彼此之间形成了相对孤立、相互重复、相互脱节的隔离状态。许多教师只关注本学科的内容而不关注学科之间的融合，对学科之外的知识和教学状况了解不够；学生只在学科情境下习得学科知识，很少有机会接受学科之外的综合教育。然而科学发展整体化的进程正在加速，不同学科的原理或认识方法不断交叉渗透，需要课程结构的整体优化和学科之间的广泛联系。另外，当今人类面临的重大问题不是某一学科可以单独解决的，将本来有着密切联系的学科割裂开来，会使学生眼界狭窄，方法单一，解决问题所需要的综合性知识欠缺，而这一切，正是核心素养缺乏的表现。

（三）教学方式接受式

我国的课程改革虽然已经推行了近20年的时间，但接受式教学的方式仍普遍存在。接受式是与发现式相对立的教学方式，强调学习内容的直接传递，告知的是确定的结论。在这种封闭的教学方式下，学生的学习一是处于被动接受的状态，失去了很多自主发现的机会；二是更注重知识的记忆，对概念的深入理解重视不够；三是不重视实践活动的开展，学生的活动体验较少，实践能力较差。接受式教学主动性、思维性和实践性的缺失，使得核心素养的培养难以很好实现。

（四）学习结果碎片化

以"知识立意"的纸笔测试方式，主要考查的是对知识点的掌握情况。在考试的指挥棒下，许多老师的教学仅仅注重对知识点的精准记忆和解题时的应用，而忽视对学习内容的整体认知。教师一个个知识点地"教"，学生一个个知识点地"学"，使得学生"只见树木，不见森林"，接受的是碎片化的信息，掌握的是零碎的知识点，无法建立起知识之间的关联，也不能很好地认识学科的全貌，更不利于系统化、整体化思维能力的形成。

三、课程整合与核心素养发展的关系

课程教学制约核心素养发展的问题，需要通过课程教学的改革加以解决。课程教学的改革有多种途径，课程整合便是其中一条重要而有效的途径。

（一）课程整合的内涵及相关研究

1. 课程整合的内涵

课程整合是打破知识归类的限制，将课程进行统整的一种课程设置形式。课程整合有广义和狭义之分。

从广义上讲，课程整合不仅是一种组织课程内容的方法，还是一种课程设计的理念以及与其相关的学校教育理念。广义的课程整合包含四个层面——经验的整合、知识的整合、社会的整合和课程的整合，其最终目的在于学校教育与民主、社会的统整[①]。

狭义的课程整合是指一种特定的课程设计方法，具体来说是指将学科融入到课程整体中去，改变课程内容和结构，变革课程体系，创立综合性课程文化。狭义的课程整合针对的是教育领域中学科内和学科间知识存在的割裂和对立的问题，涉及课程结构、课程内容、课程资源以及课程实施等各个方面。目前国内的课程整合多属于此，本书中的课程整合也属于此类。

2. 课程整合相关研究综述

（1）国际课程整合的研究

近代西方关于课程整合的理论研究主要集中在知识本位、儿童本位和社会本位三个方面。知识本位整合理论认为，整体教学能促进学生的发展和保证教学效果的连续性与有效性，要依据"统觉"心理学原理，整合有着相互联系的学科课程；儿童本位的整合理论主张，应将课程整合为儿童自我活动的延伸，追求教学内容与儿童活动的相关、统一和整合。社会本位的整合理论认为课程应以社会问题为核心，将当代社会各个层面困扰人们的关键性和有争议的问题，如：人口、环境、能源等问题作为课程设计的来源，学生在解决这些社会问题的过程中，修正个人和社会的价值关系，形成适应社会、改造社会的能力。

---

① 韩雪：《课程整合的概念内涵》《早期教育（教师版）》，2002 年第 12 期。

现当代关于课程整合的研究越来越多，范围越来越广，层次也越来越深。早在 20 世纪 80 年代，联合国教科文组织公布的《从现在到 2000 年教育内容发展的全球展望》专题报告中关于"课程整合"的问题就进行了专门讨论，概括阐述了"跨学科性"的整合课程，设计出了实现课程整合的"课程计划的方法论框架"。后现代课程观中则弥散着课程整合的思想，极力主张"去中心"和"边界松散"，极力主张学科之间界限的消除，极力主张科际整合。

进入 21 世纪，各国开始寻求实践层面的进展。美国实施的"2061 计划"，主要目标是解决教育内容机械膨胀的现状，彻底脱离原有课程、教材的窠臼，打破旧有的学科框架，重新从文化中选择课程内容，实现课程内容的整合，进而从根本上解决知识分裂的问题。法国为打破学科隔离而开设了"研究性学习"课程，帮助学生在一般概念、各个学科、周围环境之间建立联系；德国围绕儿童生活的环境，通过"事实教学"的方法，整合初等教育的教学内容，整合范围涉及自然、社会以及家政、交通安全教育、性教育等广泛的领域。

（2）国内课程整合的研究

我国关于课程整合的研究起步较晚，近些年受国外和我国香港、台湾地区课程整合的影响，相关研究也呈现增多的趋势。国家课程设置层面上，在初中阶段设计了理科综合课程《科学》和文科综合课程《历史与社会》，将研究性学习、社区服务与社会实践、劳动与技术教育、信息技术教育四大领域整合为综合实践活动课程等。在实践层面，一些教育科研单位、学校和教师个人进行了相关研究。例如，山东省教育科学研究院张斌博士主持的"促进学生学习的课程整合研究"课题，在省内已经有了一定的影响力。北京亦庄实验小学以趣味性的主题活动整合各门课程的"全课程"，清华大学附小将国家课程与服务于学生个性化发展的拓展性课程整合的"1+X 课程"，则是属于学校层面的研究。

（二）课程整合与核心素养要求的一致性

如前所述，基于核心素养的课程需具有基础性、整合性、实践性的特点，而整合后的课程恰恰具有这三个方面的特点，因此课程整合与核心素养对课程的要求具有高度的一致性。

1. 课程整合的学习内容强调基础性

课程整合不是对学习内容简单的增减删移，而需要依据国家课程标准，根据学生的学习基础和认知特点，精选符合学生发展需求及学科最主干和最基础的内容。这些整合后的内容，好比一棵树初始的树干，是学科的基础，也是发展的基础。一棵树，首先是长树干，在树干有了一定高度之后才能分杈，随后树干继续拔高，树杈上继续分杈，最终才能长成一棵枝繁叶茂的参天大树。因此，课程整合对学习内容基础性的强调，为学生后续的独立学习、自主发展奠定了基础，也为核心素养的发展提供了依托，留出了空间。

2. 课程整合的内容组织突出整合性

整合性是课程整合最为外显的形式和最主要的特点。课程整合通过对学习内容的重组和优化，将学科内孤立的知识和能力、各学科特有的知识和能力统整到一起，纳入学生教育的整体当中，并进行有机融合，达成学校、社会和生活教育的统一。整合后的课程内容因为更具整体性，因而也更具有对学生的适应性和教学的实效性，更有利于学生整体认知事物，构建整体的知识结构和形成系统的思维方式，更有利于实现课程的整体育人价值和满足学生核心素养发展的要求。

3. 课程整合的学习方式注重实践性

课程整合使学习内容变得"少而精"，精选的学习内容是处于学科中心位置、对学生学习具有引领作用的基础知识，因此在学习要求上需要达到理解的程度。基础知识的构建和理解需要以各种丰富的、有代表性的事实作为支撑，而实践活动是直接获得事实最主要的途径。因此，课程整合需要通过大量的实践活动帮助构建和理解概念。另外，课程整合由于对学习内容进行了精简，节省了大量知识学习的时间，也可以为实践活动的开展提供时间保障。

由上述可见，课程整合无论从目标的设定、内容的选取还是学习方式的确定，都与核心素养发展对课程特点的要求具有较大的一致性，课程整合是促进学生核心素养发展的重要途径。

第三节　实践探索，初中生物的课程整合

作为发展核心素养的重要途径，课程整合在生物学科进行了许多有益的探索研究。探索研究的内容和形式呈多元化的状态，有国际的，也有国内的；有

学科内部的，也有跨学科的；有课程设计层面的，也有课程实施层面的。

一、国内外生物课程整合的研究

国外许多国家和我国的个别省市初中不单设生物课程，而是设置综合性的科学课程。科学课程本身就是一门综合性的整合课程，而对于科学课程的改革，整合又是当前研究的热点，生物课程整合的研究寓于科学课程整合的研究当中。

（一）国际生物课程整合的研究

国际上有关科学课程整合的研究具有范围广、程度深的特点，美国最具有代表性。美国于 2011 年发布了《K–12 年级科学教育框架：实践、跨学科观念和学科核心素养》，为科学课程的整合勾画出了比较清晰的轮廓。2013 年发布的《新一代美国国家科学教育标准》，则是能够体现其科学课程整合最新研究进展的标志性成果。在美国科学教育研究成果中，最引人注目的是提出了三维整合框架体系。

1. 三个维度的内容

三维整合的框架体系，即科学与工程学实践、学科核心概念和跨学科共同概念三者有机地整合。下表呈现的是三个维度的内容，其中，科学与工程学实践维度对科学实践与工程学实践进行了区分，学科核心概念只列出了生物学科领域的概念，科学与工程学实践、跨学科共同概念指向的是科学课程中包括生物学科领域在内的所有领域。

表 1-3-1　科学课程的三个维度

维度序号	维度名称	与生物学相关的内容
维度 1	科学与工程学实践	（1）提出问题（科学）和界定问题（工程） （2）开发和使用模型 （3）规划和实施调查 （4）分析和解释数据 （5）使用数学和计算思维 （6）形成解释（科学）和设计解决方案（工程） （7）参与基于证据的讨论 （8）获取、评价和交流信息

续表

维度序号	维度名称	与生物学相关的内容
维度2	学科核心概念	（1）从分子到生命体：结构和功能 （2）生态系统：相互作用、能量和动力 （3）遗传：性状的传递和变异 （4）生物进化：统一性和多样性
维度3	跨学科共同概念	（1）模式（规律） （2）因果关系：机制与解释 （3）系统与系统模型 （4）物质与能量 （5）结构与功能 （6）尺度、比率和数量 （7）稳定与变化

2. 三个维度的内涵

把科学与工程学实践确定为科学教育的三个维度之一是为了突出"实践"的地位，尤其是工程学实践的地位。美国科学教育最新成果中用"科学实践"取代了"科学探究"，目的是强调科学活动既是动脑的活动，也是动手操作的活动。这种改变并不意味着科学探究不再重要，而是扩展了科学探究的范围。

学科核心概念，处于学科的中心位置。这些概念应该具有如下标准中的2~3条：

（1）对科学或工程学的不同学科领域都有重要的价值，或者可以作为单一学科的组织性概念；

（2）可作为理解和探究更为复杂的概念以及解决问题的重要工具；

（3）与学生的兴趣和生活经验有关，或者联系到需要科学或工程学知识的社会或个人问题；

（4）可以在不同的年级进行教学，并在深度和复杂性上呈现出不同水平。

跨学科共同概念是指在科学、数学和技术领域中反复出现的一些重要概念，这些概念超出学科的界限，在说明事物、创造理论以及观察和设计时发挥着重要的作用。例如，"能量"这一重要概念，在物理、化学和生物学科中都占有重要地位但又各有不同的内涵。如何全面系统地理解这些概念，需要各个学科之间的交叉渗透，也需要各个学科反复强化并建立有效的联系。与此同时，反复使用这些概念进行教学可以强化学生对学科核心概念的理解。

3. 三个维度的关系

三个维度就像一根绳索中缠结在一起的三股，呈现出相辅相成的关系，构成了一个有机结合的系统，核心是学科核心概念。通过科学实践发展学生研究自然世界的能力；通过工程设计解决实际的问题；通过聚焦核心概念来掌握科学四个领域（物质科学，生命科学，地球与空间科学，工程、技术和应用科学）的重要知识；通过跨学科共同概念进一步理解和联系科学知识[1]。

三个维度在整合的实施中分为三个层次：首先是以大概念为核心的科学概念体系的建构；其次是在此基础上实现理解与实践的相互促进；最后渗透对科学本质的理解以及STEM、STSE两类跨领域整合[2]。

（二）国内生物课程整合的研究

国内生物课程整合的研究主要分两个层面，一是由教育行政部门牵头组织的《课程标准》研制工作；二是由教科研部门、学校和教师个人自发进行的研究。

1. 课程标准中体现的整合

国内现行的课程标准中，《普通高中生物课程标准（2017年版）》和《义务教育小学科学课程标准（2017年版）》涉及生物学科的课程整合。

（1）《普通高中生物课程标准（2017年版）》中的课程整合

2018年1月16日，教育部公布了《普通高中生物课程标准（2017年版）》。新修订的课程标准中在以下栏目中涉及课程整合。

---

① 吴成军、李高峰：《重视核心概念 发展实践能力——〈美国新一代科学教育标准〉的分析及启示》《中学生物教学》，2014年1、2合期，第7—10页。

② 郭玉英、姚建欣等：《整合发展新蓝图——美国〈新一代科学教育标准〉述评》《课程·教材·教法》，2013年第8期，第118—127页。

①基本理念[①]

基本理念的第 2 条为"内容聚焦大概念"，指向的就是课程内容的整合，具体表述为："本课程的设计和实施追求'少而精'的原则，必修和选择性必修课程的模块内容聚焦大概念，精简容量、突出重点、切合年龄特点、明确学习要求，确保学生有相对充裕的时间主动学习，能够深刻理解和应用重要的生物学概念，发展生物学核心素养。"

基本理念的第 3 条为"教学过程重实践"，指向的是实践活动与概念理解和现实生活的整合，具体表述为："高度关注学生学习过程中的实践经历，强调学习的过程是主动参与的过程，让学生积极参与动手和动脑的活动，通过探究类学习活动或完成工程学任务，加深对生物学概念的理解，提升应用知识的能力，培养创新精神，进而能用科学的观点、知识、思路和方法，探讨或解决现实生活中的某些问题。"

②课程结构[②]

课程结构的"设计依据"第 3 条中提到"根据生物学的大概念来构建课程体系和内容框架"，对应的是大概念统领下的课程整合；第 4 条"满足学生多元需求，突出课程基础性和选择性"，其中的基础性对应的也是大概念统领下的课程整合。

课程结构的"结构"部分，必修和选择性必修课程的各个模块都聚焦"大概念"，选修中的大部分内容都体现了"教学过程重实践"的基本理念。

---

① 中华人民共和国教育部：《普通高中生物课程标准（2017 年版）》，北京：人民教育出版社，2018 年版。

② 中华人民共和国教育部：《普通高中生物课程标准（2017 年版）》，北京：人民教育出版社，2018 年版。

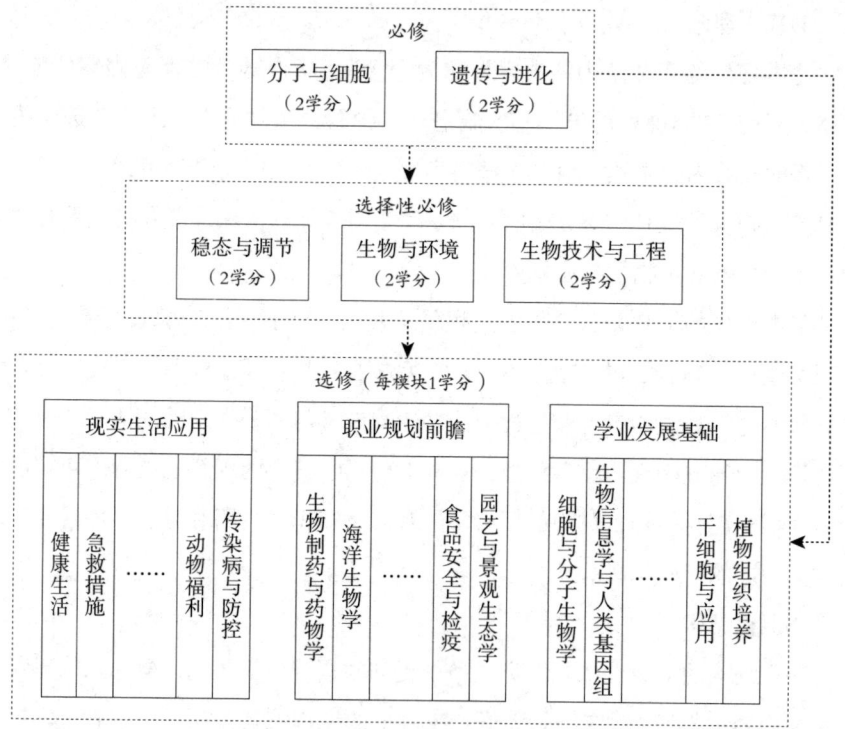

图1-3-1 普通高中生物课程结构示意图

③课程内容

必修包括《分子与细胞》《遗传与进化》两个模块，每个模块含有两个大概念，共4个大概念。选择性必修课程包括《稳态与调节》《生物与环境》和《生物技术与工程》三个模块，每个模块含有1个大概念，共3个大概念。

在"内容要求"部分，先呈现大概念，然后按照由大到小的层级关系列举其他概念，模块中所有的学习内容都由大概念统领。

在"教学提示"部分，提供了若干个实践活动的建议，目的是通过实践活动促进学生对概念的理解和掌握。

④实施建议

实施建议的"教学建议"包括：强调高度关注生物学核心素养的达成；组织以探究为特点的主动学习为落实核心素养的关键；通过大概念的学习，帮助学生形成生命观念；落实科学、技术和社会相互关系的教育；注重学科间的联系；注重生物学科史和科学本质的学习[①]。这些建议都与课程整合有关，有的指向大概念统领下的课程整合，有的指向实践活动与概念理解的整合，有的指向基于 STEM 的跨学科整合。

（2）《义务教育小学科学课程标准（2017 年版）》中的课程整合

除了新颁布的《普通高中生物课程标准（2017 年版）》外，《义务教育小学科学课程标准（2017 年版）》中课程整合的特点也很突出。

①规定小学科学的课程性质为"一门基础性、实践性、综合性的课程"。

②将从三个维度改为从"科学知识""科学探究""科学态度""科学、技术、社会与环境"四个方面阐述具体教学目标。

③内容包含物质科学、生命科学、地球与宇宙科学、技术与工程四个领域，共 18 个适合小学生学习的主要概念。

④倡导跨学科学习方式，"实施建议"中有"针对学科关联的建议"，包括与语文、数学、综合实践等课程的关联。

由上述可知，我国《课程标准》层面的课程整合，确立了概念教学的中心地位，强调了科学实践和探究的重要性，引入了工程学实践和现实问题解决。《义务教育小学科学课程标准（2017 年版）》明确指出"科学（science）、技术（technology）、工程（engineering）与数学（mathematics）即 STEM 是一种以项目学习、问题解决为导向的课程组织方式，它将科学、技术、工程、数学有机地融为一体，有利于学生创新能力的培养"。[②] 以上这些理念和举措与国际科学教育改革发展方向具有较高的一致性。

2. 课程实施中整合的探索

由教科研部门、学校和教师个人自发进行的生物学科课程整合研究，主要集中在课程实施层面。

（1）课程实施中整合的概况

目前，我国课程实施层面课程整合的探索大致可分为学科内的整合、学科

---

① 中华人民共和国教育部：《普通高中生物课程标准（2017 年版）》，北京：人民教育出版社，2018 年版。

② 中华人民共和国教育部：《义务教育小学科学课程标准（2017 年版）》，北京：人民教育出版社，2017 年版。

间的整合和跨领域的整合三个层次。

①学科内的整合。生物学科内的整合主要是指调整现行生物教材中教学内容的顺序，形成专题进行学习，目的是节省知识性内容学习的时间，提高学习的效率。例如，北京十一学校的王春易老师，将高中生物的内容整合学习，节省下来的时间用于学生的实践活动。但这样的案例目前还比较少，查阅中国知网，生物学科内课程整合的相关文章尚处于空白。从其他网站可以找到3篇介绍学科内整合的文章，集中在高中学段。

②学科间的整合。这里所说的学科间整合，是指以生物课程为核心，整合其他学科进行教学的方式。目前，生物学科与其他学科的整合主要集中于与信息技术、综合实践活动的整合。从中国知网可以查到的结果是，生物课程与信息技术整合的相关文章有355篇，与综合实践活动整合的相关文章有125篇。

③跨领域的整合。跨领域整合是指将有内在联系的不同领域的内容或问题进行统整，最常见的方式是STEM。我国STEM教育起步较晚，近年来才有少数学校或社会组织开展研究和实施，也取得了一定的成绩，但总体来说还属于比较薄弱的领域。目前，尚无权威的STEM教育理论专著出版。在中国知网中输入"生物学科STEM教育"，仅可查阅到4篇文章，所涉及的知识内容均属高中生物。

（2）课程实施中整合的问题

分析我国当前生物学科课程实施层面的课程整合，可以发现主要存在以下问题。

①整合范围窄：就目前查阅到的资料来看，学科内的整合主要集中在高中学段，学科间主要是生物与信息技术、综合实践活动的整合。另外，参与课程整合的教科研机构、学校和个人也比较少。

②整合层次浅：学科内整合大都仅仅局限于内容的顺序调整和增删改移，而没有构成内在紧密的逻辑联系，这实际上只是知识的重新组合，而不能称为严格意义上的整合。另外，对STEM教育的研究也大都处于起步阶段，停留在较浅层次的活动层面。

③整合成果少：除生物与信息技术、综合实践活动整合形成了一定的成果

外，生物学科内整合、跨学科整合成果都比较少。涉及初中生物学科内和学科间的研究成果基本还是空白。

二、威海市初中生物课程整合的探索

此部分是本书作者们实践探索取得的成果，也是本书将要重点介绍的内容。这项研究以《普通高中生物课程标准（2017年版）》和美国科学教育改革最新研究成果为指导，以生物学科核心素养培育为目标，构筑起了初中生物课程整合的实践模型。模型包括课程整合的设计和课程整合的实施两个板块，每个板块又包括三项内容。

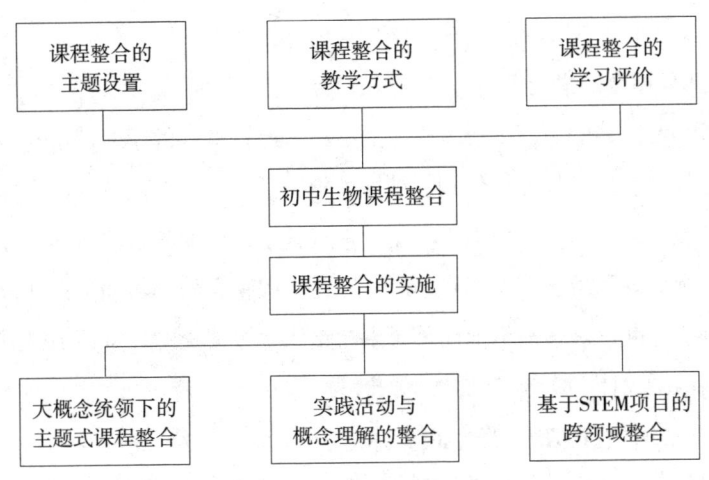

图1-3-2　威海初中生物课程整合的实践模型

（一）初中生物课程整合的设计

由于"指向核心素养的初中生物课程整合"是目前国内首次进行的实践探索，因此首先需要对课程整合进行一个全新的设计。与常规教学设计一样，课程整合的设计也应当关注学生"学什么""怎样学"和"学得怎样"三方面的问题，即教学内容、教学方式和学习评价。通过对这三个方面的设计，构建起课程整合的内容体系、实施体系和保障体系，从而为实现目标、评价、教学的一致性奠定基础。

1. 课程整合的主题设置

主题设置解决的是"学什么"的问题。课程整合是以主题为学习单位的,因此需通过设置学习主题实现学习内容的整合。学习主题的设置不是相关内容的简单组合,而是需要依据《课程标准》,并以学科知识为线索进行。主题需与大概念相对应,主题所包含的内容是以大概念为统领的,此即大概念统领下的课程整合。

2. 课程整合的教学方式

教学方式对应的是"怎样学"的问题。整合后的课程内容需要有相应的教学方式与之相适应。由于课程整合主题包含的内容都是由大概念统领起来的,强调知识的整体性和关联性,因此课程整合的教学方式也需要能够帮助学生进行整体认知,通过整体认知构建起结构化的知识体系。

3. 课程整合的学习评价

学习评价回答的是"学得怎样"的问题。课程整合的学习评价与常规教学有相同之处,包括过程性评价和终结性评价,是指向目标的达成,也需要体现与目标和教学的一致性。但由于相比于常规教学,课程整合的教学目标、学习内容的组织形式和教学方式都有不同,因此课程整合的学习评价在评价的侧重点上又有所不同,一是需更加注重对主题整体学习情况的评价,二是需更加注重对实践活动设计、实施和结果的评价。

(二)初中生物课程整合的实施

初中生物课程整合借鉴美国的做法,将课程整合在实施上分为三个层次。这三个层次是按照从知识之间的整合到知识学习与实践活动的整合、从强调知识的呈现到强调概念的理解、从学科内整合到跨领域整合的原则划分的。三个层次体现的是整合的不同程度,由低程度到高程度依次加深。

1. 大概念统领下的课程整合

大概念统领下的课程整合是围绕生物学大概念建构而进行的教学内容的统整,是课程整合最主要的形式。围绕大概念组织学习内容,一是能够提炼出最重要、最主干的知识,实现教学内容"少而精"的目标;二是能够因为"少而精"而做到对学习内容深刻的理解,进而发展逻辑思维能力;三是能够梳理出学习内容的线索和层次,搭建起知识结构。

大概念统领下的课程整合，学习内容组织整体而严密，决定了实施层面也需要有相应整体上的考虑。备课时，要先对整个主题进行总体的教学设计安排，然后再具体到课时的教学设计；过程中，需将知识结构的构建作为最重要的学习任务，贯穿于主题学习的始终；结果上，需能够通过搭建知识结构的过程形成生命观念，并运用搭建起来的知识结构解决实际问题。

2. 实践活动与概念理解的整合

科学本身是知识和实践的统一体，不仅包括一系列知识，还包括用来建构、拓展、修正知识的实践。"没有直接的实践，无论是对科学本质的理解，还是对操作性技能的掌握，都往往流于肤浅。"实践活动是学生获得事实性知识的主要手段，事实性知识是构建概念的基础，而通过概念建构可以实现对概念最深刻的理解。因此，在实践活动与概念理解的整合中，实践活动是手段，概念理解为目的。

实践活动对概念理解的促进作用需具有针对性，要解决学生在学习过程中暴露出来的真正问题。在通过大概念整合学习内容时，会发现学生的一些前科学概念，对这些前科学概念的转化就是实践活动主要的任务。用于前科学概念转化的实践活动，可以是课标和教材中原有的活动，有时候还需要开发针对性更强的新活动，这就要求教师不仅要有实证意识，还要具有创新精神。

3. 基于 STEM 项目的跨领域整合

基于 STEM 项目的跨领域整合是课程整合的最高层次。STEM 项目通过接近真实而富有现实意义的学习情境，为学生提供了问题解决或项目实施的任务。STEM 项目的完成需要综合运用以生物学科为主的科学知识，以及技术、工程、数学领域的知识与技能，需要亲身经历动脑设计和动手实施的过程，需要高阶思维与积极情感的投入，对学生来说具有较高的难度和较大的挑战性。也正因为如此，基于 STEM 项目的跨领域整合对学生解决实际问题能力的提高和核心素养的发展，才有着不可替代的作用。

STEM 项目的开展，包括主题设置、教学设计、项目实施、项目评价四个主要环节。以初中生物为学科基础的 STEM，从项目的开发，到项目的实施，再到项目的评价，都没有现成的经验可以借鉴，这给项目开展带来了一定的困难，尤其是工程和技术部分，更是项目开展的难点所在。所以，需要教师自力更生，通过学习、借鉴和探索，创造性地开发和组织实施。

　　综上所述，本书具体介绍的课程整合实践模型，既与国内外科学教育改革的方向保持一致，又为我国初中生物课程整合提供了具体可行的实践路径，其所作所为皆指向的是生命观念、科学思维、科学探究、社会责任四大生物学科核心素养。

第二章　课程整合的主题设置

课程内容的整合是课程整合最显著的部分，需要围绕主题进行。主题是指一个学习单元中最主要的内容或所要表现的中心思想。本书中课程整合的主题设置包括大概念统领下课程整合的主题设置和基于 STEM 项目的跨领域整合主题设置。设置好作为课程整合学习单元的主题，然后围绕主题梳理概念、组织学习内容，可以实现对课程内容的重组和优化，使课程内容在组织结构上更有利于学生理解和建构概念，发展核心素养。

第一节　大概念统领下的主题设置

大概念统领下的课程整合是课程整合最主要的部分，在宽度上覆盖了初中生物课程内容的主体，在深度上则包含了实践活动与概念理解的整合。大概念统领下的课程整合有助于学生从整体上把握学习内容；有助于学生构建起结构化的知识体系；有助于学生生命观念的形成。

一、大概念统领下的主题设置原则

大概念统领下课程整合的主题设置需要在对《课程标准》和教材深入理解的基础上，以大概念为中心，对学习内容进行整体化、框架式、灵活性的把握和组织，所遵循的原则有以下几个：

（一）以《课程标准》为依据的原则

《课程标准》是教材编写、教学、评估和考试命题的依据，是国家管理和评价课程的基础，体现了国家对不同阶段学生在知识与技能、过程与方法、情感态度与价值观等方面的基本要求，规定了课程性质、课程目标、内容标准、实施建议等。因此大概念统领下课程整合的主题设置需要依据《课程标准》，要在《课程标准》规定的学习内容框架之内，参照课程标准的主题划分来进行主题设置，而不能以某个版本的教材为依据。例如，课程整合一级主题的设置是在《课程标准》十个一级主题的基础上，略加调整成为九个一级主题。

（二）以大概念为统领的原则

以大概念为统领，是指先确定每个二级主题中能统领所有学习内容的概念作为主题最上位的概念（大概念），再梳理该大概念所包含的次级概念，这样依次分级梳理，直到事实性知识的层级。如此一来，就可以理清各级概念间的上下位关系，形成以大概念为统领的概念框架，而每一具体内容都在这个框架中有一个恰当的位置。

（三）以知识体系为主线的原则

结构化、体系化的知识容易被理解、掌握和运用。课程整合要最大限度上表现知识之间关联方面的优势，主题设置需以知识体系为主线。例如《课程标准》"生物圈中的人"一级主题下有"人是生物圈中的一员"的二级主题，其中的具体内容是"概述人类的起源和发展；举例说明人对生物圈的影响；拟订保护环境的行动计划"，这些内容与其他主题中的知识关联较为密切，因此将其中的"概述人类的起源和发展"整合到"生物的多样性"一级主题下的"生物的进化"二级主题中；将"举例说明人对生物圈的影响、拟订保护环境的行动计划"整合到"生物与环境"一级主题下"生态系统的自动调节能力"二级主题中。[①]

（四）学习内容可重复原则

课程整合以大概念为核心组织学习内容，有些学习内容可以对应不同的大概念，这些内容就需要在不同的主题中重复出现。比如"生物的多样性"一级主题中包含"生物的分类以及生物类群"二级主题，该主题包含了"动物类群和植物类群"，可用来建构"生物的多样性"主题的大概念"地球上生活着各种各样的生物，可以根据特征将生物进行分类；不同类群的生物各有特征，在生物圈中具有不同的作用"，而且可以为"生物分类"以及"生物的多样性"主题提供素材。为了保持"生物圈中的动物"和"生物圈中的绿色植物"一级

---

① 中华人民共和国教育部：《义务教育生物学课程标准》，北京：人民教育出版社，2011年版。

主题的完整性，还需要同时将"动物的类群、植物的类群"分别整合到这两个主题当中。"生物圈中的动物"一级主题中包含"动物在生物圈中的作用"二级主题，与"生态系统"二级主题中动物作为消费者角色的学习内容有所重复。保留这种重复，既保持了"生物圈中的动物"一级主题的完整性，又实现了学生在不同学段学习中对同一内容理解上的螺旋式上升。

（五）有利于核心素养发展的原则

课程整合指向核心素养的定位，决定了在主题设置时须考虑要有利于核心素养的发展。例如"生物圈中的绿色植物"一级主题下的二级主题设置，没有将植物的蒸腾作用、光合作用、呼吸作用整合为一个"植物的生理功能"主题，而是将"植物体的光合作用和呼吸作用"整合为一个主题，对应的是生物学科核心素养"生命观念"中的"物质、能量观"；"生物圈中的人"一级主题下"人体的新陈代谢""人体内生命活动的调节"两个二级主题，分别主要对应的是生物学科核心素养"生命观念"中的"物质能量观"和"稳态与调节观"。

二、大概念统领下的主题设置步骤

大概念统领下课程整合主题设置的步骤需遵循主题设置的原则，按照确定一级主题、设置二级主题，确定二级主题名称和大概念，梳理大概念下的各级概念，根据概念组织学习内容的次序进行。

（一）设置课程整合一级主题

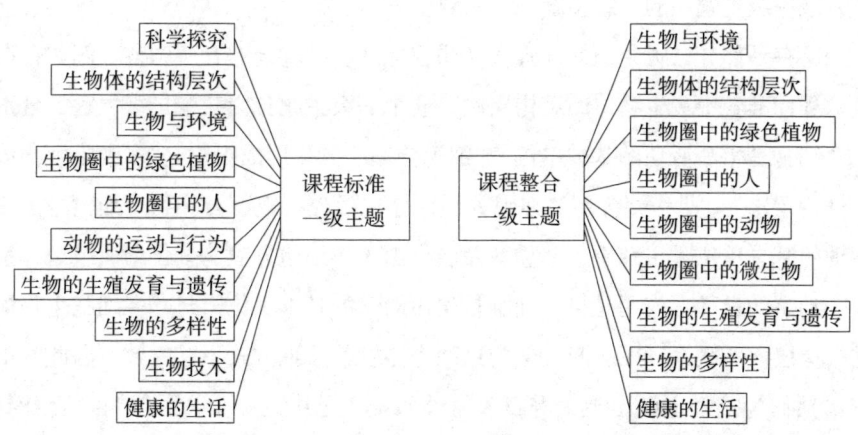

图 2-1-1　课程标准一级主题设置　　　图 2-1-2　课程整合一级主题设置

《课程标准》将初中生物的学习内容分为如图 2-1-1 所示十大一级主题。在这些一级主题中，"科学探究"是人们在研究各类科学特别是自然科学问题时所采取的方法，存在并应用于所有主题中，所以课程整合不将它作为一级主题单列。"生物技术"在其他许多主题的学习时也需要用到，并且，生物技术在很多 STEM 项目中都是学习和运用的重点，因此也不作为一级主题而单列，而是将其分解到知识内容比较相近的相应主题中。其他八大主题都有具体的知识性内容，因此，将其作为课程整合的一级主题。其中"生物的多样性"主题中，包含了动植物和微生物类群、生物分类、生物进化等内容，依据学习内容可重复原则，将其中的"动植物类群"分别整合到"生物圈中的动物"和"生物圈中的绿色植物"主题中，细菌、真菌、病毒以及生物技术中与发酵有关的部分则整合为一个新的主题"生物圈中的微生物"。综上所述，形成了如图 2-1-2 所示的课程整合九大一级主题，图中一级主题排列的次序也表示各主题在教学时的先后次序。

（二）设置课程整合的二级主题

《课程标准》在一级主题下设有二级主题。大概念统领下课程整合的二级主题，有的与《课程标准》二级主题一致，有的在《课程标准》二级主题基础上进行一定的调整。

例如，"生物的生殖发育与遗传"一级主题下的二级主题包括"人的生殖""动物的生殖与发育""植物的生殖""生物的遗传与变异"，与《课程标准》该一级主题下的二级主题完全一致。

还有一部分二级主题的设置在《课程标准》的基础上有所调整。例如，在《课程标准》中"生物体的结构层次"这个一级主题分为三个二级主题，分别是"细胞是生命活动的基本单位""细胞分裂、分化形成组织""多细胞生物体的结构层次"。课程整合将"细胞分裂、分化形成组织"合并到"细胞是生命活动的基本单位"主题中，并重新命名。因为"细胞分裂、分化形成组织"是一个动态的过程，作用是将"细胞是生命活动的基本单位"与"多细胞生物体的结构层次"联系到了一起，但与这两个主题的呈现方式不够一致，因此，不宜单独作为一个主题出现，需归入另外两个主题中的一个。最终将之合并到"细胞是生命活动的基本单位"二级主题中，是鉴于它体现了生物体的生长和发育是以细胞为起点的，因而能够为"细胞是生物体结构和功能的基本单位"提供例证。

（三）确定二级主题的名称和对应的大概念

二级主题的名称要能够概括地表示主题包含的主要知识或所要表现的中心思想，并且要清晰明了、容易理解。二级主题对应的大概念需要能够统领主题下所有的学习内容，它可以来自《课程标准》中的五十个重要概念，但又不局限于此。

以"生物体的结构层次"中第一个二级主题"细胞是生命活动的基本单位"为例，该主题名称中的"生命活动"，侧重于细胞的功能，不包含"细胞是生物体结构的基本单位"，所以将该二级主题改名为"细胞的结构和功能"。统领这一主题的大概念"细胞是生物体结构和功能的基本单位"，是《课程标准》五十个重要概念之一。

（四）以大概念为统领梳理下级概念

仍以"细胞的结构和功能"二级主题为例，如前所述，统领这一主题的大概念为"细胞是生物体结构和功能的基本单位"，以这一概念为统领，可以对本主题包含的概念及其相互关系梳理如下：

表 2-1-1 "细胞的结构和功能"主题概念梳理

大概念	细胞是生物体结构和功能的基本单位				
次级概念	细胞是生物体结构的基本单位		细胞是生物体功能的基本单位		
三级概念	除病毒外，所有生物都是由细胞构成的	细胞都具有相似的结构：细胞膜、细胞质、细胞核	细胞的不同结构分别执行不同的功能，使细胞成为物质、能量、信息的统一体	细胞能进行分裂分化，以生成更多的不同种类的细胞用于生物体的生长、发育和生殖	单细胞生物可以独立完成生命活动

"细胞是生物体结构和功能的基本单位"可以分解为"细胞是生物体结构的基本单位"和"细胞是生物体功能的基本单位"两个次级概念。"所有生物都是由细胞构成的""细胞都具有相似的结构"是阐明"细胞是生物体结构的

基本单位"的必备条件，除此之外，还需说明细胞的结构不具有同一性，不能再分为更下一级的基本单位，而"细胞都具有相似的结构：细胞膜、细胞质、细胞核"就隐含了这个含义。

对于"细胞是生物体功能的基本单位"这一概念，通过"细胞是物质、能量、信息的统一体"，阐明细胞能够独立完成各项基本生命活动；"细胞能进行分裂分化，以生成更多的不同种类的细胞用于生物体的生长、发育和生殖"说明细胞是个体发育的起点，是自身分裂增殖功能的基本单位；通过"单细胞生物可以独立完成各项生命活动"，提供有说服力的例证。而"细胞的不同结构分别执行不同的功能，使得细胞成为物质、能量、信息的统一体"的概念中则隐含了细胞必须保持结构完整才能完成各项基本生命活动的意思，从而说明细胞是生物体功能的"基本单位"，如果再分就不能具有全部的功能。

（五）根据最下一级概念组织学习内容

主题结构中处于最下位的是具体的学习内容，学习内容需要根据最下一级概念建构的需要来组织，用短语的形式表述。每个学习内容都应与最下一级概念有明确的对应关系。

例如，大概念"细胞是生物体结构和功能的基本单位"的最下一级概念"细胞的不同结构分别执行不同的功能，使得细胞成为物质、能量、信息的统一体"。根据这一概念建构需要组织的学习内容如下表所示。

表 2-1-2 最下一级概念与学习内容对应示例

三级概念	细胞的不同结构分别执行不同的功能，使细胞成为物质、能量、信息的统一体		
具体内容	细胞膜的作用	细胞质中的能量转换器	细胞核的作用

细胞的基本结构包括细胞膜、细胞质、细胞核，分别执行着不同的功能。"细胞膜"控制物质进出，维持细胞内部环境的稳定；"细胞质中的能量转换器"能够进行呼吸作用获得生命活动所需的能量，在植物细胞中还能将无机物转化成有机物并储存能量；"细胞核"是细胞的控制中心，内含遗传物质，控制着生物的发育和遗传。因此，这三部分学习内容是构建上述概念必须要有的。

三、大概念统领下的主题设置架构

按照上述步骤，可以对九个一级主题下的每一个二级主题进行设置。由于课程整合以二级主题作为学习的单元，大概念对应的也是二级主题，所以将以下所有二级主题简称为主题。

下面呈现的是除"生物体的结构层次"外，其他八个一级主题的整体架构及说明。整体架构指一级主题下包含的主题名称及主题对应的大概念，主题名称的先后顺序也是教学的先后顺序。

（一）生物与环境

1. 主题整体架构

表 2-1-3 "生物与环境"主题整体架构

主题名称	对应的大概念
生态系统	生物与环境组成的统一整体叫作生态系统
生物与环境的关系	生物与环境相互依赖，相互影响
生态系统的自我调节	生态系统通过自我调节作用抵御和消除一定限度的外来干扰，保持或恢复自身结构和功能的相对稳定。人类活动对生态系统的动态平衡有着深远的影响，保护生态环境是人类生存和可持续发展的必要条件

2. 主题设置说明

在《课程标准》中"生物与环境"一级主题下设有三个二级主题。分别是"生物的生存依赖一定的环境""生物与环境组成生态系统""生物圈是人类与其他生物的共同家园"。上表保留了前两个主题，主题名称简化为"生物与环境的关系""生态系统"，将第三个主题改为"生态系统的自我调节能力"。

将"生态系统"置于该一级主题学习的开始，是因为学生可能已从生活或媒体中获得了很多关于生态系统的感性素材，对生态系统并不陌生，而生态系统又是本主题中比较具有宏观性和整体性的概念，放在前面学习，有利于学生对本一级主题的整体感知。生态系统是该主题最上位的概念，能够统领该主题所有概念和学习内容，所以在《课程标准》呈现的重要概念之外，参照《课程标准》二级主题，添加了"生物与环境组成的统一整体叫作生态系统"作为"生态系统"主题的大概念。《课程标准》中，将"生物圈是人类与其他生物的共同家园"作为一个二级主题，将"生物圈是最大的生态系统"作为五十个重要概念之一，体现了突出"人与生物圈"的理念。但从概念大小来看，生物圈是生态系统的一种，具有生态系统的一切特征，属于生态系统概念的外延部分，所以将这个概念作为"生态系统"主题的下级概念呈现。

在将生态系统的概念由感性上升到理性之后，进入"生物与环境的关系"主题，更容易让学生理解和领会生物与环境之间密不可分的关系，也能更好地构建"生物与环境的关系"主题的大概念"生物与环境之间相互依赖，相互影响"。

《课程标准》中"阐明生态系统的自我调节能力是有限的"是"生物与环境组成生态系统"二级主题下的一个内容要求，其中包含了生态平衡、生态系统的自我调节、生态保护等丰富的内容，对培养学生的生态意识有重要的作用，高中生物《课程标准》因此将"生态系统通过自我调节作用抵御和消除一定限度的外来干扰，保持或恢复自身结构和功能的相对稳定"[①]作为"生物与环境"主题的二级概念，与"生态系统"的概念并列。还将"生态系统的自动调节能力"设为一个单独的主题，将《课程标准》"生物圈中的人"一级主题中"人对生物圈的影响"整合到该主题，以"生态系统通过自我调节作用抵御和消除一定限度的外来干扰，保持或恢复自身结构和功能的相对稳定"作为该主题的大概念。

（二）生物圈中的绿色植物

1. 主题整体架构

表 2-1-4　"生物圈中的绿色植物"主题整体架构

主题名称	对应大概念
绿色植物的类群	不同类群的植物各有特征，在生物圈中具有不同的作用
绿色开花植物的一生	绿色开花植物的生命周期包括了种子萌发、生长、开花、结果与死亡等阶段
绿色植物的蒸腾作用	绿色植物通过蒸腾作用参与生物圈的水循环
绿色植物的光合作用和呼吸作用	绿色植物的生活需要有机物和能量

[①] 中华人民共和国教育部：《普通高中生物课程标准（2017年版）》，北京：人民教育出版社，2017年版。

2. 主题设置说明

按照学习内容可重复原则，将《课程标准》"生物的多样性"一级主题中"绿色植物的类群"二级主题整合到"生物圈中的绿色植物"一级主题下，以保证"生物圈中的绿色植物"一级主题的完整性。将生物多样性主题中的重要概念"不同类群的生物各有特征，在生物圈中具有不同的作用，保护生物的多样性极为重要"分解，以"不同类群的植物各有特征，在生物圈中具有不同的作用"作为该主题的大概念。

在《课程标准》中"生物圈中的绿色植物"一级主题下有四个二级主题："绿色开花植物的一生""绿色植物的蒸腾作用""绿色植物的光合作用和呼吸作用""绿色植物的类群"。"绿色开花植物的一生"主题从植物生活史的角度介绍被子植物的一生，"绿色植物的蒸腾作用"主题凸显蒸腾作用在生物圈水循环中的作用，"绿色植物的光合作用和呼吸作用"主题体现学科核心素养中的物质能量观，各自相对独立，所以仍将其作为三个独立主题。"绿色植物的类群"这个主题下的概念"植物在生态系统中扮演重要角色，它能制造有机物和氧气；为动物提供栖息场所；保持水土；为人类提供许多可利用的资源"讲的都是绿色植物在生物圈中的作用，这些作用都需通过植物的各项生命活动来完成，因此按照知识间的关联性将其整合到"绿色植物的蒸腾作用""绿色植物的光合作用和呼吸作用"两个主题中。

（三）生物圈中的人

1. 主题整体架构

表 2-1-5 "生物圈中的人"主题整体架构

主题名称	对应的大概念
人体的新陈代谢	人体的组织、器官和系统的正常工作为细胞提供了营养、氧气，保证了细胞能通过分解糖类等获得生命活动所需能量；同时还能够排出废物，为细胞生活提供相对稳定的生存条件
人体对生命活动的调节	神经系统和内分泌系统调节人体对环境变化的反应及生长、发育、生殖等生命活动
人对生物圈的影响	人类活动对生物圈有重要影响

2. 主题设置说明

《课程标准》将本一级主题划分为"人的食物来源于环境""人体生命活动的能量供给""人体代谢废物的排出""人体通过神经系统和内分泌系统调节生命活动"四个二级主题。前三个主题都是人体新陈代谢的一部分，所以将其整合为一个主题，用"人体的新陈代谢"命名。将"人体的新陈代谢"主题中"人体的组织、器官和系统的正常工作为细胞提供了相对稳定的生存条件，包括营养、氧气以及排出废物"这个重要概念，与"生物圈中的绿色植物"主题下的一个重要概念"生物体内细胞能通过分解糖类等获得能量，同时生成二氧化碳和水"相整合，形成这个主题的大概念"人体的组织、器官和系统的正常工作为细胞提供了营养、氧气，保证了细胞能通过分解糖类等获得生命活动所需能量；同时还能够排出废物，为细胞生活提供相对稳定的生存条件"。这个大概念既从细胞生活需要稳定的条件的角度来看待人体的新陈代谢，又把在"绿色植物的光合作用和呼吸作用"主题中呼吸作用的知识迁移到人体能量的供给中，可以让学生建构起人体消化、循环、呼吸各大系统通过协调配合能够满足人体对物质和能量需求的概念，从而帮助其形成生命观念中的物质能量观，以及形成人体的整体观、系统观。

遵循简洁清晰的命名原则，将《课程标准》中的二级主题"人体通过神经系统和内分泌系统调节生命活动"更名为"人体对生命活动的调节"，以《课程标准》中的重要概念"神经系统和内分泌系统调节人体对环境变化的反应及生长、发育、生殖等生命活动"作为主题大概念。

保留《课程标准》"人是生物圈中的一员"二级主题中的"举例说明人对生物圈的影响""拟订保护当地生态环境的行动计划"，作为一个独立的主题，以"人对生物圈的影响"作为主题名称，以五十个重要概念中的"人类活动对生物圈有重要影响"作为该主题的大概念。另一内容"人类的起源和发展"与生物的进化内在联系紧密，整合到"生物多样性"一级主题中，作为"生物的进化"主题的学习内容，可以让学生站在进化的高度看待人类的起源和发展。

（四）健康的生活

1. 主题整体架构

表 2-1-6　"健康的生活"主题整体架构

主题名称	对应的大概念
选择健康的生活方式	个人的生活习惯与行为选择能对一生的健康产生积极或消极的影响
传染病	传染病由病原体引起，具有传染性和流行性。通过预防能够减少传染病的发病和流行
免疫	免疫系统包括免疫器官、免疫细胞和免疫物质，可以抵抗能引起疾病的微生物、异己物质等
急救方法	了解基本的急救方法，能减少伤害或挽救生命

2. 主题设置说明

因为"健康的生活"一级主题的主体是"人"，与"生物圈中的人"关联较大，所以安排在"生物圈中的人"主题之后学习。《课程标准》将该一级主题划分为五个二级主题："健康地度过青春期""传染病和免疫""威胁人体健康的当代主要疾病""酗酒、吸烟和吸毒的危害""医药常识"。

"健康地度过青春期""威胁人体健康的当代主要疾病""酗酒、吸烟和吸毒的危害"这几个主题都与生活方式有关，所以将之整合到"选择健康的生活方式"主题。"医药常识"主题中的"安全用药"与健康的生活密切相关，也属于个人生活中的行为选择，所以也将之整合到"选择健康的生活方式"主题中。该主题以《课程标准》中的重要概念"个人的生活习惯与行为选择能对一生的健康产生积极或消极的影响"作为大概念。

传染病和免疫虽有关联，但从知识体系看，还是应该分属两个不同的主题，"传染病"主题在《课程标准》中没有能够涵盖主题内容的重要概念作为统领，设置"传染病由病原体引起，具有传染性和流行性。通过预防能够减少传染病的发病和流行"作为该主题的大概念。"免疫"主题则以《课程标准》中的重要概念"免疫系统包括免疫器官、免疫细胞和免疫物质，可以抵抗能引起疾病的微生物、异己物质等"作为统领主题的大概念。

《课程标准》中的"医药常识"二级主题中还包含"运用一些急救的方

法"，将之单独作为一个主题，以"急救方法"为主题名称，以重要概念"了解基本的急救方法，能减少伤害或挽救生命"作为该主题的大概念。

（五）生物圈中的微生物

1. 主题整体架构

表 2-1-7 "生物圈中的微生物"主题整体架构

主题名称	对应的大概念
微生物的类群	微生物通常包括病毒、细菌、真菌等类群。不同类群的微生物各有特征，在生物圈中具有不同的作用
发酵技术	发酵技术利用了微生物的特性，通过一定的操作过程生产相应的产品

2. 主题设置说明

这个一级主题包含了《课程标准》中两个一级主题的部分内容。一是"生物多样性"中细菌、真菌类群以及病毒的内容，二是"生物技术"发酵技术部分的内容。因为这两者在知识上相关度很大，所以合并为"生物圈中的微生物"作为一级主题，分别用"微生物的类群""发酵技术"作为主题名称，以《课程标准》中的两个重要概念"微生物通常包括病毒、细菌、真菌等类群。不同类群的微生物各有特征，在生物圈中具有不同的作用""发酵技术利用了微生物的特性，通过一定的操作过程生产相应的产品"作为主题大概念。

（六）生物圈中的动物

1. 主题整体架构

表 2-1-8 "生物圈中的动物"主题整体架构

主题名称	对应的大概念
动物的类群	不同类群的动物各有特征，在生物圈中具有不同的作用
动物的运动和行为	动物的行为常常表现为复杂的运动
动物在生物圈中的作用	动物在生物圈中有维持生态平衡、促进物质循环的作用

2. 主题设置说明

将《课程标准》中"生物的多样性"一级主题中"动物的类群"的部分与

"动物的运动和行为"一级主题整合，均作为"生物圈中的动物"一级主题中的两个主题。将《课程标准》中的重要概念"地球上生活着各种各样的动物，可以根据特征将生物进行分类；不同类群的动物各有特征，在生物圈中具有不同的作用，保护动物的多样性极为重要"分解，以"不同类群的动物各有特征，在生物圈中具有不同的作用"作为"动物的类群"主题的大概念。"动物的运动和行为"主题以《课程标准》重要概念"动物的行为常常表现为复杂的运动"作为主题大概念。

为了保证"生物圈中的动物"主题的完整性，按照学习内容可重复原则，将"动物在生物圈中的作用"作为一个单独的主题，该主题的大概念是"动物在生物圈中有维持生态平衡、促进物质循环的作用"。

（七）生物的生殖发育与遗传

1. 主题整体架构

表 2-1-9　"生物的生殖发育与遗传"主题整体架构

主题名称	对应的大概念
人的生殖	人体的生殖系统可以产生两性生殖细胞，通过受精作用产生新的个体；其分泌的性激素对第二性征的发育和维持具有重要作用
动物的生殖与发育	不同动物生殖和发育的方式可能不同，有些动物的幼体与成体形态相似，有些动物的幼体与成体形态差异很大
植物的生殖	植物能够进行无性生殖和有性生殖
生物的遗传与变异	遗传信息控制生物性状并代代相传

2. 主题设置说明

该一级主题所包含的四个主题与《课程标准》的二级主题一致。四个主题的四个大概念也都取自《课程标准》的重要概念。

为了构成相对完整的"植物的生殖"主题，除"植物的无性生殖方式"外，还将"被子植物的一生"主题中"植物的开花与结果"重复地置于此处。

（八）生物的多样性

1. 主题整体架构

表 2-1-10 "生物的多样性"主题整体架构

主题名称	对应的大概念
生物的分类及生物的类群	地球上生活着各种各样的生物，可以根据特征将生物进行分类；不同类群的生物各有特征，在生物圈中具有不同的作用
生物的进化	生物的遗传变异和环境因素共同作用，导致了生物的进化

2. 主题设置说明

《课程标准》中"生物的多样性"一级主题包含了"生物多样性""生命的起源和生物进化"两个二级主题。"生物多样性"与一级主题重名，其中包含了所有类群的生物以及生物的分类等内容，这两部分内容互相关联，生物的类群为生物的分类提供基础，生物的分类又促进学生对生物类群知识的理解，所以将生物类群知识再次呈现，与生物的分类合并作为一个主题，并重新命名为"生物的分类及生物的类群"，以"地球上生活着各种各样的生物，可以根据特征将生物进行分类；不同类群的生物各有特征，在生物圈中具有不同的作用"作为该主题的大概念。

《课程标准》将"生命的起源和生物的进化"作为一个二级主题，但生命的起源和生物的进化在知识上并无关联，所以将"生物的进化"单独作为一个主题，以"生物的遗传变异和环境因素共同作用，导致了生物的进化"作为主题大概念。在《课程标准》中"人类的起源和发展"属于"生物圈中的人"主题中的一部分，这部分内容与生物的进化内在联系紧密，所以整合到"生物的进化"主题中。

第二节 基于 STEM 项目的跨领域整合主题设置

在 STEM 项目中，科学知识不作为组织中心，而是连同技术、工程、数学等要素一起融入一个 STEM 主题之中。每个 STEM 项目都有一个主题，项目的主题一般可以作为项目的名称。STEM 项目主题的设置需遵循一定的原则，按照一定的步骤，最终要开发出项目实施方案。项目实施方案是主题设置的结果，是项目实施的蓝图。

一、跨领域整合主题设置原则

STEM 项目的主题设置需要在对主题背景深入了解的前提下，通过一系列的活动设计，将科学、技术、工程、数学围绕主题有机地整合在一起，所遵循的原则有以下几个：

（一）跨领域原则

STEM 项目所涉及的领域包括科学、技术、工程和数学。跨领域原则是指 STEM 项目的主题中要包含科学、技术、工程、数学要素的全部或大部分。其中技术是指制造一种产品的系统的知识和能力。工程是科学、技术和数学的应用，并通过应用制造出有价值的产品。

（二）学科性原则

在为了服务于生物教学而开发的 STEM 项目中，STEM 四要素中的"科学"特指生命科学。学科性原则指的是 STEM 项目主题设置需依据生物学原理，应用生物学知识，具有生物学科的特点。

（三）生活化原则

生活化原则要求主题设置时要关注身边的科学，注意寻找生物学知识与生产生活的结合点，打破书本知识与生活之间的壁垒，把知识还原于丰富的生活当中，让学生通过 STEM 项目解决生活中的实际问题。

（四）适切性原则

适切性是指某事物与其所处环境中诸多因素的相关程度。适切性原则是指主题设置要考虑与学生的兴趣、能力、资源占有等方面的匹配度，使学生在问题解决的过程中既要面临比较大的挑战，又能最终获得成就感。

二、跨领域整合主题设置步骤

STEM 主题设置始于主题的确定，经过基于主题的 STEM 项目开发环节，完成于项目实施方案的形成。

（一）确定 STEM 项目的主题

1. 主题的来源

（1）借鉴已有资源

主要是借鉴网络或书籍中的资源，如"模拟股骨骨折修复手术"主题就是受美国埃里克·布伦塞尔编著的《在课堂中整合工程与科学》一书的启发而选择的。

（2）改造原有实践活动

将之前已开发出的生物学科实践活动改造成 STEM 项目，例如"生态瓶的制作"是一些教师组织开展的一项课外实践活动，挖掘其中的跨学科要素，可以将其开发成一个 STEM 项目。

（3）从生活中发现新素材

带着生物学的眼光去关注生活，可以发现许多生活中的 STEM 项目素材。例如，"厨余酵素""一叶一世界——多肉植物的叶片繁殖"等主题设置的灵感就是来源于身边的生活。

2. 主题的评估

在选择了要开展的主题活动之后，首先需根据主题设置原则对其是否适合作为 STEM 项目进行评估。

案例 1：主题名称"自制废油肥皂，争做环保卫士"

从主题名称可见，这个主题是以"将废油通过化学反应制作成肥皂"为主要活动，所用到的科学知识主要是化学学科的，与生物学科相关度不高，不符合"学科性原则"，因而不适合作为本课题研究中的 STEM 项目。

案例 2：主题名称"厨余酵素，变废为宝"

从主题名称可见，这个主题是以"将厨余垃圾通过发酵制作出酵素"为主要活动。酵素的制作与微生物关系密切，包含了微生物的生存条件、细菌真菌的培养方法等生物学知识，符合学科性原则；酵素的制作需要用到发酵技术，制作过程中各种原料的比例、原料多少与容器大小的关系等需要通过数学计算确定，制作出酵素的过程又是工程学的体现，符合跨领域原则；制作酵素项目来源于生活，产品又可应用于生活，符合生活化原则；其制作过程难度不大、所需材料是家庭中易得的，符合适切性原则。除此之外，厨余酵素的制作还有着减少垃圾排放、利于环境保护的社会意义，因而适合作为 STEM 项目。

案例 3：冬小麦的种植

从主题名称可见，这个主题是以"种植和收获小麦"为主要活动。小麦的种植与种子萌发的条件、植株生长、开花结果、植物生长所需营养等生物学知识有关，符合学科性原则；小麦的种植过程中需要人工播种与施肥、使用人工犁、使用镰刀收割小麦等技术；发芽率的测定、根据地块长宽确定播种行距和行数、播种量、施肥量、产量的计算等是数学的应用，应用这些知识、技术、数学方法种植、管理、收获小麦是工程的体现，符合跨领域原则；小麦是我们的主食，该主题将生物知识与小麦种植结合起来，符合生活化原则；种植小麦是农活，虽然距离现在的学生比较远，但属于可操作范围内，符合适切性原则，因而适合作为 STEM 项目。

（二）开发基于主题的 STEM 项目

有了对主题的评估和定位，就可以着手将主题开发成一个完整的 STEM 项目了。下面以具体的 STEM 项目为例，说明 STEM 项目开发的过程。

1. 搜集背景资料

背景资料的搜集是项目开发的第一步，也是很重要的一步。占有丰富的与主题相关的背景资料，可以为 STEM 项目的开发打下坚实的基础。所以，要尽可能全面地搜集资料，有的资料还需要通过实验验证等方法辨别真伪。

例如："厨余酵素，变废为宝"项目需要的背景资料包括酵素的制作原理、制作方法和使用方法、功效等。下面是输入"厨余酵素的做法"关键词后，在网上可以查找到的资料。

一、材料

黑糖（黑糖或黄糖，不用白糖，因为黑糖含较多矿物质，功能很强），菜渣／果皮（蔬菜叶、菜头、菜尾、菜根、水果皮等），水，有密封盖口的塑胶容器。

"黑糖：菜渣果皮：水"比例是 1∶3∶10。

二、做法

1. 准备一个有密封盖口的塑胶容器。

2. 把水和黑糖倒进塑胶瓶里搅匀后，加入厨房鲜垃圾。鲜垃圾包括：鲜树叶、水果皮、准备丢掉的蔬菜或其他植物。

续表

> 3. 容器内留一些空间，以防止酵素发酵时溢出容器外。
> 4. 将容器盖紧。
> 5. 制作过程中会产生气体，切记每天将瓶口稍微打开，以泄放气体，避免瓶子被撑破。
> 6. 不时把浮在液面上的垃圾按下去，使它浸泡在液体中。
> 7. 放在空气流通和阴凉处，避免阳光直照，发酵3个月后即可使用。

按照资料中的制作方法，需要经过3个月的时间才能制作出酵素。能不能使用添加微生物的方法加速发酵的进程呢？经过查询找到了这样的资料。

> 酵素菌技术，是一项生物工程，其产品能够产生多种催化分解酸的有益微生物群体，作为进化型的生物技术结晶，为农业可持续发展带来了新的希望。该技术不仅能有效地解决农业生产中的化肥公害、农药污染、土壤板结、污染环境等问题。而且该技术生产出的肥料是生产绿色无公害、城乡人民放心食用的农副食品的最佳生物菌肥料。国内外专家认为，这将是促进传统农业向现代化生态农业转化的一场重大革命。酵素菌技术是中国农业未来之希望。

继续查询发现，网络上有各种菌种出售，最后选择 EM 菌种。百度百科关于 EM 菌种的解释是这样的：

> EM 菌种由双歧菌、乳酸菌、芽孢杆菌、光合细菌、酵母菌、放线菌、醋酸菌等单一菌种经特殊工艺发酵、高效复合形成的微生物菌种。主要功能在于制作 EM 菌种发酵液，用于发酵生物饲料和生物肥料、污水处理、垃圾除臭等。

EM 菌种能够使用在厨余酵素制作中吗？在制作酵素中发挥什么样的作用？怎样使用？是需要在项目中进行探索的内容。

2. 梳理 STEM 要素

在充分掌握资料的基础上，还需要对主题可能包含的 STEM 要素进行梳理，以明确 STEM 项目实施的关键节点。一个 STEM 项目要包含 STEM 四要素的全部或者至少三个方面。下面是对"厨余酵素，变废为宝"项目 STEM 要素的分析。

表 2-2-1　"厨余酵素，变废为宝"STEM 要素的分析

项目名称	科学	工程	技术	数学
厨余酵素，变废为宝	细菌真菌的生存条件	设计方案并实施发酵过程，得到成品酵素	发酵技术	装置容积和材料使用量的计算；微生物繁殖速度的计算

3. 确定项目主干

项目的主干是指项目中能够完成产品设计和生产的主要活动，其中包含了项目中的主要技术和数学要素的使用。

例如"厨余酵素，变废为宝"项目，以厨余酵素为原材料，设计制作方案并实施发酵，得到成品酵素是项目的主干。例如"雾霾来了——防雾霾口罩的制作"项目，设计并制作出有防雾霾功能的口罩是项目的主干。

4. 设计相关活动

确定项目主干后，还需根据项目的需求，围绕主干设计相关活动，活动须与项目主干密切相关，或帮助项目主干更好地进行，或是对项目产品性能进行检测，等等。例如"厨余酵素，变废为宝"项目，在设计和制作酵素时，必然涉及容器的选择和使用，如何让容器更好地保证发酵所需要的条件，适用于发酵，同时还方便产品完成后的取液使用？为此，安排了"制作厨余酵素装置的设计"作为该项目的活动。再如"雾霾来了——防雾霾口罩的制作"项目，如何能知道制作出的产品是否具有防霾功能？设计"检测防雾霾口罩的功能"作为该项目的活动。

5. 适当拓展延伸

拓展延伸是在项目已有活动之外，还可以衍生出的活动，或是对项目主干有效地拓展和补充；或是在原有活动的基础上，在工程学方面所作的产品包装、推广等延伸性活动。

例如"厨余酵素，变废为宝"这个项目，查阅的资料中显示酵素具有杀菌、除臭、除垢的功能，还含有丰富的营养物质，能用来洗碗、清洁空气、做花肥、除虫等。酵素真的有这么多作用吗？据此衍生出"设计实验体验酵素的作用"这一拓展活动。此活动不仅能丰富厨余酵素项目的内容，而且可以培养

学生的批判性思维和求真求实的科学态度。

（三）形成 STEM 项目的实施方案

经过上述对 STEM 项目主题设置步骤的说明，一个 STEM 项目的整体构架已经基本清晰，接下来需要进一步将 STEM 项目以实施方案的形式呈现出来。STEM 项目实施方案包括活动目标、活动器材、活动实施、活动建议、问题与思考（其中的全部或部分项目）。

活动目标：该项目直接导致的行为结果。

活动器材：包括活动所需基本的器具和使用的材料。

活动实施：该项目方案的主干。是将项目按照操作步骤分解而成的一系列有关联的活动序列。

活动建议：根据开发者已有经验，在组织实施的方法上，对项目实施者提出的建议。

问题与思考：项目开发者为项目实施者和项目参与者提供的，针对项目原理、实施要点等的一系列问题，可以为充分理解项目提供思考的方向。

三、跨领域整合主题设置案例

按照主题设置的步骤来操作，可以开发出一系列的 STEM 项目，并形成实施方案。下面从 STEM 项目实施方案及主题设置列表两部分来呈现 STEM 主题设置的案例。

（一）项目实施方案案例

案例 1：发酵类

厨余酵素，变废为宝

活动目标：

1.设计和制作适合发酵的容器。

2.制作出酵素。

活动器材：

EM 菌种，植物性厨余垃圾，容器，餐刀，称量工具（电子秤或天平）等。

活动实施：

1.尝试设计制作酵素的方案。

2. 设计便于制作和取液的容器。

3. 用设计制作好的容器开始酵素的制作。

4. 制作过程中观察、记录。

5. 展示产品，交流反思。

6. 设计实验体验酵素的作用。

活动建议：

建议使用 EM 菌种，室温下用至少一周时间制作出酵素原液，再使用原液制作酵素，缩短制作周期。

问题与思考：

1. 厌氧型微生物培养需提供怎样的条件？

2. EM 菌种起到的作用是什么？不使用 EM 菌种可不可以？

3. 制作和观察过程中，需要观察和记录的要点是什么？

案例 2：种植类

一叶一世界——多肉植物的叶片繁殖

活动目标：

利用多肉植物的叶片繁殖技术，繁殖出多肉植物新植株。

活动器材：

多种多肉植物叶片、松针土、河沙、剪刀、尺子、纱布、纸杯、矿泉水瓶、塑料饭盒等可再利用资源。

活动实施：

1. 植物无性生殖相关知识和技术的准备。

2. 认识并了解常见的多肉植物生活习性、多肉植物移栽成活的技术。

3. 小组设计方案，鼓励多种尝试。

4. 开始实践，包括设计简易花器和桶铲，配土、选叶。

5. 进行培养，观察。

6. 移栽、观察、记录。

7. 表达交流、归纳反思，总结成活率高的多肉植物叶插技术。

8. 计算成本与售价，与花店联系，达成出售协议。

活动建议：

联系善于养殖多肉的学生和教师家庭，搜集多肉植物叶片；可以到多肉植物大棚参观、考察。

案例 3：制作类

制作生态瓶

活动目标：

制作一个生物生存时间相对长久的生态瓶。

活动器材：

透明容器、水、沙、水生植物（黑藻）、水生动物（黑壳虾、小鱼）。

活动实施：

1. 查阅资料，小组分别设计生态瓶制作方案。

2. 制作生态瓶。

3. 观察记录生态瓶中生物的生存状态。

4. 交流展示，比较不同生物比例的生态瓶中生物的存活率。

5. 按照最佳比例成批制作造型美观的生态瓶，通过出售筹集班费。

活动建议：

不同小组制作不同动植物比例、不同水与空气比例、不同河沙量的生态瓶用以对照。

问题与思考：

1. 容器大小与生物数量、大小之间有怎样的关系，哪一种更利于生物存活？

2. 怎样选择动物和植物的数量、大小和种类更利于生物长时间存活？

J.S.）.

（二）部分案例 STEM 要素梳理

表 2-2-2 STEM 要素梳理

主题	项目名称	STEM 要素			
		科学	技术	工程	数学
生物与环境	模拟淡水生态系统——生态瓶制作	生态系统的概念和组成，生物与环境的关系，生态系统具有一定的自动调节能力		生态瓶的设计和制作	各种生物的最佳比例，生态瓶容积与生物数量的计算，数据的统计等
生物圈中的绿色植物	种植观察一种做子植物	绿色植物的生存条件，绿色开花植物的生命周期	种植植物的有关技术	制作自动浇水器，保证植物更好地获取水分，种植植物的全过程	植物生长周期记录
	冬小麦的种植	种子萌发所需要的条件，植物生长所需要的条件，光合作用与呼吸作用，开花与结果，生物防治	测定种子的发芽率，人工施肥，使用人工型播种与喷雾器，镰刀等的技术	合理安排时间，操作程序，完成整个种植和收获的全过程	发芽率的测定，根据地块长宽确定播种行距和行数、播种量、施肥量、产量的计算等
	西红柿的无土栽培	种子的萌发条件，植株的生长，开花结果的条件和过程	培养液的配制，番茄生长过程中的打权、除虫、授粉等与番茄高产有关的技术	设计一个无土栽培装置并不断改进装置，完成无土栽培的全过程	番茄不同生长时期不同浓度无土栽培培养液的配制，pH 的测定
	七彩玫瑰揭秘	水分在植物体内运输的途径	切开菊花茎的方法，配制恰当浓度的染料保证花瓣染色均匀的技术	制作出七彩玫瑰的过程	染色剂配制浓度，染色时间控制

续表

主题	项目名称	STEM 要素			
		科学	技术	工程	数学
人体的新陈代谢	雾霾来了——防雾霾口罩的制作	人体呼吸系统的结构和功能，仿生学原理	手工缝制技术	对防霾口罩的设计、制作、检测、改进、宣传的过程	口罩制作过程中对材料尺寸的计算
	家庭食谱的设计与烹饪	食物中的六大营养物质及其作用，不同食物中营养物质的含量，合理营养、健康的生活方式	烹饪技术	设计符合全家人实际情况的营养食谱，并按照食谱做出一餐饭菜的过程	人体标准体重的计算方法，五类食物的合理配比
生物圈中的微生物	食用菌培养	真菌生存的基本条件；真菌在生物圈中的作用，以及人类对真菌的利用	消毒技术、控温技术、菌丝种植技术、采摘技术	使用真菌培养技术制作菌棒培养食用菌的过程	统计菌种种植的密集程度与产量的关系
	酸奶制作	细菌生存的条件，发酵原理	发酵前器皿的消毒处理，酸奶的制作方法、储存方法	设计并完成发酵的全过程	细菌的繁殖速度计算，牛奶与菌种恰当比例的计算
	米酒制作	真菌生存的条件，发酵原理	发酵前器皿的消毒处理，米酒的制作方法、储存方法	设计并完成发酵的全过程	真菌的繁殖速度计算，糯米与酒曲恰当比例的计算
健康的生活	戒烟戒酒——酒精或烟草浸出液对水蚤心率的影响	烟酒对心率的影响	显微镜的使用方法、视频的拍摄和剪辑	设计并拍摄一份倡导戒烟、戒酒的广告视频	配制不同浓度的酒精溶液或烟草浸出液，记录心率的次数

续表

主题	项目名称	STEM 要素			
		科学	技术	工程	数学
动物的运动和行为	模拟股骨骨折修复手术	人体的四种基本组织，小腿的基本结构，运动系统的组成	内固定技术，缝合技术，外固定技术	完成手术的准备和操作过程	切口长度的计算和测量
	观察金鱼的学习行为	动物行为	实施对金鱼有效的刺激	观察鱼学习行为装置的设计和制作	行为表现的数据记录
植物的无性生殖（初三下学期）	多肉植物的叶片繁殖	植物生长所需的条件	植物的无性繁殖技术	批量繁殖、产品包装销售的过程	成本和售价计算
	月季的扦插和嫁接	植物的无性繁殖	扦插和嫁接技术	实验方案设计和实施的整个过程	扦插枝条最适合的长度

第三章　大概念统领下的课程整合

大概念是有组织、有结构的科学知识和模型，能够用于解释和预测较大范围的生物学现象。大概念对于学生理解所观察到的生物学现象，以及参与与生物学有关的社会问题的讨论和决策都是十分必要的。由于大概念处于学科的中心位置，以大概念统领下位概念的方式组织学习内容，更有助于构建起知识结构，并通过知识结构明确各个概念之间的关系，所以，大概念统领下的课程整合是课程内容整合的起点，也是最主要的部分。大概念统领下的课程整合需要有相应的教学策略、教学方式、教学过程和评价方式与之匹配。

第一节　大概念统领下课程整合的教学策略

教学策略是指在教学过程中，为完成特定的目标，依据教学的主客观条件，特别是学生的实际情况，对所选用的教学顺序、教学活动程序、教学组织形式、教学方法和教学媒体等的总体考虑。任何教学策略都指向特定的问题情境、特定的教学内容、特定的教学目标，规定着师生的教学行为。大概念统领下的课程整合的教学策略，需要与结构化的学习内容相适应，需要指向注重概念的关联和理解的教学目标。

一、课程整合的总体教学策略及阐述

"学生通过构建大概念统领下的知识结构整合学习内容。构建知识结构是课程整合的核心任务，贯穿于每一个主题学习的始终"是本书呈现的课程整合教学实施的总体策略。

布鲁纳说："关于人类的记忆，经过与实际的充分研究，我们能够说的最

基本的东西，也许就是，除非把一件件事情放进结构很好的筐子里面，否则很快就会忘记。详细的资料是靠表达它的简化方式来保存在记忆里的。"① 这里所说的简化方式就是指"知识结构"。构建知识结构能够激活学生头脑中新旧知识之间的联系，实现对学科知识的深入理解和整体把握，有利于知识的迁移。

当前，有些教师只重视学生对零散知识的记忆，不重视建立这些知识之间的联系；有些教师即使重视了知识结构的构建，也只限于在课堂的最后或者课后构建知识结构图或者思维导图。上述教学方式忽略了知识之间的联系，使学生"只见树木，不见森林"，其危害正如《福尔摩斯探案集》中福尔摩斯所说："人的脑子本来像一间空空的小阁楼，应该有选择地把一些家具装进去，只有傻瓜才会把他碰到的各种各样的破烂杂碎一股脑儿装进去。这样一来，那些对他有用的知识反而被挤了出来，或者，最多不过是和许多东西掺杂在一起。因此，在取用的时候，也就感到困难了。"人们不应该毫无选择地把知识杂乱无章地充塞于头脑中，而必须有目地吸取那些对自己有用的知识，并根据这些知识间的内在联系，加以合理的排列、组合，使之成为一个具有整体功能的结构——知识结构。只有这样，知识才能发挥它应有的效力。

那么，知识结构是如何一步步构建起来的呢？

第一步是建立体系，教师通过问题引领或者是体验活动让学生充分调动已知，首先在大脑中建立一个存放知识的"书架"，其次将自己了解的知识分门别类地放入到"书架"中去。当发现有一些知识不能很好地找到对应格子可以放入时，就要考虑这个"书架"的结构是否有问题，最后调整"书架"结构，直到将所有知道的知识都能很妥帖地放入该书架，这样属于自己的知识体系也就建立起来了。

第二步是维护完善，虽然知识体系初步建立起来了，但是当获得新知识时，还必须不断重复前面的步骤，直到自己的知识体系能够很好地容纳和吸收这些知识。这样，一个人的知识体系才能不断更新与完善。

第三步是使用与验证，有了知识体系就可以在不同知识之间串联起联系，自我发现很多新的知识与规律，就可以拿这些知识到实践中去使用与验证，最

---

① J.S. 布鲁纳：《教育过程》，北京：人民教育出版社，1989 年版。

终实现知识的创新与发展。

二、课程整合的具体教学策略及阐述

要落实课程整合总体策略，使教学始终围绕着"构建知识结构"开展，还需要有一些具体的策略。

（一）以学生原有的基础为起点

"学习"不是简单的信息积累，而是新旧知识、经验的相互作用而引发的认知结构的重组。奥苏伯尔说："影响学习最重要的因素是学生已经知道了什么，教师应根据学生的原有知识进行教学。"[①] 由此可见，学习是学生的经验体系在一定环境中自内而外的"生长"，必须以学习者原有的知识经验为基础来实现知识体系的建构。

学生学习起点的确定，考虑的无外乎是两方面因素：一是知识发生、发展的逻辑次序（逻辑起点）；二是学生已有的知识、经验（现实起点）[②]。课程整合的教学中，学生首先根据自己已有的知识和经验构建知识结构框架，教师根据学生构建的过程和结果发现需要进一步学习的内容和需要解决的问题，以此作为生发知识结构的"根"。

回顾以前的课堂教学，往往会出现这样的现象：教师精心备课，教学设计环环相扣，自己信心满满，准备课上大显身手，可是结果却不尽如人意。有时学生推不动，拉不动，跟不上教师的思路；有时学生出现"跑偏"，提出一些"线外"的问题或者冒出一些"奇特"的想法；有时学生很无聊，学得没滋没味。分析原因，主要是教师不了解学生的实际水平，即"学习起点"，所设定的教学起点可能只是教材的逻辑起点而非学生的认知起点，起点太高学生跟不上，起点太低学生无事做，起点离学生太远导致"跑偏"。把学生带到哪里，首先应知道学生现在在哪里。因此，备课时教师首先需要准确把握学生的学习起点。

---

① 奥苏伯尔：《教育心理学》，北京：人民教育出版社，1994 年版。

② 毛长俊：《语数外学习（高中数学教学）》，2014 年第 9 期。

1. 教学设计时充分关注前科学概念

每个人出生后第一次睁开眼睛，呈现在他们面前的便是一个五彩缤纷的陌生世界，各种现象对大脑的刺激便形成了他们对各种事物的感知。随着年龄的增长，人对各种事物有了自己的经验和认识，并形成一些比较固定的看法，这就是前科学概念，简称前概念。也就是说前科学概念是指学生对一系列可理解的自然现象形成了基于经验的解释，是一些与科学知识相悖或不尽一致的观念和规则。前概念在学生的学习中扮演着非常重要的角色。科学概念的形成是建立在前概念基础之上的。当科学概念和前概念比较一致时，学生就容易理解；反之，他们就会觉得很难理解。在实际的教学中，如果教师能够把握住学生的前概念，就会使教学有的放矢。因此，在进行教学设计时要充分考虑学生的前科学概念，对于与科学概念一致的前概念，课上要善加利用；对于不一致的前概念，要利用例证、建构等多种方法进行转化；对于缺失的概念，要进行补充，最终帮助学生形成科学概念。

2. 课堂教学中进一步了解前科学概念

备课时教师只是凭经验对学生的前科学概念作了大致的评估，要想准确全面把握学生的前科学概念，需要在课堂创设问题情境，让学生在自学、互学、展学（班级层面的展示交流）的过程中将学习起点充分暴露展现。同时，教师还可以通过驱动性问题的完成情况来了解学生的前科学概念。

（二）以学生真实问题的解决为重点

教学的目的在于把学生的未知变成已知，因此，要把学生围绕主题学习产生的疑问和存在的问题作为教学的重点，教学要基于学生真实的问题，发生在需要发现的地方，解答的是真正的疑问。

没有问题就没有教学活动开展的必要。而有了"问题"，尤其是学生的"真问题"，学生就能围绕问题的解决展开学习、讨论、调查、研究等工作。针对问题解决开展的教学活动，能够更好地激发学生学习的主动性，使学生更广泛地激活原有知识和经验，来理解、分析并解决当前的问题；另外，课堂上学生充分活动是需要时间作保证的，教学活动集中于学生真问题的解决，能够有效地节约课堂宝贵的时间，让学生有针对性地去思考、质疑、表达和交流，提高学习效率。

以解决真实问题为重点的课堂颠覆了以往按部就班的学习方式，变成围绕解决学生的真问题设计各种活动。这种突出问题解决的教学方式面临的最大挑战，就是如何将问题解决的结果构建成知识结构。因此，教学中必须首先让学生构建出一个知识结构，所要解决的问题也应该是知识结构构建中产生的问题，问题解决后，要让学生将新知识融入自己的知识结构中。

（三）以活动为主要的学习形式

学生是课程整合的主体，因此，课程整合的教学应由学生的一系列学习活动构成。在教学中，教师不再是一味地去传授知识，而是学生学习活动的设计者、组织者和参与者。

被誉为"PISA之父"的安德烈亚斯曾表述过这样一个观点，即老师本身的职责就是促进学生自主探索求知，而不应该向学生展示实际问题的解决方法，要让学生自己先思考。思维和推导过程比课程本身重要，当学生更多地靠自己来解决问题的时候，他们能学得最好。传统的被动接受式学习方式忽视了发现和探究的价值，禁锢了学生的思维和创造性，压抑了学生的兴趣和热情，因而不能获得好的学习效果。只有设计相应的教学活动让学生去探索、去体验，在体验中感悟、生成和构建知识，才能真正地提高学生的学习能力，提高生物学科的核心素养。

当然，课堂上的活动多种多样：活动的组织方式维度，包括独立学习和合作学习；活动的认知方式维度，包括"书中学"和"做中学"。如果学生在自己的探索中，在与他人的探讨中，在主动获取知识的过程中体验知识的形成与应用，知识、技能、情感、态度、价值观各方面就能得到和谐发展。

（四）以个性化知识结构的建立为目标

由于每个学生原有的认知基础不一样，认知方式和知识结构框架的组织方式存在差异，因此，所形成的知识结构应是个性化的学习结果。结构中所包含的知识内容可以相同，但构建的形式可能不同。课程整合的学习过程就是一个不断整理、内化知识，进而形成具有自身思维特点的个性化知识结构的过程。

面对学生个性化的知识结构，教学中如何进行指导呢？一方面教师要进行批改，指出所构建的知识结构的优点和不足，找出共性的问题以便进行知识梳理与构建方法的指导；另一方面是充分地利用学生的互评，互评的方式可以是组内互评，也可是班级展评（如贴在墙上，学生利用课后时间进行学习评价）。在评价讨论的基础上，学生可以进一步理解知识，审查自己的知识结构，不断进行完善。

（五）以"目标评价教学一致性"为保障

合理确定教学目标即明确要带学生到哪里，精心设计评价方式即如何知道已经把学生带到了哪里，有效选择教法即确定怎样把学生带到哪里去，高质量的课堂需要做到这三方面的协调统一。

与常规教学相比，课程整合的教学目标有了一定的改变。教师首先应该依据大概念的构建确定教学目标，其次按照教学目标的要求构建知识结构框架，所构建的知识结构框架须与目标中"学到什么程度"的要求相吻合。由于课程整合的教学较常规教学放手程度更大，会遇到更多的问题，所以教学中教师更需要通过过程性评价不断发现学生学习过程中遇到的困难和障碍，据此生成新的学习内容和教学环节，以保证教学始终指向目标的达成。

第二节　大概念统领下课程整合的教学方式

教学方式是在教学过程中，教师和学生为实现教学目的，完成教学任务而采取教与学相互作用的活动方式的总称。它是教师引导学生掌握知识技能、获得身心发展而共同活动的方法，包括教师教的方式和学生学的方式。

大概念统领下课程整合的教学，重视知识的结构化，强调实践探究，因此必须改变以知识为中心、接受学习为主的教学现状以及碎片化的教学安排，实现教学方式的变革，使每一位学生通过天性和个性的解放，实现能力的提高和素养的发展。

一、课程整合的主题课型设置

课程整合中，为促进学生更好地构建知识结构和建构概念，依据教学策略设置了五种基本课型。

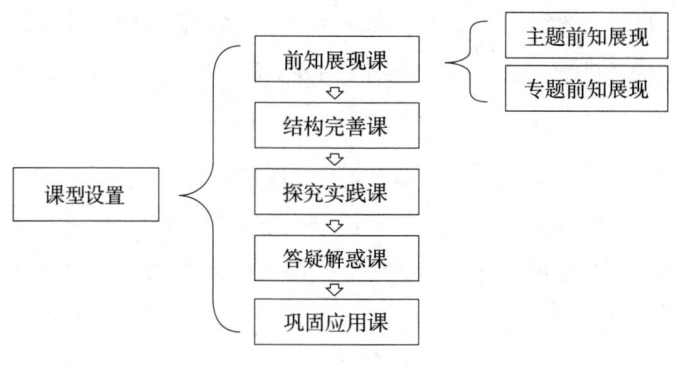

图 3-2-1 五种基本课型

（一）前知展现课

1. 设置意图

学生调用前备的知识和经验构建初步的知识结构框架，暴露问题。教师据此了解学生的知识基础，发现学生知识上的空缺点、错误点，为确定下一步的教学内容和方式提供依据。

2. 教学流程

创设教学情境→呈现驱动性问题→学生自主思考解决问题→构建初步的知识结构→小组合作→展示交流→完善知识结构、整理疑问点。

3. 要点解析

（1）展现形式的分类

前知展现课分为主题前知展现和专题前知展现。对于大的学习主题，例如"人体的新陈代谢""人体生命活动的调节"等，在专题学习之前，要进行主题前知展现，重点是展现主题各部分内容之间的联系及逻辑关系，以便于学生从宏观的角度构建出知识结构框架。专题前知展现时再进一步引导学生进行细致、深入的知识结构构建。

（2）驱动性问题的提出

好的驱动性问题能够充分调动学生的前认知，对问题进行深入思考，从而实现主动、富有个性化的学习。因此，驱动性问题应具备以下几个特点：贴近学生生活，能激发学生解决问题的兴趣；具有启发性，能较好地打开学生的思维；具有开放性，能充分展现学生的已有认知；具有综合性，有利于学生建立知识结构。

　　教师备课时要先梳理出该主题的知识结构，只有明确最后要到达哪儿，才能提出更好的驱动性问题来充分调动学生的前认知，才能在互动中敏感地捕捉有助于构建知识结构的信息。

　　（3）学习成果的呈现

　　学生完成驱动性问题后，应对思考的结果进行整理，理顺知识之间的联系，构建起结构化的知识体系。知识体系可以是概念图、思维导图等形式，内容要全面、深入。建议先用铅笔画图，以便于后续修正完善。

　　（4）展示互动的要求

　　在展示和互动环节，教师要将学生展示的知识与主题知识框架不断进行对照，判断学生知道了什么，知道到什么程度，还有哪些知识没有涉及，应怎样引导学生进行关联，从而使前知展现充分、深入，一直达到学生已知的边界。

　　由于学生的知识结构是个性化的，不同学生知识结构的构建方式是不同的，因此，交流后，学生要将交流的内容内化为自己的认知，并与自己的知识结构进行对接，用以完善自己的知识结构框架。

　　（5）学习结果的处理

　　教师要对学生的学习过程和学习结果反复研究，先是从以下四个角度对知识进行分类：学生已经掌握的、了解不全面的、知识盲区和错误认知，然后对学生没有掌握的知识按照"是否与概念构建有关"进行进一步的分类，从而确定需要进一步探究的问题。

　　4. 案例呈现

"绿色植物的光合作用和呼吸作用"专题前知展现课

创设情境、提出问题：

　　一粒种子入土，能够萌发成幼苗；一棵幼嫩的小苗，可长成一棵参天大树。植物和所有的动物一样，在生长发育的过程中，必须不断地从环境中获得生存必需的物质。那么植物需要从环境中摄取哪些物质呢？在植物摄取物质的同时又能回馈给生物圈什么呢？

　　学习任务及要求：

　　作业纸上画好了一棵大树，请你用彩色笔按照"文字＋箭头"的形式表示以下内容：

续表

（1）植物从环境中摄取了什么物质？通过什么结构摄取？摄取这些物质的作用是什么？

（2）植物在摄取物质的同时又回馈给生物圈什么物质？这些回馈对生物圈的意义是什么？

学习过程：

环节1：自主构建知识结构

要求：构建知识结构时内容要力求全面、具体，思维清晰。

环节2：组内交流知识结构

要求：1. 需要交流的信息量较大，组长要设法保证交流得清晰、有序、有效。

2. 将交流中"达成共识的"和"有争议的"的问题整理记录下来，以备班级
交流。

环节3：班级内的交流分享

要求：学生利用实物投影交流自己的知识结构图。交流时逻辑要清晰，内容要详细、具体。

环节4：梳理知识结构

要求：交流之后，再次梳理自己的知识结构，将交流中获取的新知识补充到结构中，
将通过交流自我修正的知识进行改正。

环节5：整理问题

要求：学生将自己的疑问整理记录下来，作为结构完善课的学习任务。

（二）结构完善课

1. 设置意图

在前知展现课的基础上对暴露的问题进行深入思考，通过自主学习和交流分享等方式，进行知识结构的完善，并进一步提出疑问。

2. 教学流程

学生运用多种方式获取知识、解决疑问→自主完善知识结构→小组合作交流分享、解决疑问→梳理还需解决的问题→教师判断并确定需进一步探究的问题。

3. 要点解析

（1）自主选择学习方式

在前知展现课中，学生通过思考与交流，会获得很多新的信息，也会在同学的启发下调动出自己更多已有的认知，同时也会对一些问题存有疑问。结构完善课就是要学生采用自己喜欢的方式来进一步完善或修正自己的认知。所采用的方式可以是阅读课本和专业书籍，可以是网上查阅资料，也可以利用课余

时间进行调查、观察等，有时也可由教师提供学习资源让学生自主选择使用。修正或完善的知识要及时充实到原有的知识结构图中。

（2）合作引发深入思考

由于学生的知识漏洞和疑问是个性化的，所以学生自主完善后的知识结构也是个性化的。如何确保学生知识结构的准确性、全面性？又如何引导学生进行更深入的思考？实践证明，合作交流是非常有效的途径。合作不仅是再一次的查漏补缺，更在"为什么这样"的质疑中引发学生进行更加深入的思考。学生在"获取知识→进行质疑→再补充知识→再进行质疑"的过程中不断地完善结构，并抽丝剥茧，一步步暴露真问题，找出真正需要进一步探究的问题。

（三）探究实践课

1. 设置意图

针对全班需要进一步研究解决的共性问题进行探究，运用得出的结论完善和修正原有的知识结构，发现和解决需要进一步学习和探究的问题。

2. 教学流程

梳理结构、完善课后还需解决的问题→找出共性问题→构建探究框架→按照探究框架开展探究活动→根据探究结果进一步完善知识结构。

3. 要点解析

（1）梳理找出共性问题

结构完善课后要对学生仍然存在的问题进行梳理，将与概念理解有关的共性问题整理出来，然后梳理出问题与概念的对应关系，安排探究解决的先后顺序，从而构建出本主题的探究框架。例如，"绿色植物的光合作用和呼吸作用"主题建构的探究框架如下表所示。

表 3-2-1　"绿色植物的光合作用和呼吸作用"主题探究框架

顺序	共性问题	建构概念
1	植物的绿色部分都可以进行光合作用吗	叶绿体是植物进行光合作用的场所
2	植物在白天会不会排出二氧化碳	白天，植物光合作用的强度大于呼吸作用
3	植物的什么部位可以进行呼吸作用	植物体的每个活细胞都能进行呼吸作用
4	植物的呼吸作用可以在什么时间进行	有光无光条件下，植物都能进行呼吸作用

探究框架建立后，就要依据探究框架设计活动进行探究，然后根据探究的结果理解概念，完善和修正知识结构，发现和解决需要进一步学习和探究的问题。

（2）灵活处理个性问题

由于课时有限，学生的问题不可能都在课堂上解决。对于个性化的问题，教师可给予相应的指导或建议，让学生课后通过查阅资料、实践探究、调查访问等方式进行解决，并进一步完善自己的知识结构。

（3）根据需求安排课时

根据学生暴露的问题的多少确定探究实践课的课时，可以安排一个或多个课时。

4. 案例呈现

探究问题的确定：

通过前知展现，学生暴露的有关呼吸作用的问题较多，疑问点主要集中在"植物的呼吸作用可以在什么时间进行？"和"植物的什么部位可以进行呼吸作用？"这两个问题上。多数学生认为植物白天只进行光合作用不进行呼吸作用，而且只有植物的叶片才能进行呼吸作用。结构完善课中学生通过阅读课本也未能解决上述疑问，因此需在探究实践课中进一步进行探究。

案例一：植物的呼吸作用可以在什么时间进行？

探究活动：

1. 甲、乙两个广口瓶，甲瓶中装有萌发的种子，乙瓶中装有煮熟的种子。将氧气传感器探头伸入广口瓶中，将广口瓶放置到温暖的光照环境中（夜晚用灯光照射），收集瓶中氧气变化的数据。

2. 甲、乙两个广口瓶，甲瓶中装有萌发的种子，乙瓶中装有煮熟的种子。将氧气传感器探头伸入广口瓶中，将广口瓶放置到温暖的黑暗环境中（白天可以用黑塑料袋套起来），收集瓶中氧气

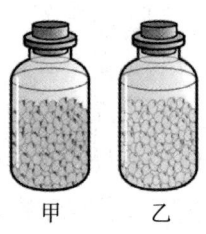

甲　　　乙

变化的数据。（没有传感器的学校，可以采用"将燃烧的蜡烛伸入广口瓶"的方法，通过蜡烛的燃烧情况，判断瓶内氧气的变化。）

学习要求：

1. 小组通过探究活动解决相关问题，用关键字和图像简单记录探究结果。

2. 组内探讨，分析结果并得出结论。

3. 分享交流解决问题的过程及结果（重点表述如何根据实验现象和实验数据得出结论）。

4. 根据探究结果完善知识结构。

续表

> 案例二：植物的什么部位可以进行呼吸作用？
>
> 探究活动：
>
> 将月季根系、月季茎段、月季叶片、月季花瓣、月季果实分别放入甲、乙、丙、丁、戊五个广口瓶中，将乙、丙两瓶套上黑塑料袋，将广口瓶放置到温暖的环境中，24 小时后将燃烧的蜡烛伸入各个广口瓶中，观察蜡烛的燃烧情况。
>
> 学习要求：
>
> 1. 小组内合理分工，有序操作，详细记录。
>
> 2. 分析实验结果，得出实验结论。

（四）答疑解惑课

1. 设置意图

解决的是与概念理解没有直接关系但又是学生迫切想要知道的问题，通过交流分享，拓宽学生视野，加深学生对知识的理解，促进知识与生活的结合，进一步完善知识结构。

2. 教学流程

学生提出疑问→教师梳理问题进行筛选分配→学生解答疑问→交流分享→进一步完善知识结构

3. 要点解析

（1）关注学生的疑问

在学习的过程中，学生会产生很多"真实的问题"，这些问题与该主题知识结构建构的关系可能不大，甚至有很多游离于知识主线之外，但确实是学生迫切想要知道的。例如在"绿色植物的光合作用和呼吸作用"这一主题的学习中，学生提出了这样的问题："叶片有气孔，呼吸所需的氧气从气孔进入，那么其他器官所需的氧气从哪儿获得呢？""植物绿色部分都可以进行光合作用吗？"再如，学习《被子植物的一生》专题时，学生会有这样的疑惑："有形成层的植物可以逐年加粗，没有形成层的植物是怎样加粗的呢？""植物的器官中有分生组织可以不断长大，那动物的器官是怎样生长的呢？""被子植物受精会形成胚乳，那么为什么很多被子植物没有胚乳呢？""裸子植物种子的形成过程与被子植物的一样吗？"诸如此类的问题很多，需要选择合适的方式为学生答疑解惑。

（2）问题收集的途径

问题收集的形式是班级设立"疑问箱"，收集问题的时间段主要有两个，一是每节课学习后学生都可将自己的疑问写在纸上投入箱中；二是在每个主题或专题学习后，学生可将进一步产生的疑问投入箱中。

（3）问题的筛选分配

由于课堂交流时间有限，当所提问题较多时，为了确保重要的问题能够在课堂上展示，教师要对疑问进行筛选，选择与主干知识密切联系的、能够较好服务学生生活的、关注较多的问题，再平均分配给每个小组，学生解答后可采用 PPT 展示等多种方式在课上进行分享交流；其他问题可让学生制成"手抄报"张贴在墙上，学生利用课余时间进行阅读，也可制成小的微课，分享到班级 QQ 群中，学生可根据需要观看学习。当所提问题较少时，可由各小组自由认领。

（4）提出交流的要求

为了培养学生的能力，提高交流的效率，展示前，教师要提出具有指导意义的展示要求。例如：制作展示课件时要注意相关知识的概括提炼；辅助展示的材料要多图片少文字；展示时要多讲解少阅读；每个问题的展示时间不超过 5 分钟等。通过上述要求，督促学生在查找资料时必须结合自己已有的知识和生活经验对信息进行理解与内化，并且进行思路与语言的整理。

（5）教师的指导提升

答疑解惑课中教师要通过认真倾听，对学生交流的知识进行诊断，如发现错误要及时进行纠正，保证学生接收知识的准确性；对涉及的主干知识要进行强化，以帮助学生巩固知识、完善知识结构；要引导学生将交流内容与生活实际进行联系，以便更好地指导学生的生活。例如，在学生交流"宫外孕"的相关知识后，教师可提出一个问题："验血或验尿确认怀孕后为什么还要进行 B 超检查"，学生经过思考后，应该可以知道是排查宫外孕的，从而感受到生物学知识对于生活的重要性。为了提高指导的有效性，教师在备课时应该将学生所提的问题全部进行查阅解答，做到心中有数，以便进行有效的指导。

（五）巩固应用课

1. 设置意图

学生通过自诊和互诊进一步完善知识结构，理解和记忆个人建构的知识结构，并应用知识结构解决问题，教师通过综合性习题检测学生的学习情况。

2. 教学流程

学生进行知识结构的互诊→分析诊断意见修正知识结构→巩固知识结构→应用练习，用结构化的知识去解决问题。

3. 要点解析

（1）互诊活动的组织

课程整合强调个性化学习，学生构建的知识结构都是个性化的，因此不能用统一的标准去指导和规范。教学中可以采用组内"漂流互诊"的方式进行诊断。通常四人一组，每个同学都要深入地理解其他组员所建构的知识结构，将发现的优点记在自己的笔记本上，以便修正自己的知识结构；发现的错误或不足用铅笔在结构图上标注出来，需要详细说明之处可以直接与该同学进行交流。互诊完成后，每个同学根据其他同学的意见和自己的收获，进一步修正和完善自己的知识结构。

（2）基础知识的巩固

基础知识的互诊既能相互诊断发现不足，同时也是自我巩固知识的过程。互诊完成后，应给予学生一定的时间（时间长短根据主题大小、知识的多少而定）进行记忆巩固。在进行综合性运用练习时，要求学生不能查阅课本和框架图（此要求在上课之初就告知学生），这一要求既能确保学生诊断、修正、巩固过程的实效性，又能诊断出学生知识结构的掌握情况。在应用过程中发现的基础知识方面的问题，应提供机会让学生及时进行修正和巩固。

（3）应用练习题的设置

巩固应用练习题的设置要能充分考查出学生知识结构的构建水平以及应用水平，因此问题的设置要满足以下几点：一要重点考查学生知识结构的建构情况；二要围绕学生的易错点进行设置；三要注重现实情境的设置，紧密联系生活实际。例如"绿色植物的光合作用和呼吸作用"这一主题，可以设置这样的应用练习题："现今，寒冷的冬天我们也可以吃到新鲜蔬菜，这都是'蔬菜大棚'的功劳。如果你是菜农，你知道如何提高大棚蔬菜的产量吗？"这样的题目，贴近学生生活，能够较好地考查学生对光合作用和呼吸作用相关知识以及二者之间关系的理解与掌握。

课程整合的主题有大有小，对于内容较少的主题，如"生物体的结构层次"，可以完全按照五课型进行教学，其中探究实践课一般为多节，其他课型通常为一节。而对于内容较多的主题，如"人体的新陈代谢"，则可以采取"总—分—总"的方式，先进行主题前知展现，让学生构建出该主题的初步知识结构。然后在主题之下设置专题，在主题前知展现的基础上进行细致、深入的前知展现，利用五课型完成每一专题的学习，最后再进行主题知识结构的完善巩固。当然，主题之下的每一个专题的学习顺序都是根据前知展现课暴露的问题来确定的。例如，通过"人体的新陈代谢"主题前知展现，发现学生对这一主题的疑惑主要集中在各大系统与循环系统的联系上，因此教学中就将循环系统的学习设置为该主题第一个专题的学习内容。

课程整合中的五课型设置，教师教学生不知道的，学生学想知道的，真正凸显了学生的主体地位，激发了学生的学习兴趣，提高了学生的学习能力，促进学生核心素养的形成。

二、课程整合的课堂教学模式

教学模式是在一定教学思想或教学理论指导下建立起来的较为稳定的教学活动结构框架和活动程序。作为结构框架，突出了教学模式的整体性和各要素之间的关联性；作为活动程序，则突出了教学模式的有序性和可操作性。

古人云："授人以鱼，只供一饭之需；教人以渔，则终身受用无穷。"美国未来学家阿尔文·托夫勒认为："未来的文盲不再是不识字的人，而是没有学会学习的人。"[①] 教学的目的不仅仅是使学生掌握知识，更重要的是教会学生学习的方法，使学生由"学会"变为"会学"。想要学生会学，就要给学生提供充分的"学习"空间。为此，大概念统领下的课程整合采用"1/3 模式"作为基本教学模式，即把课堂教学时间分为 3 个模块，约 1/3 的时间个人自主学习，1/3 的时间小组合作学习，1/3 的时间全班交流讨论。上述三个学习环节可根据教学的需要灵活安排：可以是一节课完成一个循环，可以是几节课完成一个循环，也可以一节课包含多个循环；可以是每个循环都包含完整的三个环

---

① 阿尔文·托夫勒：《第三次浪潮》，中信出版社，2006 年版。

节，也可以是有些循环只包含其中的部分环节。

（一）自主学习

著名教育家波利亚曾这样阐述学生自主学习的必要性和重要性："学习任何知识的最佳途径是由自己去发现，因为这种发现，理解最深，也最易掌握其中的内在规律、性质和联系。"也就是说，学生不应该被动地接受外在信息，而是应主动地根据先前的认知结构有选择性地知觉外在信息，建构当前事物的意义，然后将其纳入认知结构中。

从学习全过程中的主体性发挥来看，自主学习的特征有以下几点：一是要有建立在学生内在学习动机基础上的"想学"；二是要有建立在自我意识发展基础上的"能学"；三是要有建立在掌握一定学习策略基础上的"会学"；四是要有建立在意志努力基础上的"坚持学"。为此，教师在教学中需采取以下策略。

1. 激发学习兴趣

根据自主学习的特征，要提高学生自主学习的效率，培养学生的自主学习能力，学生所要完成的任务、所要解答的问题应该是学生有兴趣的、对自己有意义的。课程整合的五课型教学，在学习内容和学习方式上都能较好地激发学生的学习兴趣，有利于学生自主学习能力的培养。前知展现课，首先要通过生活中的一些事例创造出真实的学习情景，让学生对学习的内容产生兴趣，其次通过一个综合的、具有挑战性的驱动性问题来激发学生探究的欲望；结构完善课，学生可以自主选择和运用学习资源来解决自己的问题，完善自己的认知，开放的学习方式可以让学生充分感受到自主学习的乐趣；探究实践课，学生是为了解决自己的疑问开展探究活动，亲自动手实践以及为自己真正的疑问而探究，都能够使学生兴趣盎然；答疑解惑课，解答的也是学生真正想知道的、真正感兴趣的问题，而且可以选取自己喜欢的方式进行学习和展示，这是学习最强大的动力。

2. 明确学习要求

自主不是想做什么就做什么，自主学习不是放任自流，而是有目标的学习活动。目标能否达成，教师提出的学习要求至关重要。学习要求的提出一是要明确，要让学生知道做什么、怎么做、做到什么程度，不能含糊其词；二是要考虑周全，一次性提出所有的要求。学习要求可包括以下几个方面：学习内容的范围、完成学习任务所要达到的程度、自主学习成果展现的形式、完成学习任务的时间等。

案例：在进行"植物体的结构层次"教学时，设置了这样的前置性体验和自主学习任务：观察一株长满果实的金橘，并进一步对果实"剥、撕、尝"，尝试从结构层次的角度描述细胞怎样构成植物体。为了提高体验的质量，教师提出了如下要求：

①根据观察和体验结果用文字和箭头的形式表示出植物体的结构层次。

②对每个结构层次组成部分的介绍要尽量完整，要有理有据，用事实说话。

③除了画出植物体结构层次示意图，还要能够对照实物简练清晰地介绍自己思维的过程。

④自主学习时间大约 8 分钟。结果在明确的学习要求下，学生思考到位、准备充分、表达清晰，自主学习的质量得到极大提高。

3. 重视学法指导

学生自主学习能力的提高，离不开教师对学习方法的指导。指导的内容可包括：如何用简练的语言、简洁明了的形式表达自己的学习结果；如何绘制清晰美观且易于修改完善的知识结构图；如何提出自己的疑问；如何控制时间；如何一步步完善自己的知识结构图等。指导的时机一般有两个，一是在学习过程中深入学生当中，观察学生的学习状况，提供有针对性的指导和帮助；二是任务完成后要给予综合评价，指出学生的优点及不足。

（二）小组合作学习

在教学中采用小组合作学习的方式，可以实现生生之间全方位、多层次、多角度的交流，使每个人都有机会发表自己的观点与看法，也可以通过倾听来了解他人的想法。除此之外，小组合作学习还能够满足学生的心理需要，促进学生智力因素和非智力因素的和谐发展，最终达到使学生学会、会学、乐学的目的。但在实践操作中，合作却很容易流于形式。要提高合作的实效性，需要做好以下几个方面的工作。

1. 提出合作的具体要求

合作中要促进全员参与，引领学生进行实质性的讨论与碰撞，需要教师在备课中用心思考，提出针对性的合作要求。比如，为了避免合作的过程变成优生的一言堂，可以提出这样的合作要求："合作时要梳理出以下几点：小组内达成一致的观点有什么？哪些观点存在争议，争议点是什么？还存在哪些疑问？"上述将"争议点"和"疑问点"梳理出来的要求，需要在每个人都表达出自己想法的基础上才能完成，因而使得小组必须人人参与，这样一来，合作就会成为真正合作。

2. 形成合作的基本技能

合作学习的技能通常以规则的形式呈现，因此，合作基本技能形成的过程其实主要是制定规则，并不断落实强化，逐步养成合作学习习惯的过程。课堂合作学习的基本技能主要包括以下几个方面：

倾听：

1. 倾听别人的发言要专心。

2. 注意理解，能站在发言者的角度思考其合理性，听取、分析、同化别人的想法。

3. 别人发言时不随便插嘴打断。有不同意见，要耐心听别人说完后再提出。

4. 积极发表自己的不同看法。

表达：

1. 先准备后发言，不信口开河。

2. 发言要围绕讨论中心，不东拉西扯。

3. 谈个人的看法要有根据，能说清理由。

4. 语言表达力求清楚明白，不啰唆。

5. 对于别人提出的疑问，要耐心地进行解释。

求助：

1. 遇到学习上的困难，要虚心向同学请教。

2. 请教时要说清自己的疑问点。

3. 接受帮助后，应向对方表示感谢。

自控：

1. 服从组长的安排。

2. 遵守纪律，不随便离开座位，不讲与学习无关的话。

3. 小组讨论时，要有次序地发言，声音要轻，不影响其他小组。

4. 意见不能达成一致时，向老师请求援助。

帮助：

1. 关心同学，及时了解同学的困难。

2. 主动、热情、耐心地讲解，不伤害同学的自尊心。

3. 帮助时，要向同学说明他发生错误的原因和解决问题的方法。

小组长作为小组合作学习的组织者和管理者，还应该具备协调的能力，主要包括以下几点。

> 鼓励：
>
> 1.根据组员的学习水平及特长分配任务，确保每个同学都能积极参与。
>
> 2.关注每一个组员的活动，对组员的发言适时地给予鼓励性的评价。
>
> 3.随时注意观察讨论的气氛和组员的参与情况，用微笑、期待的目光或鼓励的话语引导发言较少的同学积极参与。
>
> 阻止：
>
> 1.当组员注意力不集中或违反纪律时，可先正面提醒，或用目光动作暗示。如仍无效，再严肃地点名制止。
>
> 2.当组员讨论偏离中心议题时，应委婉地发出信号，使之言归正传。
>
> 总结：
>
> 1.综合说明同学讨论时提出的几种意见。
>
> 2.分析讨论意见，陈述最终结论。

3. 重视监督与指导

教师是合作学习活动的设计者，是合作学习的发动者、组织者、管理者以及顾问和参谋，也是学生合作学习的评价者。在小组合作学习时，教师要参与到学生的小组合作中，对合作学习进行监督和指导。教师在合作学习中主要履行如下职责：

①监督学生的行为，查找合作过程中出现的问题。

②在遇到整个小组都无法解决的问题时，教师要及时提供指导和帮助，以使得合作学习顺利进行下去。教师要慎重确定什么情况下介入，什么情况下不介入，要为学生学习留出足够的空间。

③发现由于学生没有掌握所需的社交技能致使小组合作出现问题时，教师要建议学生使用一些更有效的合作方法。

④对小组已做的工作提出指导性意见，指导学生解决问题。

⑤促进学生对所做的工作进行评价和反思。

⑥发现有价值的问题，为全班讨论准备素材。

在学生合作学习时，教师对学生的指导可通过提出问题的方式进行，好的问题可以使学生将注意力集中到任务上来。例如：

你是怎样得到这个答案的？（过程）

你能确定这个结论是正确的吗？（确认）

证据是什么？（理由）

其他的可能是什么？（选择）

为什么这样做？（判断）

你用到了学过的合作技能吗？（小组运作）

你认为自己做得怎么样？（自我监督）

需要注意的是，教师对学生合作的干预要尽可能少而且不易察觉，既要在关键时刻帮上一把，又不干扰小组讨论的进程。

4．开展组间竞争

合作可以提高竞争能力，竞争可以为合作提供动力。教学中，可以采用组间竞争的方式提高合作的积极性和深入程度。对各个小组合作学习情况的评价可以参照以下几点：

表 3-2-2　合作学习评价表

评价项目	评价内容	评价主体
学习过程评价	分工是否明确合理	教师
	讨论是否积极有序	
	成员是否人人参与	
学习成果评价	知识结构的梳理是否全面清晰	教师、学生

竞争与合作相伴进行，可以使课堂气氛既紧张，又愉快，既能增进彼此间的了解和友谊，又能习得与人交往的技能。为小组荣誉而努力，可以充分激发学生的好奇心和集体荣誉感，每个组员都会更加珍惜时间，密切合作，在充分表达自己观点的同时也注意听取、分析、同化别人的想法。

竞争也能促进小组成员更好地审视自我，扬长避短。小组中每个成员都有自己的闪光点，有的善于表达，有的善于归纳他人意见，有的善于组织活动……通过彼此互相的取长补短，可以逐步建立起平等、民主、和谐的关系，为今后更加密切的合作和应对竞争创造条件。

（三）全班交流讨论

全班范围的交流讨论参与的人员比较多、讨论的思路比较宽，教师需要从多个方面进行细致的思考和周密的安排，以更好地展现学习成果并且开展有效的讨论。

1. 落实展示交流规则

没有规矩，不成方圆。为了让全班的讨论高效有序地进行，可以制定以下规则：

（1）发言者明确发言的目的是为了阐明自己的观点，并争取说服他人接受自己的观点。为达到上述目的需要注意以下问题：

①发言的对象应为课堂上的全体成员，而不仅是针对教师。

②声音洪亮，语速适中，以其他人都能够听清楚为标准。

③体态自然、表情丰富。

④小组交流可一个人独立完成也可多个人合作完成，可运用电教媒体、图片等加以辅助，可采用演讲、表演、对话等多种形式。

⑤小组成员之间、各小组之间发言的内容不能重复。

⑥思路清晰、语言简练，控制好发言时间。

⑦主持人对发言的时间要提前作出限制。

（2）在同学发言时，其他人要明确自己的后续任务是：对发言的内容作出评价，提出补充意见或进行质疑。为此，要注意以下几点：

①注意倾听，提炼别人发言的要点。

②注意理解，能站在发言者的角度思考其合理性。

③要对发言内容客观地作出评判。

④要形成建设性的观点。

⑤要在同学发言结束之后发表自己的见解，不要在别人发言的过程中插嘴。

⑥对他人发言的评价，在态度上要诚恳，要就事论事，对事不对人；在内容上要全面，既评价发言的内容，又评价表达的技巧；在程序上要讲究策略，先说优点，再找不足，最后提改进意见。

2. 精心安排展示思路

当展示交流的内容比较复杂时，教师在备课时就要用心思考学生需要交流的内容有哪些，学生可能按照什么思路进行交流，交流时倾听者面临的困难是什么，可能出现哪些影响学生有效交流的问题；然后，基于对以上问题的思考，确定出展示的步骤及方法。例如，《绿色植物的光合作用和呼吸作用》主题前知展现课中的驱动性问题是："一粒种子入土，能够萌发成幼苗，一棵幼嫩的小苗，可长成一棵参天大树，植物和所有的动物一样，在生长发育的过程中，必须不断地从环境中获得生存所必需的物质。那么植物需要从环境中摄取哪些物质？摄取这些物质的作用是什么？在植物摄取的同时又能回馈给生物圈什么呢？"在交流对这个问题的认识时，学生有的按照光合作用、呼吸作用两大生理功能依次进行，有的按照摄入的物质和排出的物质分类进行交流，还有的按照不同的物质——氧气、二氧化碳、水依次进行交流。那么，哪一种方法更加清晰、更加有利于倾听者的倾听和评价呢？通过权衡比较，教师决定采用摄入的物质和排出的物质的线索进行交流，以两大生理功能的线索作为评价任务。

3. 介入评价与指导

全班范围内的交流讨论，整个过程能否始终保持有效，教师进行适当的介入和评价非常关键。适当的介入和评价能够鼓舞学生的士气，能够促使学生审视自我，不断进步。在以下几种情况下，教师可以这样进行介入评价：

情况一：当学生的表述很精彩时，教师要发自内心地给予赞赏，点评最亮的一个点，让其他学生明确"好在哪"，以此作为努力的方向。例如，在讨论质疑环节，有一个学生总是用一句简单的反问句，就让其他学生或哑口无言，或恍然大悟。老师可以给予这样的评价："你的发言很霸气！"

情况二：当发言的学生对问题的认识不够透彻时，老师要抓住他表述中的一个关键点进行进一步的剖析和引领，让其他学生在此基础上深入思考下去。例如，这位同学思考问题的切入点是正确的，他把握住了问题的关键，大家可否顺着他的思路进行更深层次的思考呢？

情况三：当发言者的展示整体不错，但是在语言表述或者其他方面小有瑕疵时，教师要先对其优点给予肯定，然后再用委婉的语言提出建议。例如，"如果你的语言表述再严谨些，就更完美了。""你的表述很全面，但如果按照一定的步骤或顺序，同学们听得会更清晰。""你的表述很专业，如果能给大家举一个具体事例就更好了。"相对于直接否定，这种建议式的评价更容易被学生接受。

情况四：当发言学生的理解完全错误时，教师也不要急于否定，而要将评价的主动权交给其他学生，让更多的学生参与评价。教师可以这样说："这是这位同学的观点，那大家对这个观点是否认可呢？说说你的想法。"这个过程中，教师一定要保持中立的态度，其目的是让更多的学生参与到讨论中来。

情况五：在生生互动的过程中，经常会出现某个人的想法把全班学生的思维引入歧途的情况。对于这种情况，教师不能被学生"领跑"，而是要及时介入，用简短的几句话将同学们的思维引上正轨。教师介入时，首先要判断学生出现无效讨论的症结所在，其次再引导学生沿着正确的思路进行思考与讨论。

情况六：当学生的辩论进入一个瓶颈，大家都被一个困难卡住时，教师要积极参与进学生的讨论中来。可以尝试这样说——"大家的观点好像不一致，下面我可以发表一下自己的观点吗？""下面大家先跟随我思考这样一个问题……""这里，我先给大家一点提示……"即给学生一个台阶，学生踩着台阶，在老师的引领下继续思考，思维慢慢打开，就可以进入更为广阔的空间。

"1/3"课堂教学模式把学习的主动权和更多的学习时间还给了学生，让学生有更多的思考和交流的机会，行为和思想可以真正"动"起来，从而成为学习的主人和知识的主动探索者。

第三节　大概念统领下课程整合的教学设计

大概念统领下课程整合的教学设计与常规教学不同，需要围绕大概念的建构对学习内容、学习时间、学习方式、教学策略等进行合理规划和统筹。教学设计分为两部分，主题教学设计和课时教学设计。备课时，要先对主题进行总体的教学设计安排，再具体到对课时教学的设计。

一、课程整合的设计工具及说明

课程整合教学设计使用的工具是主题教学设计模板和课时教学设计模板，

每个模板中都有若干个栏目，每个栏目的填写都有一定的要求。

（一）主题教学设计模板

主题名称	
大概念	
概念层级	
学习内容	
知识结构	

适用年级		所需课时	
课时划分			

主题名称："第二章　课程整合的主题设置"中确定的二级主题的名称，如：人体的新陈代谢。

大概念：统领主题最上位的概念，如"人体的新陈代谢"主题对应的大概念是"人体的组织、器官和系统的正常工作为细胞提供了相对稳定的生存条件，包括营养、氧气以及排出废物，保证了细胞能通过分解糖类等获得生命活动所需能量"。

概念层级：大概念统领的各级概念。

表 3-3-1 "人体的新陈代谢"主题大概念统领的各级概念

大概念	次级概念	三级概念
人体的组织、器官和系统的正常工作为细胞提供了相对稳定的生存条件，包括营养、氧气以及排出废物，保证了细胞能通过分解糖类等获得生命活动所需能量	1.消化系统包括口腔、食道、胃、小肠、大肠、肛门，其主要功能是从食物中获取营养物质，以备运输到身体的所有细胞中	1.人体需要的营养物质包括：糖类、脂肪、蛋白质、水、无机盐、维生素等。糖类、脂肪、蛋白质是人体的供能物质 2.消化系统包括消化道和消化腺。消化道是食物消化和吸收的通道。消化腺能分泌各种消化液，能将糖类、蛋白质、脂肪等大分子物质分别分解成葡萄糖、氨基酸、甘油和脂肪酸等人体能吸收的小分子物质 3.小肠是人体消化和吸收的主要场所。小肠内有皱襞和绒毛，绒毛内有毛细血管，营养物质被吸收进入绒毛内的毛细血管中，由血液运输到组织细胞，供组织细胞利用
	2.呼吸系统包括呼吸道和肺，其功能是从大气中摄取代谢所需的氧气，排出代谢产生的二氧化碳	1.呼吸系统包括呼吸道和肺 2.呼吸道是呼吸的通道，对空气具有清洁、温暖、湿润的作用 3.肺是呼吸系统的主要器官。功能是与外界进行气体交换。肺与外界的气体交换是通过呼吸运动来实现的。肺与血液的气体交换是通过气体扩散来实现的 4.人体呼出的气体与吸入的气体相比，氧气减少，二氧化碳增多
	3.血液循环系统包括心脏、动脉、静脉、毛细血管和血液，其功能是运输氧气、二氧化碳、营养物质、废物和激素等物质	1.循环系统的结构包括心脏、血管和血液 2.血液的成分包括红细胞、白细胞、血小板等，具有运输物质、调节体温、防御保护等功能 3.血管包括动脉、静脉、毛细血管等，是运输物质的管道。动脉将血液送往全身，静脉将血液送回心脏。毛细血管能够与组织细胞进行物质交换 1.心脏的结构包括两心房、两心室，有房室瓣和动脉瓣。其结构与泵血的功能相适应 2.血液循环路线包括体循环和肺循环，共同组成了人体的大循环。经过体循环血液由动脉血变为静脉血，经过肺循环血液由静脉血变为动脉血。血液循环的意义是给组织细胞提供营养物质和氧气，带走组织细胞产生的废物

大概念	次级概念	三级概念
人体的组织、器官和系统的正常工作为细胞提供了相对稳定的生存条件，包括营养、氧气以及排出废物，保证了细胞能通过分解糖类等获得生命活动所需能量	4. 泌尿系统包括肾脏、输尿管、膀胱和尿道，其功能是排出废物和多余的水	1. 每个肾脏由100多万个肾单位组成。其结构包括肾小球、肾小囊、肾小管等。肾单位是形成尿液的结构和功能的基本单位 2. 尿液的形成过程包括滤过和重吸收 3. 尿液的成分包括水分和无机盐、尿素等 4. 排尿的意义是排出尿素等废物，维持体内水分和无机盐的平衡，维持组织细胞正常的生理功能
	5. 皮肤的结构包括表皮、真皮、附属物等，功能是调节体温和排泄等	1. 皮肤的结构包括表皮、真皮和皮肤的附属物等 2. 汗腺的结构包括分泌部和导管。汗液的产生过程是毛细血管中的水、无机盐、尿素等进入分泌部再由导管排出 3. 排汗的意义是排出体内产生的废物，调节体温

学习内容：要根据最下一级概念构建的需要组织安排，学习内容包括知识内容和实践活动内容，知识内容用短语的形式表示。

例如，"人体的新陈代谢"主题中有一个最下一级的概念："小肠是人体消化和吸收的主要场所。小肠内有皱襞和绒毛，绒毛内有毛细血管，营养物质吸收进入绒毛内的毛细血管中，由血液运输到组织细胞，供组织细胞利用。"这一概念的构建需要的知识内容为小肠的结构和功能，实践活动内容包括观察猪小肠的结构、制作小肠壁结构模型等。

知识结构：能够概括地表现学习内容之间关系的图式，形式可包括框架图、概念图、思维导图等（见下图）。在主题教学设计模板中，知识结构是教师根据主题所包含的学习内容进行梳理建构的，是主题知识结构的大框架。

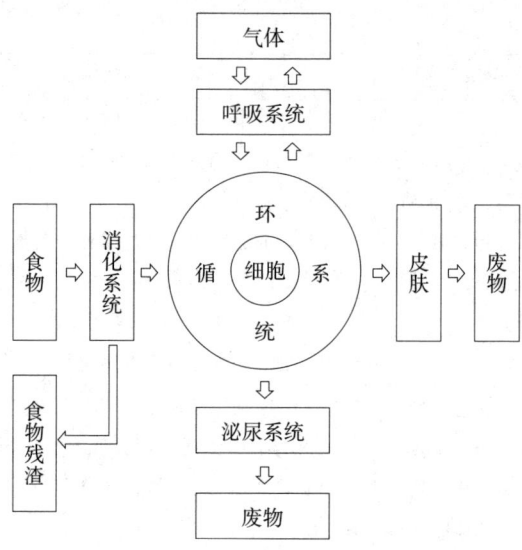

图 3-3-1 "人体的新陈代谢"主题的知识结构

课时划分：是对学习内容进行的初步课时预划分，划分的依据是主题所包含的具体内容及课型设置。课时划分不是固定不变的，可以随教学进程根据具体情况进行调整。例如："人体的新陈代谢"主题可以进行如下的课时划分。

表 3-3-2 "人体的新陈代谢"主题的课时划分

适用年级		所需课时	22 课时
课时划分	前知展现课	1 课时	
	结构完善课	1 课时	
	专题一：人体内物质的运输		
	前知展现和结构完善	1 课时	
	探究实践课 如何区分三种血管	1 课时	
	探究实践课 血液有什么作用	1 课时	
	探究实践课 为什么心脏能驱动血液在循环系统中按照一定的方向流动	1 课时	
	探究实践课 血液是怎样循环的	1 课时	
	专题二：人体的营养		
	前知展现和结构完善	1 课时	
	探究实践课 食物中的营养分别有何作用	1 课时	
	探究实践课 营养物质是怎样被人体消化和吸收的	2 课时	

续表

适用年级		所需课时	22课时
	专题三：人体的呼吸		
	前知展现和结构完善	1课时	
	探究实践课　呼吸道有什么作用	1课时	
	探究实践课　氧气如何从外界到达组织细胞	2课时	
	专题四：人体内废物的排出		
	前知展现课和结构完善	1课时	
	探究实践课　尿液是怎样形成和排出的	1课时	
	探究实践课　汗液是怎样形成和排出的	1课时	
	答疑解惑课	2课时	
	巩固应用课	2课时	

（二）课时教学设计

课时教学设计模板

课题名称	
课型	
学习目标	
学习内容	
评价任务	
教学过程	
备注	

　　课题名称：前知展现课、结构完善课、答疑解惑课、巩固应用课等课型的课题就是主题名称，如"人体的新陈代谢"是主题的前知展现课、结构完善课、答疑解惑课和巩固应用课的课题名称；专题的前知展现课和结构完善课的课题名称就是专题名称，如"人体内物质的运输"是专题的前知展现课和结构完善课的课题名称；探究实践课的课题名称为要解决的真问题，如"如何区分三种血管？"就是一节探究实践课的课题名称。

　　课型：从 5 种课型中选择。

　　学习内容：不同课型的学习内容安排是不同的。前知展现课、结构完善课的学习内容可以涉及整个主题的所有知识；探究实践课的学习内容是与学生的真问题对应的知识内容及实践活动。例如："人体的新陈代谢"主题中，前知展现课上学生对血管的疑问是：怎么区分动脉、静脉和毛细血管？由此确定探究实践课"如何区分三种血管"的知识内容是动脉、静脉、毛细血管的结构和功能，实践活动是观察小鱼尾鳍内的血液流动。答疑解惑课的学习内容是学生所有的疑问。巩固应用课的学习内容是主题知识结构及相关的应用性题目。

　　学习目标：结合概念上下位的关系及学情对课程目标进行分解，形成课时目标。例如："人体的新陈代谢"主题课程目标的分解如下表所示。

表 3-3-3　"人体的新陈代谢"主题课程目标分解

大概念	次级概念	课程目标	具体课时目标
人体的组织、器官和系统的正常工作为细胞提供了相对稳定的生存条件，包括营养、氧气等以及排出废物	消化系统包括口腔、食道、胃、小肠、肝、胰、大肠和肛门，其主要功能是从食物中获取营养物质，以备运输到身体所有细胞中	说出人体所需的主要营养物质	1. 说出人体需要的营养物质的种类 2. 说出人体需要的主要营养物质的功能 3. 举例说出人体缺乏无机盐和维生素的症状
		描述人体消化系统的结构	1. 描述消化系统由消化道和消化腺组成 2. 说出消化系统各器官的结构功能以及各消化腺分泌的消化液的作用
		概述食物的消化和营养物质的吸收过程	1. 说明淀粉、脂肪、蛋白质在消化道内的具体消化分解过程 2. 说明营养物质吸收的过程 3. 举例说出人体消化系统中结构与功能相适应的实例

续表

大概念	次级概念	课程目标	具体课时目标
人体的组织、器官和系统的正常工作为细胞提供了相对稳定的生存条件，包括营养、氧气等以及排出废物	呼吸系统包括呼吸道和肺，其功能是从大气中摄取代谢所需要的氧气，排出代谢所产生的二氧化碳	描述人体呼吸系统的组成	1. 描述呼吸系统由呼吸道和肺组成 2. 描述呼吸道各器官的结构特点以及对吸入空气的作用 3. 认同呼吸道对空气的处理能力是有限的
		概述发生在肺部及组织细胞处的气体交换	1. 解释呼吸运动的原理，说明肺与外界的气体交换过程 2. 说明肺泡与血液的气体交换过程 3. 说明肺部适于进行气体交换的特点
		说明能量来自细胞中有机物的氧化分解	1. 通过测定花生种子中的能量，认同人体生命活动需要的能量来自外界的营养物质 2. 阐明有机物在组织细胞中氧化分解的过程
	血液循环系统包括心脏、动脉、静脉、毛细血管和血液，其功能是运输氧气、二氧化碳、营养物质、废物和激素等物质	描述人体血液循环系统的组成	1. 描述血液循环系统的组成 2. 描述动脉、静脉、毛细血管的结构特点 3. 说明动脉、静脉、毛细血管的功能 4. 描述人体血液的成分 5. 说出人体血液各成分的功能
		概述血液循环	1. 说出心脏的结构与功能相适应的特点 2. 描述体循环和肺循环的路径及物质交换过程，说明血液循环的意义
	泌尿系统包括肾脏、输尿管、膀胱和尿道，其功能是排出废物和多余的水	描述人体泌尿系统的组成	1. 描述泌尿系统由肾脏、输尿管、膀胱和尿道等结构组成 2. 说出肾脏结构和功能的基本单位——肾单位的结构特点
		概述尿液的形成和排出过程	1. 说明过滤和重吸收的过程及原理 2. 区分血液、原尿和尿液的成分 3. 描述尿液从肾小管排出体外的途径
	皮肤的结构包括表皮、真皮、附属物等，功能是调节体温和排泄等	描述其他排泄途径	1. 描述皮肤的结构和功能 2. 说明汗液的形成以及排出过程

评价任务：评价任务是通过实际应用知识和技能进行的具体的、可操作、可检测的复杂性活动，通常也是教学活动，其作用是检测学生学习目标的达成情况。

例如：

表 3-3-4 "人体的新陈代谢"主题评价任务表

课题、课型	学习目标	评价任务
前知展现课："人体的新陈代谢"	1. 暴露、聚焦自身对新陈代谢知识的起点、疑难点和空缺点 2. 初步建构知识结构	通过观察人体内脏器官图，尝试说出外界物质进出组织细胞的过程及原理，初步构建新陈代谢的知识结构
探究实践课：为什么心脏能驱动血液在循环系统中按照一定的方向流动	说出心脏的结构与功能相适应的特点	通过观察猪的心脏结构，推测各结构的功能
探究实践课：血液究竟是怎样循环的	概述体循环和肺循环的路径及物质交换过程，说明血液循环的意义	通过观察血液循环模式图，说出一个红细胞从左心室出发，再回到左心室经过的路径。分析在这个过程中血液发生的变化

教学过程：指教学活动的展开过程。是根据学生发展核心素养的要求，借助一定的教学资源和条件，指导学生通过学习活动达成学习目标，使自身得到发展的过程。课程整合的教学过程的设计，注重情境创设、驱动性问题（或任务）设计、前科学概念的暴露和转化以及知识结构的构建。

二、课程整合的设计要点及解读

在教学设计模板的各个栏目中，有些栏目的设计会决定课程整合教学的走向，需要进行重点研究和充分解读。

（一）学习目标的确定

"学习目标"规定了一节课的方向，告诉我们将要去往哪里。课程整合的目标确定不同于常规教学目标的确定。

1. 课程整合的主题目标是以大概念陈述的方式表示的，课时目标依据不同课型而定。

2. 课程整合不同课型的课时目标不同，但同一课型的目标有时会相同或相通。例如：不同主题或专题的前知展现课的目标都包括以下两点。

（1）暴露、聚焦自身的学习起点、疑难点和空缺点。

（2）调动前备知识和经验，初步构建出主题或专题的知识框架。

3. 如果在同一节课中同时有前知展现和结构完善活动，课时目标会有叠加。

例如："人体内物质的运输"专题的前知展现和结构完善在同一课时完成，学习目标因此确定为：

（1）暴露、聚焦自身的学习起点、疑难点和空缺点。

（2）调动前备知识和经验，初步构建出人体循环系统的知识框架。

（3）对循环系统的知识结构进行完善。

（4）进一步暴露疑难问题。

（二）学习情境的创设

在课程整合的教学设计中，学习情境的创设与常规教学不同。常规教学的学习情境创设只是针对每个独立的课时内容，而课程整合前知展现课所创设的情境则需要统领整个主题，有一定的整合度和开放性，要能调动和启发学生对主题产生全局性和整体性的思考，较为全面地暴露学生的疑难点和前科学概念。

例如，"人体的新陈代谢"主题的前知展现课可以创设这样的学习情境：人要活着，离不开吃、喝、呼吸和拉撒。吃、喝、呼吸是因为人体的生命活动需要物质和能量，拉撒是因为人体需要排出食物残渣和代谢废物。而人体结构和功能的基本单位是细胞，所以我们吃喝的营养物质（包括水、无机盐、有机物）、吸入的氧气等，最终都要进入组织细胞，我们排出的代谢废物也是由细胞产生的。在给出上述情境的同时，呈现一幅人体部分内脏器官示意图（见下图）。此情境以吃喝拉撒和呼吸等学生最熟悉的事情切入，在内容上涵盖了新陈代谢的主要过程，又紧密贴近学生的生活，可以调动学生一探生理究竟的欲望。

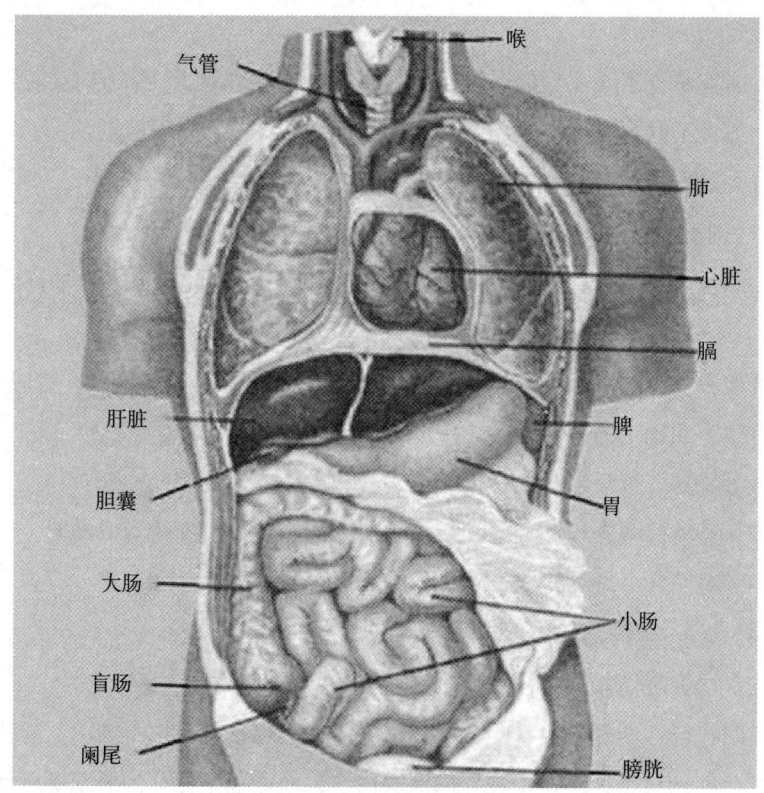

喉
气管
肺
心脏
膈
肝脏
脾
胆囊
胃
大肠
小肠
盲肠
阑尾
膀胱

图 3-3-2　人体部分内脏器官示意图

（三）驱动性问题（或任务）的设置

有了良好的学习情境，要进一步点燃学生的思维，激发学生对整个主题单元内容进行深度思考，需要提出具有挑战性的能统领整个主题的驱动性问题（或任务）。在课程整合的教学中，驱动性问题（或任务）要具有整合性，能够涵盖主题中的主干知识；要能抓住知识的逻辑关系和关键点，激发学生的学习动机和创造潜能；要符合学生的知识、思维和能力水平；要能够暴露学生对整个主题的认知盲区或前科学概念，为以后学习内容的安排提供依据。

例如，"人体的新陈代谢"主题前知展现课上可以呈现这样的驱动性任务：请在下图的横线上填写系统的名称及功能，在箭头上依次写出物质进出细胞需要经过的器官和发生的变化。

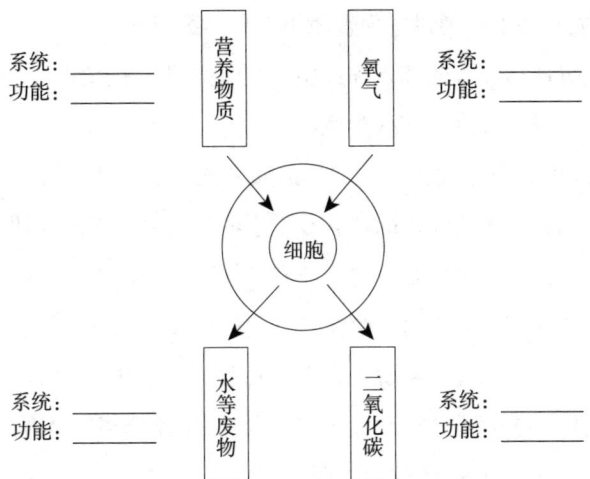

图 3-3-3　"人体的新陈代谢"主题驱动性任务的学习支架

完成这个驱动性任务需要调用呼吸系统、消化系统、泌尿系统和循环系统四个系统的知识，还要考虑这些系统和组织细胞之间的联系，对学生来说，非常具有挑战性。同时，驱动性任务中明确给出各物质的名称，并通过箭头与组织细胞相连，为学生提供了思考的起点，让学生有话可说。通过展示交流，能够清晰地暴露学生的认知盲区和前科学概念。

第四节　大概念统领下课程整合的组织实施

在有了大概念统领下课程整合的教学设计之后，就可以依据教学设计开展课堂教学活动了。课程整合的组织实施，需重点关注以下几个方面。

一、前科学概念的暴露与转化

课程整合能够促进前科学概念的充分暴露，为围绕前科学概念的转化进行有针对性的教学提供素材。

（一）前科学概念的暴露

在课程整合的学习过程中，前科学概念主要是通过前知展现课和探究实践课暴露的。

1. 前知展现课上，通过学习情境引入和问题驱动

让学生充分调动已有的知识和经验，交流碰撞，暴露疑问。教师对疑问进行梳理和分析，可以提炼出前科学概念。

例如，"人体的新陈代谢"主题的前知展现课上，通过展示交流发现，学生对于物质进出细胞需要经过的器官和发生的变化存在很多疑问。其中，涉及消化系统、呼吸系统、泌尿系统的组成和结构方面的事实性知识，在结构完善课上可以自己学会。而对于物质交换与变化的过程及原理、循环系统与各系统之间以及与组织细胞之间如何发生联系等问题，学生自己一般还不了解。这些问题当中就包含一些前科学概念，比如"食物中的营养物质都需要经过消化才能吸收""胃是人体消化和吸收的主要器官"。

由于"人体的新陈代谢"主题中暴露的问题集中在物质发生变化的生理过程和原理、各系统与组织细胞之间如何关联等方面，内容多，难度大，仅通过主题前知展现暴露并不充分。可以分专题再进行细致的前知展现，以更加充分地暴露学生每一个系统涉及的生理过程和原理方面的前概念。

在"人体的呼吸"专题前知展现中，针对驱动性问题"肺是怎样实现与外界以及血液之间的气体交换呢"，有的学生提到肺与外界的气体交换与呼吸运动有关，因为胸廓扩张与收缩的频率和呼吸频率是一致的。老师接下来追问，为什么胸廓会扩大或缩小？多数学生认为"吸气导致肺扩张，从而使胸廓扩张"，这就是学生的前科学概念。

2. 探究实践课

在解决学生的真问题、获得新知识的过程中，也会不断产生新问题，从这些问题中也可以提炼出前科学概念。

例如，在解决"尿液是怎样形成和排出的？"这个问题的过程中，学习肾小球和肾小囊的过滤作用以及肾小管的重吸收作用时，为加深学生对过滤和重吸收作用的理解，教师出示了一个问题：血浆、原尿和尿液中无机盐的浓度高低有什么关系？学生对尿液中的无机盐浓度最高没有异议，但是对血浆和原尿中无机盐的浓度关系产生了分歧，认为相等的只有几个人，其他人分成两个阵营，有的认为原尿中的高，理由是既然原尿中有个"尿"字，无机盐的浓度自然比血浆高。有的认为血浆中无机盐的浓度高，因为原尿是血浆中的一部分无

机盐、葡萄糖、水、尿素等物质过滤出来形成的。上述学生的认识，暴露出来的前科学概念是"血浆中无机盐的浓度和原尿中的无机盐浓度是不同的"。

在解决"血液到底是怎样循环的？"这个问题的过程中，在学习了血液循环路线及意义后，让学生尝试总结血液循环的相关规律，部分学生暴露出的前科学概念是"动脉血管中流动脉血，静脉血管中流静脉血"。

（二）前科学概念的转化

前科学概念转化成科学概念的一般过程为：创设问题情境引发学生的认知冲突；以例证、建构等手段转化前科学概念；在理解的基础上，形成科学概念。

1. 通过例证转化前科学概念

例证法是通过列举事例来证明或说明概念正确性的方法。例证法中的事例就是论据，而概念是论点，例证的过程就是论证的过程，概念正确与否需要有事例来证明。通常的教学程序是：先通过自学或教师的讲授掌握概念（实际上是概念的内涵），再列举事例证明或说明概念的正确性。例证法是一种比较简单的逻辑论证方式，不需要花费大量的时间进行教学，一般可以通过结构完善课来完成。

例如，"人体内物质的运输"专题的前科学概念："动脉血管中流动脉血，静脉血管中流静脉血"的转化过程是这样的，首先，告诉学生区分动脉血管和静脉血管的依据是血流方向，区分动脉血和静脉血的依据是含氧量的多少，所以动脉血管中不一定流动脉血，静脉血管中不一定流静脉血。再让学生自主寻找血液循环路线中与前概念相反的例子，学生可以发现肺动脉中流静脉血，肺静脉中流动脉血。其次，再给学生提供胎儿通过脐带与胎盘相连的图片，让学生自主分析脐动脉和脐静脉中血液的类型，发现脐动脉中的血液将胎儿产生的二氧化碳、尿素等废物通过胎盘送往母体，脐静脉中的血液将从母体获得的氧气、营养物质送给胎儿，所以脐动脉中流静脉血，脐静脉中流动脉血。通过上述两个例证，就可以将前科学概念成功转化成科学概念："动脉血管中不一定流动脉血，静脉血管中不一定流静脉血"。

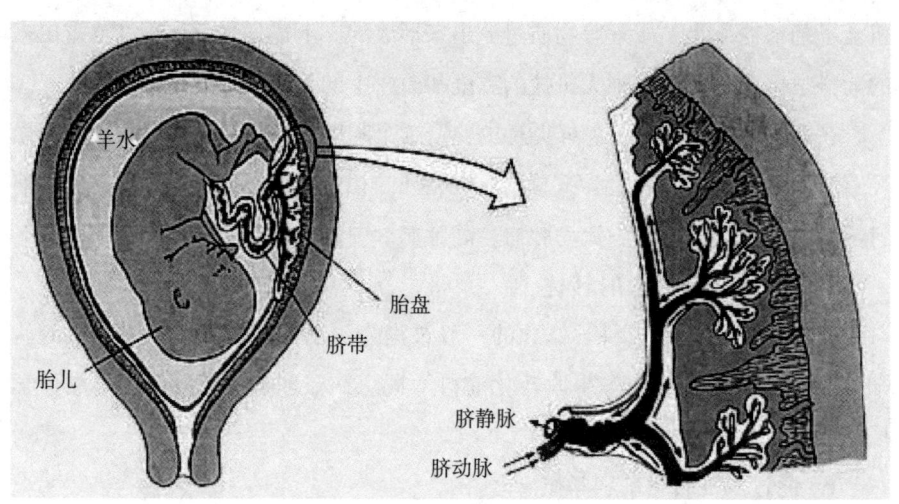

图 3-4-1　胎儿与胎盘通过脐带相连

2. 通过建构转化前科学概念

有些前科学概念涉及的知识比较复杂，无法通过例证法转化，此时可通过概念建构的方式加以转化，具体过程为，先通过事例或实践活动等获得事实性知识，再通过对事实性知识进行分析和归纳形成科学概念。由于通过这个过程构建的科学概念是以事实作为基础，具有很高的可信度，所以与其不相吻合的前科学概念自然不攻自破。

例如，"人体的营养"专题，学生普遍存在的前科学概念是"人体消化和吸收的主要器官是胃"，对于这一前科学概念，就可以通过建构法转化成科学概念："小肠是人体消化和吸收的主要器官。"转化过程可以分为两部分，先归纳出"小肠是消化的主要器官"，再归纳出"小肠是吸收的主要器官"。首先，通过学习消化系统的组成，知道胃、小肠的位置以及与各消化腺的位置关系；再通过"馒头在口腔中的消化作用"和"胆汁对植物油的乳化作用"两个实验，得出"消化液有消化作用，能够使大分子物质变成小分子物质"。比较胃和小肠中的消化液种类，可知"胃里面只有胃液一种消化液，能将蛋白质初步消化成多肽；小肠中有胆汁、肠液、胰液等多种消化液，能将糖类、脂肪、蛋白质等消化成葡萄糖、甘油和脂肪酸、氨基酸等可以吸收的物质"，得出"小肠是消化的主要场所"。其次，通过观察比较胃和小肠的结构图及制作小肠壁模型得出"相对小肠来说，胃比较小，胃壁比较光滑，所以内表面积较小。小肠很长，内壁有大量环形皱襞，皱襞上有小肠绒毛，所以内表面积很大；绒毛内有毛细血管，绒毛壁和毛细血管壁都很薄"，从而得出"小肠是吸收的主要器官"。通过对上述概念综合归纳，就可以将前科学概念转化为科学概念："小肠是消化和吸收的主要器官。"

再例如，"人体的呼吸"专题，学生比较普遍的前科学概念是"吸气导致肺扩张，从而使胸廓扩张"，对于这一前科学概念，也可以通过建构法转化成科学概念："胸廓扩张导致肺扩张，导致吸气。"可先提供一个学习情境，"游泳时，当胸部完全浸入水中时，会感到呼吸困难，这是为什么？"学生通过分析可以得出，胸廓受到水的压迫无法扩张，胸廓无法扩张导致肺无法扩张，所以呼吸困难，因此胸廓的扩张和收缩会影响到呼吸。接下来，用肋间肌与胸廓扩张的关系模型进行演示实验，感知肋间肌收缩和舒张导致胸廓横向扩大或缩小，分析得出"肋间肌收缩，胸廓横向扩张，肺扩张，肺内气压减小，外界气体进入肺"。然后，让学生用力按压腹部，体验"不让腹部有节奏起伏时，呼吸会有什么变化？"学生感觉到呼吸不畅，并分析呼吸不畅是由于按压腹部导致膈顶无法下降造成的，从而得出膈肌的收缩和舒张会影响到呼吸的结论。接下来，用膈肌运动与肺通气关系的模型进行演示实验，分析得出膈肌收缩导致胸廓纵向扩张，进而导致肺扩张，肺内气压减小，外界气体进入肺。最终，归纳得出"肋间肌和膈肌的收缩或舒张引起胸廓扩张或缩小，肺内气压减小或增大，导致吸气或呼气"的结论。根据这个结论，就可以将前科学概念转化成为科学概念——胸廓扩张导致肺扩张，导致吸气。

二、知识结构的建立和完善

构建知识结构是课程整合的核心任务，贯穿于每一个主题学习的始终。学生的知识结构从前展现开始建立，在不断发现问题、解决问题的过程中逐渐完善。因此，知识结构的建立是一个不断尝试、探索、纠错、修复、完善的过程。每个学生构建的知识结构都是个性化的，不同学生之间既有大的整体思路的"同"，又有个人对概念内在关系理解上不同视角的"异"。

（一）知识结构的初步建立

知识结构的初步建立是在前知展现课上。课的一开始，教师出示驱动性问题以调动学生的前认知，再通过引导使学生暴露更多的已知和未知。学生对自己已经知道的和通过互动获取的知识进行梳理固化，就可以形成初步的知识结构，同时还要找出自己的疑问点和空缺点。具体要点如下：

1. 方法指导

首先，教师要对知识结构构建的形式进行指导。在课程整合的初期，教师要告知学生知识结构可以采用的形式。知识结构的形式可以是概念图、思维导图等不同形式。概念图的构成主要包括节点、连线、连接词三个部分，节点一般为主题中的各级概念的核心词语，连接词一般为表示概念间关系的词语。思维导图可以图文并重，制作过程是先提炼中心词（即主题词），然后，由中心出发，围绕主题，写出 3~7 个次主题，每个次主题再分出次次主题，次主题和次次主题都用关键词表示，每一个词汇和图形都像一个母体，繁殖出与它自己相关的、互相联系的一系列"子代"。

其次，教师要对知识结构构建的过程和方法进行指导。建议先使用铅笔，且结构要相对松散一些，留出足够的空间，以便通过结构完善课、探究实践课、答疑解惑课对知识结构进行补充、修改和完善。

2. 搭"脚手架"

对于难度较大的内容，还可以为学生搭建"脚手架"，比如给出图形、表格或者大的结构框架，作为一个思维发生的起点和支架。

例如，"人体的新陈代谢"主题涉及系统较多，包含的知识量大，难度高。为了让学生既能形成整体认知，还能充分调动已有的知识和生活经验，在前知展现课上可以提供如下图所示的脚手架，让学生在脚手架的基础上完成驱动性任务：请在下图的横线上填写系统的名称及功能，在箭头上依次写出物质进出细胞需要经过的器官以及发生的变化。

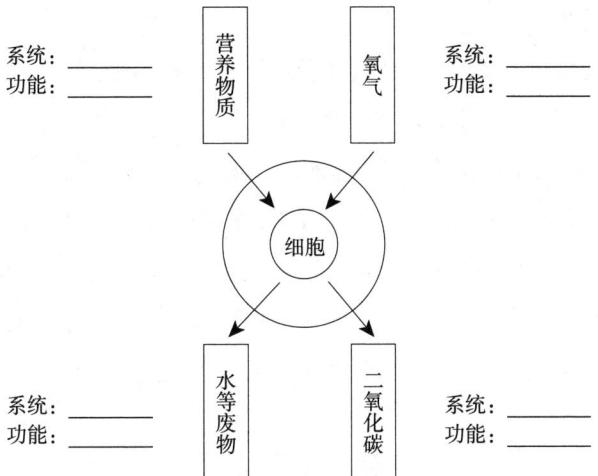

图 3-4-2　"人体的新陈代谢"主题驱动性任务的学习支架

又如，"人体内物质的运输"专题中，关于血液循环路线部分的知识难度较大，在前知展现时也可以给学生提供脚手架。教师先出示驱动性问题："脑细胞生命活动需要消耗氧气和营养物质，氧气和营养物质通过循环系统的哪些结构运输到大脑的组织细胞呢？"通过交流发现，对于"循环系统由心脏、血管、血液组成；血液流向大脑，需要心脏提供动力"这些知识，学生是认同的，而对于"血液在血管和心脏之间怎样流动"存在疑问。因为血液循环涉及血管众多，路径复杂，按照学生原有的基础，如果直接让学生凭空构建一个关于血液循环的初步知识结构图难度较大，所以，需要给学生提供脚手架（见下图：支架 1 和支架 2），在脚手架的基础上完成驱动性任务：以肺部毛细血管为起点，用连线和箭头代表血管和血流方向，在支架 1 上尝试画出"氧气运输到大脑的路径"，并说明原因。在支架 2 上尝试画出"营养物质运输到大脑的路径"，并说明原因。

<table>
<tr><td>
大脑毛细血管
肺部毛细血管
心脏
</td><td>
大脑毛细血管
肺部毛细血管
心脏
小肠毛细血管
</td></tr>
</table>

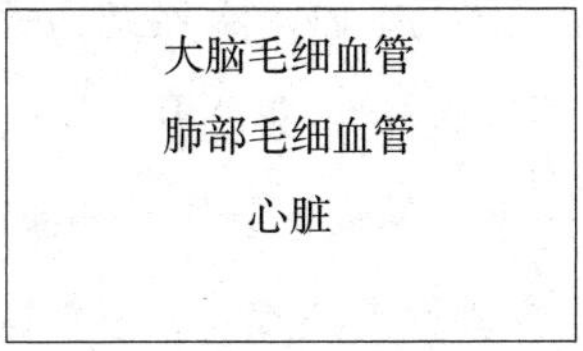

图 3-4-3　支架 1 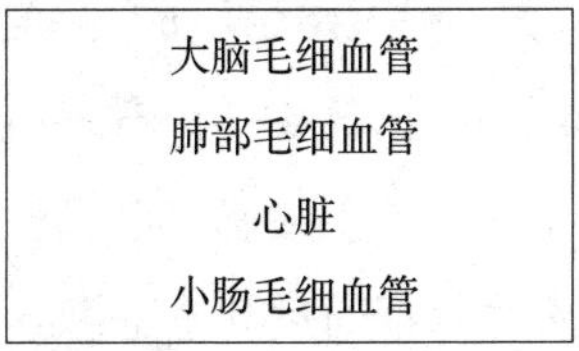　　　　　**图 3-4-4　支架 2**

3. 巩固已知

在自主构建知识结构、小组合作及班级展示交流的过程中，还要对达成共识并经老师确认的知识进行固化，对共同的疑难点进行记录。

例如，"人体的新陈代谢"主题前知展现课上，学生达成共识的知识包括"所有物质进出组织细胞都需要经过循环系统的运输""气体交换要通过呼吸系统来完成""营养物质要进入人体需要通过消化系统的消化和吸收""废物排到体外的途径包括排汗和排尿，尿液是由泌尿系统产生的"。根据上述知识，可以构建如下图所示的知识结构图。通过知识结构图，这些知识也就得到了固化。

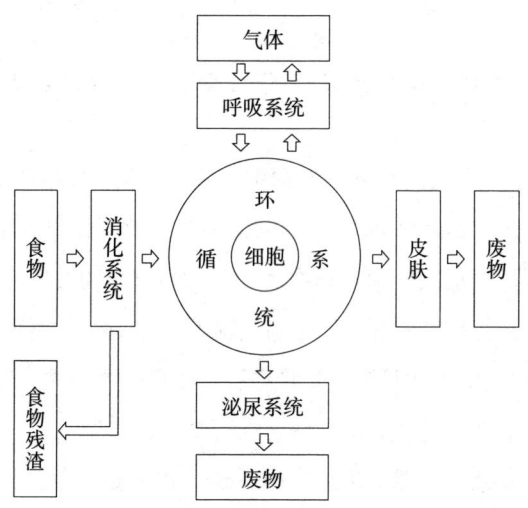

图 3-4-5 "人体的新陈代谢"主题知识结构图

又如，"人体的血液循环"专题前知展现中，运用图 3-4-3 和图 3-4-4 的脚手架，描述"氧气运输到大脑的路径"时，发现按照部分学生构建的路径，血液不能在一个封闭的系统中循环流动；还有些学生构建的路径，虽然血液是在一个封闭的系统中循环流动，但是血液是从大脑毛细血管直接到达肺部毛细血管或者相反（见图 3-4-6 和图 3-4-7）。经过交流讨论，学生找出了上述错误的原因，并最终达成了共识"心脏驱动血液在一个封闭的系统中循环流动""每个器官的毛细血管都通过其他血管与心脏相连"。根据上述知识，学生构建了如下图（见图 3-4-8）所示的知识结构。通过知识结构图，这些知识得到了固化。

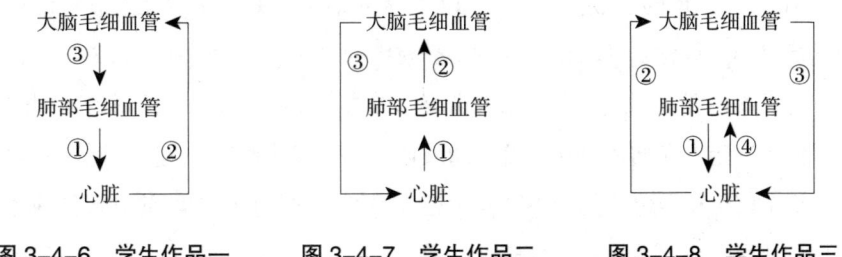

图 3-4-6 学生作品一　　　图 3-4-7 学生作品二　　　图 3-4-8 学生作品三

接下来，通过对"营养物质运输到大脑的路径"的展示交流，发现按照部分学生构建的营养物质运输路径（见图 3-4-9），小肠的血液通过心脏直接送往大脑，没有经过肺，这样的循环路径将"营养物质运输路径"与"氧气运输路径"割裂开来。经过讨论交流，学生对下面的知识达成了共识"营养物质运输到大脑前必须先经过肺，携带氧气一起送往大脑，为脑细胞提供能量""血液循环的各条路径是同时进行的，是一个不可分割的整体"，由此建构起下面的知识结构（见图 3-4-10），将这些知识固化了下来。

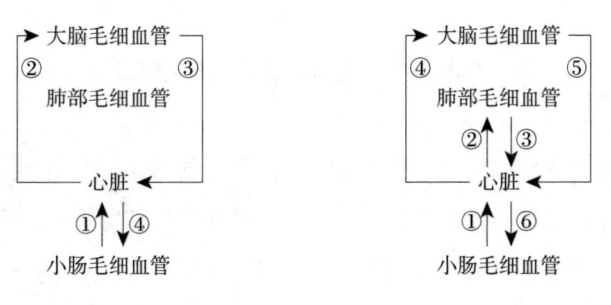

图 3-4-9 学生作品四　　　　图 3-4-10 学生作品五

（二）知识结构的不断完善

前知展现课上知识框架建立过程中，出现的空缺和疑问，可以通过两种途径去完善和解决。

1. 通过结构完善课初步完善

教材及其他资料中与主题或专题所包含知识相关的内容，都是检验学生自己建立的知识结构是否正确的依据，也是对上述知识结构进行完善的资源。而其中的大部分知识，学生通过自学是可以理解和掌握的。

例如，"人体的血液循环"专题前知展现后，要对初步构建的血液循环路径进行完善。首先，可以让学生自学教材中的血液循环图。通过自主学习，学生在前知展现课上达成一致意见的内容，如血液在心脏和血管组成的封闭的系统中按照一定方向循环流动、营养物质运输到大脑前要先经过肺。同时，学生进一步了解了初步建立的知识结构中连在毛细血管和心脏之间的血管是动脉和静脉，从而形成如下的知识结构。

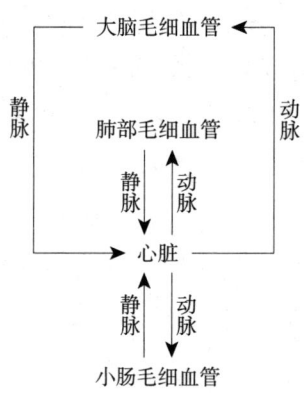

图 3-4-11　人体血液循环路径简图

通过前知展现和结构完善，学生对血液循环的路径有了整体上的认知，接下来还会产生新的疑问，如怎样区分动脉、静脉和毛细血管？血液的作用是什么？为什么心脏能够驱动血液按照一定的方向循环流动？对于这些问题要通过探究实践课加以解决。

2. 通过探究实践课继续完善

前知展现课和结构完善课上学生存在的疑问和暴露的前科学概念，要通过探究实践课加以解决，而问题的解决可以使学生的知识结构得到进一步完善。探究实践课上还会发现新的问题，对这些问题也要解决。在不断发现问题和解决问题的过程中，学生对概念和概念之间关系的理解就可以实现螺旋式上升，最终形成相对比较完善的知识结构。

例如，在"人体的循环系统"专题，经过结构完善课形成整体认知之后，学生仍旧存在一系列需要解决的问题，这些问题可以通过系列的探究实践课解决。

探究实践课：如何区分人体的三种血管？

通过"观察小鱼尾鳍内的血液流动"实验，帮助区分动脉、静脉、毛细血管的结构和功能。

探究实践课：血液的作用是什么？

通过"观察血液分层现象、血浆成分分析、观察血涂片"等活动，描述血液的组成和功能。

探究实践课：为什么心脏能驱动血液在循环系统中按照一定的方向流动？

通过"观察猪的心脏、描述心脏的结构"等活动，推测心脏功能。

经过上述过程，学生的知识结构就基本建立和完善了起来。虽然每个学生构建是个性化的，但是所包含的重要知识是相同的，下图为循环系统包含的重要知识。

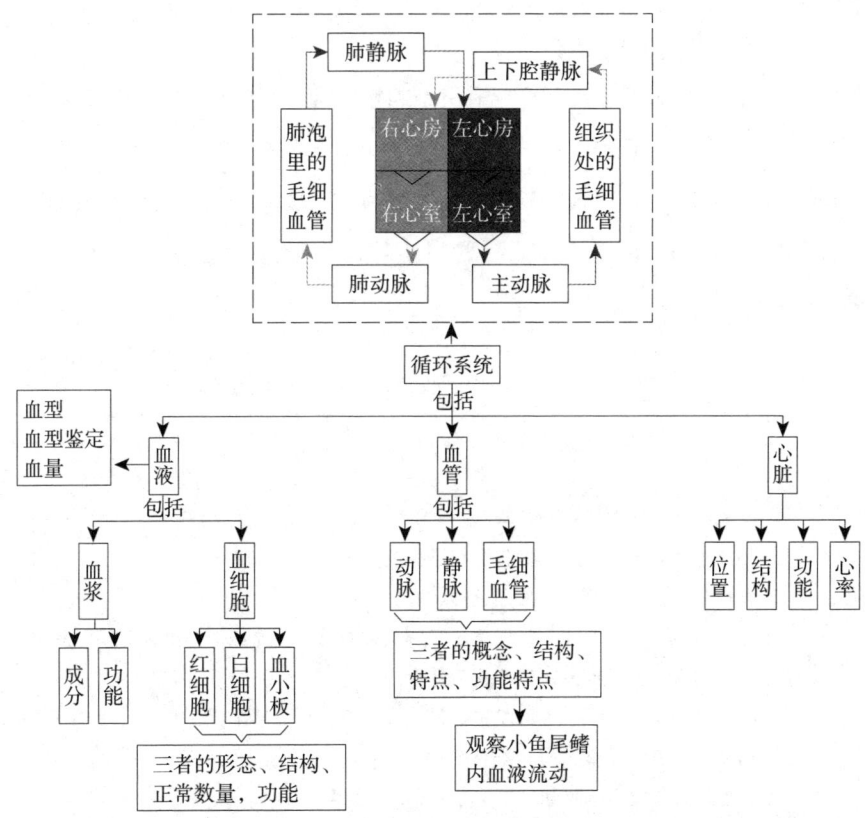

图 3-4-12　人体血液循环系统知识结构图

对于与"人体的新陈代谢"有关的其他几个系统的学习，也是从专题前知展现中学生暴露的问题切入，知识结构的建构过程与循环系统相同。在这几个系统的学习过程中，每学完一部分都要再次对前面的知识结构进行完善，每个知识结构都要与前面循环系统的知识结构相联系。

一般情况下，通过结构完善课学生自己构建起来的知识结构，还会存在一些不够完善之处，所以还需要通过探究实践课、答疑解惑课和巩固应用课去进一步完善。

三、相关问题的解决与交流

在主题学习过程中，学生暴露出的真问题，与概念理解有关的问题在探究实践课上解决，其他学生非常想要知道的问题，可以集中起来，通过答疑解惑课解决。

（一）收集和筛选问题

学生问题的收集可通过"设立班级疑问箱"和"疑问征集活动"等途径进行。如果学生提出的问题比较多，不能全部在课堂上展示，可以将问题中与主干知识密切联系的、能较好服务于学生生活的、关注较多的问题筛选出来进行课上展示，其他问题课下展示。例如，"人体内物质的运输"专题，对学生的问题是这样筛选的。

表 3-4-1 "人体内物质的运输"专题学生的问题

筛选出的问题	1. 离心脏越远，血液流动的动力越小，为什么身体下部的血液不会停留或者逆流
	2. 血液循环中氧气会到达骨头吗
	3. 打吊针时为什么要用橡皮筋把胳膊扎起来
	4. 抽血时，抽的是动脉血还是静脉血
	5. 测血压时为什么血压计要挤压胳膊？高血压和低血压的标准和危害？高血压的发病原因？高血压患者不能吃什么
	6. 心脏病是怎么回事？心脏搭桥是怎么回事？什么情况下进行心脏搭桥？心脏搭桥的材料是什么？怎么进行的
	7. 血液透析是怎么回事
	8. 动物也有血型吗？动物的血能输送给人吗

续表

筛选出的问题	9. 血管硬化是怎么回事？有人造心脏吗？换心手术可以实现吗？怎么做 10. 糖尿病患者的胰岛素打在肚子上，药物流到哪里了？怎样起作用 11. 心脏在睡觉的时候也在跳动，手指运动要依靠神经系统进行控制，心脏跳动受什么控制 12. 血液到心脏立即被挤压出去，心脏自己从哪里获得氧气和营养物质
其他问题	1. 骨髓属于什么组织？骨髓为什么能制造血液？燕子的骨头是空心的，没有骨髓会影响造血吗 2. 有毒物质进入人体后，会被循环系统运输到什么器官 ……

（二）研究问题

如果学生提出的问题比较多，需要全体学生参与分工进行研究，分工的方法是将所有问题分别平均分配到每个小组，小组成员再根据兴趣和特长进行认领；而如果学生提出的问题比较少，则可由部分学生进行研究，分工的方法是学生主动按自己的兴趣或特长进行认领。所有同学都明确了自己要研究的问题后，分头回去进行研究。

1. 收集资料：收集资料的途径包括上网查阅、问询家长、走访专业人士等。对网上查阅的资料，要进行筛选甄别，要选择可信度比较高的网站上的内容，比如某些专业网站。

2. 处理资料：对查阅到的有用的资料，可按照图片、视频、文档等进行归类。归类后还需要对这些资料反复学习，加深对有关内容的理解，直至将问题全弄清楚。

3. 组织材料：结合自己对问题的理解，对资料进行提炼、整合，并按照一定的逻辑性和层次性进行组织。组织的材料要简明扼要，重点突出，图文结合，生动形象。

4. 教师指导：正式分享之前，可以将 PPT、手抄报、微视频等发送给老师，在老师的指导下修改完善，以提高分享资料的质量以及分享的技巧。

（三）分享交流

对于筛选出来的问题的研究结果，主要是在课堂上，由学生结合自己的理解，辅以多媒体技术手段讲给其他同学听；对于其他问题的研究结果，可以通过手抄报的形式张贴在教室墙上，或者将制作的微视频发到班级 QQ 群中，让其他同学在课下进行学习。无论哪种形式的分享，都是以学生为主体，教师只负责组织、评价和引导。

例如：下面是威海市环翠国际中学王圆圆老师的答疑解惑课的课堂教学实录。

课堂实录一 分享交流"血液透析是怎么回事？动物都有血型吗？动物的血液可以输送给人类吗？"

师：上节课我们布置了需要解决的问题，同学们课后回家研究准备，这节课我们来分享，用耳朵听，用脑袋思考。我看了大家做的 PPT，都非常精彩，解决问题的过程也很专业，很有水准，下面就采用自告奋勇的方式进行展示。这么多举手的，好，让这位同学先来展示。

生甲：（播放 PPT）大家好，这是第一个问题，血液透析是怎么一回事？（展示透析图片）

这个蓝色的部分是人体，这里是血管，连到了血液泵里面，由血液泵将血液送到透析液（与机体浓度相似的电解质溶液）里面。血液和透析液之间有一个半透膜，作用是进行过滤，模拟的是肾脏将血液里的废物排出去的过程。电解质可能很多同学不明白，我也不明白是什么，所以，我查了一下资料。（展示电解质的概念）电解质是溶于水溶液中或在熔融状态下能够导电的化合物。可分为强电解质和弱电解质。

生甲：第二个问题，动物都有血型吗？答案是动物都有血型。比如海龟有 B 型血，狗有 D、E、A 型血，老虎和狮子有 A、B、AB 型血，恐龙的血型无法考证。

解释：

　　人都有血型，动物也有。其中狗有5种血型，猫有6种血型，羊有9种血型，猪有15种血型。

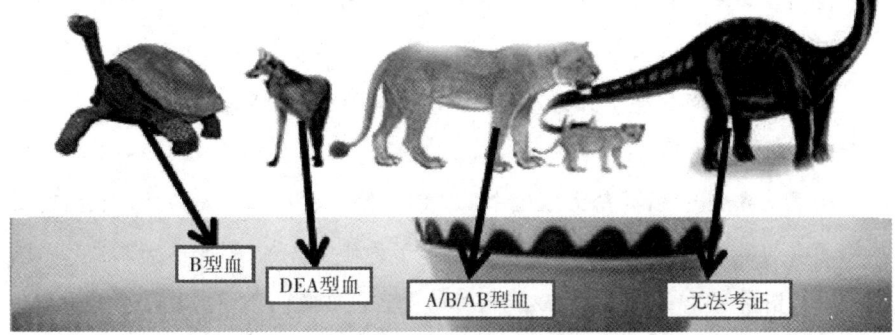

　　猫科动物，A占93%，B和AB分别占3%和5%。犬科动物的血型不是ABO式，而是使用DEA（Dog Erythrocyte Antigen）system，90%的猪是A，剩下的10%为B。海龟只有B型血。恐龙的血型无法考证。

B型血　DEA型血　A/B/AB型血　无法考证

图 3-4-13　动物的血型

生甲：第三个问题是动物的血可以输送给人类吗？一般情况下是不可以的，但是也有特殊情况，比如我在网上看到某个人，失血过多，输了一只羊的血，过了一段时间，他又康复了。

师：对这三个问题的解答，你都满意吗？你还有疑惑吗？有疑惑可以刨根问底。（一生举手）这个同学有，起来说一下你的疑问，记录员请拿笔进行记录。

生乙：哪几种动物的血液可以输送给人类？

生甲：这个真不知道。

师：其他同学还有疑问吗？

生丙：我觉得恐龙的血型也是可以考证的。

生甲：也许吧，这个不确定。

师：嗯，你觉得是可以考证的，那我们回去可以再查查资料。其实，同学们，这个资料的收集过程，从我们现有的能力来说，是有一点困难的，但在我们能力范围之内，可以更多地查阅资料。比如说，同学们对血型都非常感兴趣，我们人类有血型，而且有很多血型系统，主要是ABO血型系统。刚才，有同学说，动物有B型血，那动物的血型系统有哪些？第二个问题，动物的血液是否可以输送给人类？生物是自然科学学科，如果你能提供更加具体的事例，是不是就更有理有据呢？

刚才，我看到这个小组很有勇气，第一个进行分享，而且有自己的理解。他们在收集资料的时候，不是简单地对资料进行解读，而是站在自己理解的角度上给大家讲解。讲解的过程，逻辑很清晰，同学们都听明白了。而且，我发现，他们在查阅资料时发现自己不知道什么是电解质，所以就又查阅了一下。这种探索精神值得大家学习。

课堂实录二 分享交流"宫外孕是怎么回事？""什么情况下孕妇必须剖腹产？剖腹产的原因？"

生甲（男生）：首先给大家道个歉，PPT做得特别烂，说实话，我觉得这些问题真的不适合我，就结合课本来做一下讲解吧。（投影展示女性生殖系统图片，指图讲解）咱们都知道这是女性的子宫，这是两个卵巢，每个月两个卵巢只能释放一个卵子。正常情况下，它应该是从这儿出发，经过输卵管，到达子宫内膜。这个卵子像种子一样，它会在这儿停下来，有时候会在这儿停下来，还会在这儿停下来。最多的时候，像这样，在壶腹部，有80%的可能在这里停下来。大家会问，为什么卵子会在这些地方停下来，主要有下面几种情况，第一是输卵管炎症；第二是输卵管手术；第三是输卵管发育不良或功能异常；第四是受精卵游走；第五是辅助生育技术；第六是输卵管周围有肿瘤，子宫肌瘤或卵巢肿瘤的压迫。大家推测一下，卵子在壶腹部停下来发现得晚的话会怎样？（一生举手。）

生乙：发现得晚会流产，再发现得晚就怀孕了。

生甲：假如没有发现会怎样？

生乙：如果没有及时发现就是宫外孕，在生产的时候会死亡，或者没有生产的时候就会死亡。

生甲：正常怀孕的受精卵是在子宫内膜，宫外孕没有子宫内膜这样一个良好的环境，一旦宫外孕，会造成怀孕者大出血。壶腹部没有完善的条件，而它却要继续发育，如果到了腹腔，还会压迫心脏和内脏器官。宫外孕是一种比较危险的现象，怀孕时会引起阴道不规则出血及腹痛症状，甚至会引起器官破裂，就是大出血，流血不止，导致失血性休克。第二个问题，我没写标题，就是什么时候要进行剖腹产？我就是剖腹产出生的，所以我对这个环节了解得比较深。

师：就是感触比较深。说说你是怎么剖出来的？（生鼓掌期待）

生甲：（自由发挥）我是二胎嘛，我妈怀我的时候是高危的年龄，生我的时候她都 40 岁了，年龄比较大了，各种疾病包括感冒、哮喘都有，而且我是提前了 21 天出生的。当时我妈去医院做检查，就有点腹痛，去厕所，一下子就有血块崩出来了，接着大出血，医生就紧急给我妈做了剖腹产。医生就问我爸，要我妈还是要我，我爸说，两个都要（同学笑）。因为我妈刚吃过东西，医生就没有给我妈打麻药，结果就只能直接把肚子划开，把我给拉出来了。

生丙：你们娘俩命可真大呀！

生甲：那可不是吗？剖腹产这个过程就是医生用锋利的刀把腹部的肉割开，先把血吸走，再把子宫打开，将胎儿给拿出来。实际上，胎儿一般都是头先出来，我因为胎位不正，所以是脚先出来的（同学笑）。

生甲：下面的问题是剖腹产的原因。有时候胎位不正，或孕妇有一些疾病，或……好了，没了，谢谢大家。（长时间掌声）

师：这两个问题都是与妈妈的生产有关的，任何一个妈妈在成为妈妈这个角色之前都特别不容易，会经过好多磨难，所以我们一定要好好地爱护妈妈，是不是啊？这是第一个。第二，在展示过程中，这个同学真像一个小教授，游刃有余，给大家带来了很多知识和自己的一些体验，非常好。经历了磨难来到了这个世界上，肯定是承担着责任来的，一定能为这个社会作更多的贡献，实现自己的价值。另外，这个同学在展示过程中，依托的知识点就是我们学过的生殖那一部分的内容，即生殖的过程。他给我们讲了输卵管，宫外孕，让我们知道，宫外孕的位置还可以有那么多。同学们，有收获吗？

生：有。

师：那同学们有疑问吗？或者除了这两个问题，与我们学过的生殖有关的问题也可以，有没有了？

生戊：我想问一下，宫外孕到底是卵子还是受精卵？

生甲：受精卵，不是卵细胞。

生丙：宫外孕的其他后果是什么？

生甲：如果是在输卵管的话，我们知道，卵巢每个月都会排出一个卵子，输卵管口就会堵塞。胎儿堵在那个地方就会导致那个地方发炎甚至是囊肿。

师：其实这个后果已经讲清楚了，有两个后果，第一是对母体，可能引起大出血；第二个就是对胎儿的，胎儿是不能生存的，是吗？

生甲：受精卵不能完整发育，这个胎儿 80% 是畸形的，要么产出来是个死的，要么缺胳膊少腿，脑袋畸形。有一个案例，一个产妇宫外孕，是在壶口部位怀孕的，剖腹产下来，发现胎儿的心脏在身体外面。不过那个孩子还活着，已经 9 岁了。

师：真有意思，还想听吗？谁继续来交流。

评析：课堂展示过程中，展示的同学准备充分，能密切联系生活实际，深入浅出地解释问题，解答同学提出的疑问，充分展示了自己的个性。倾听的同学专注投入，积极参与互动，对展示内容表现出极大的兴趣，课堂气氛相当热烈，没有一个同学游离在课堂之外。老师的评价指导到位但不越位，给了学生充分展示自己的舞台，介入的时机恰当，分寸的把握得当。具体表现在两个方面，一是根据具体情况对展示时间进行调控，以保证给更多同学展示的机会；二是对出现的问题及时提醒和纠正，对展示过程及结果进行激励性评价，为后面的展示提供正面引导。老师恰当地评价、指导、激励了学生继续自主解决问题的信心和动力，培养了学生尊重科学、不断探索的良好品质，又在潜移默化中进行了情感态度的教育。

四、知识结构的巩固和应用

经过对主题的学习，最终每个人建立起了自己的知识结构。对于构建好的知识结构，需要通过巩固加以内化，使之变成自己知识体系的一部分，并应用它来解决实际问题。

（一）知识结构的巩固

课程整合的知识巩固，始终围绕知识结构进行。巩固的途径包括知识结构的诊断、知识结构的完善和知识结构的记忆。

1. 知识结构的诊断

诊断时，首先要关注大框架中各概念的关系；其次，关注内容的呈现方式是否合理；最后，要关注具体文字及用语的准确性。在给小组每一个同伴的知识结构进行诊断的过程中，都会再次回顾主题的知识及其相互之间的关联，在发现别人问题的同时，也会反思自己的知识结构存在的问题。因此，诊断的过程既是一个查漏的过程，也是一个巩固的过程。

2. 知识结构的完善

经过诊断之后，要根据诊断的结果，进一步修正和完善自己的知识结构。在修正和完善的过程中，既弥补了原有知识结构的不足，也对相关知识再次进行了巩固。

例如，下图为一位同学修正完善后的"人体的新陈代谢"主题的知识结构图，或补充遗漏的内容，或对错误内容进行改正，或用连线将割裂的内容联系起来，或加上箭头完善生理过程。经过学生修正完善的知识结构图虽然仍会存在一些问题，但一般都能基本达到完整、准确的要求。

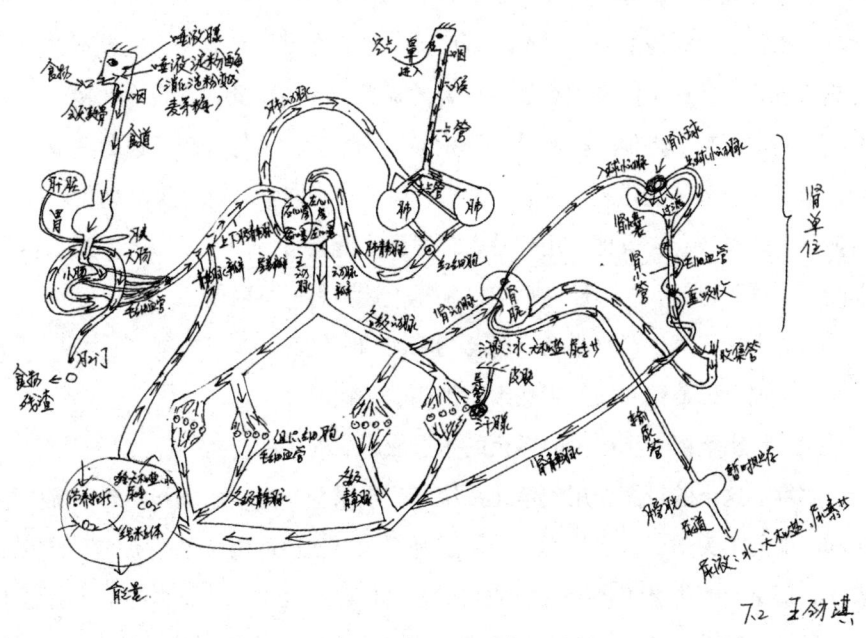

图 3-4-14　学生作品

3. 知识结构的记忆

在知识结构构建完善之后，还要围绕完善好的知识结构，结合课本对知识

111

结构进行记忆。记忆时，既要关注具体内容又要关注概念之间的联系，最终将知识结构完全内化。

（二）知识结构的应用

应用知识结构，一方面是为了锻炼学生解决实际问题的能力，另一方面是通过应用考查学生对知识结构的理解情况。知识结构的应用途径包括解决实际问题和提炼更上位的知识结构。

1. 应用知识结构解决实际问题

根据实际问题编成的练习题，至少需满足两个条件，一是与人类生活联系密切，二是解答时需综合运用主题的知识结构。在解答问题时，需要求学生脱离课本和框架图进行。在这样的要求下，学生通过解答问题，可以发现自己在知识结构上存在的缺陷和不足，从而对知识结构进一步修正完善。

例如"人体的新陈代谢"主题的知识结构应用练习可以这样设计：小杨同学最近感冒了，浑身酸痛，食欲不振，周末本想在家好好休息，但拗不过同学的热情邀请，参加了同学组织的篮球赛。赛后，小杨感觉一阵天旋地转，浑身虚脱。同学们赶忙将他送往医院，医生问询诊断后，给他口服了葡萄糖液；同时，上了一个氧气袋进行吸氧。1 个小时后，小杨同学就能起来活动了。医生给他开了感冒药，告诉他不用住院，休息一会儿就可以回家了，但要注意感冒期间不要剧烈运动，应多注意休息。根据上述资料回答问题：

（1）为什么医生要给小杨口服葡萄糖液和吸氧？

（2）说出葡萄糖和氧气到达组织细胞的路径。

（3）说出组织细胞产生的多余的水形成尿液的路径。

要解答这个题目需要用到消化系统、呼吸系统、循环系统和泌尿系统的组成和功能的相关知识，而且每一个问题都不能孤立地运用某个系统的知识进行解答，而是需要将有关各个系统的知识融会贯通地运用，还要将各系统与组织细胞的生理功能方面的知识紧密地联系起来综合运用。通过这个问题的解答，能够考查出学生对知识结构的掌握情况，还可以帮助学生继续完善自己的知识结构。

2. 应用详细知识结构提炼上位结构

在细化了的知识结构完善之后，还需要对知识结构进行再次提炼，找出其中最核心的概念和最主要的内容，形成上位的知识结构。提炼上位知识结构时，要脱离课本和已经建立的知识结构独立完成。与前知展现课上形成的知识结构相比，此时提炼出的知识结构，内涵及外延需更加全面，表现也需要更加精准。例如，下图为学生提炼的"人体的新陈代谢"主题的上位知识结构。

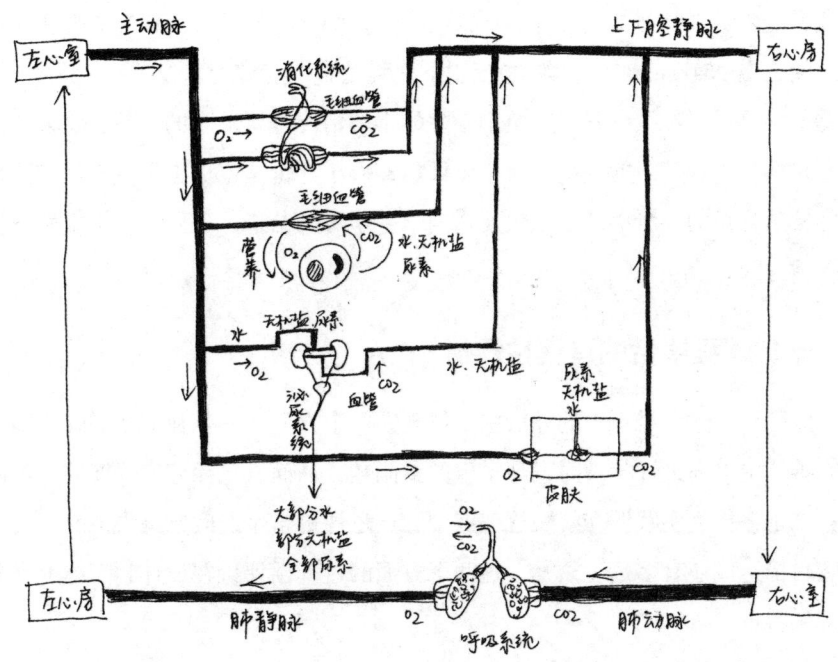

图 3-4-15 学生作品

总之，大概念统领下的课程整合的实施，让学生通过由了解到质疑到探究到理解的认知过程，先将书读厚，再将书读薄，实现了对学习内容从整体到局部再到整体的认知，并依次经历了"看山是山，看水是水；看山不是山，看水不是水；看山还是山，看水还是水"的三重境界。如此一来，学生对概念会有更清晰和透彻的理解，学科核心素养得到了全面提升。

第五节 大概念统领下课程整合的教学评价

评价，是检测学习目标是否达成的手段。预设的教学目标是否达成，后续的教学如何安排，都需要依赖评价的结果。相比于常规教学，由于大概念统领下课程整合学生学习的进程存有更大的变数，因此对评价的依赖性更强，评价的内涵也更加丰富；由于大概念统领下课程整合既有课时教学又有主题教学，因此不仅要对课时教学各个环节中学生的学习情况进行及时的诊断、反馈，还需要对整个主题学习的情况进行整体评价；由于评价是以促进学生学习和改善教师教学为目的，所以评价不仅要指向学生学习的结果，还要指向学生学习的过程。

一、课程整合的过程性评价

课程整合学习过程中的评价主要体现在两个方面：一是在前知展现课和结构完善课中，通过评价及时发现学生的真问题，从而确定探究实践课的学习内容；二是在探究实践课和解疑答惑课中，通过评价学生的问题解决情况，检测距离目标达成还有多远。须知，这两个方面的过程性评价在设计和实施上有着共同的特点。

（一）评价任务的设计

评价任务的设计是过程性评价的基础，需要遵循一定的原则，把握一定的策略。

1. 评价任务的设计原则

课堂教学应遵循"目标、评价、教学一致性"原则，因此评价任务的设计也应以"与目标和教学相一致"为原则。

（1）与学习目标相匹配

现代教育评价理论诞生于 20 世纪 40 年代。《史密斯 – 泰勒报告》指出："评价必须建立在清晰陈述目标的基础上，根据目标来评价教育效果，促进目标的实现。""学习目标"告诉我们要把学生带到哪里，而"评价"则是检验是否已经把学生带到了那里。因此，评价任务的设计首先要与学习目标相匹配。

①准确定位学习目标。学习目标是由《课程标准》中的课程目标规定的，但课程目标一般比较宏观，只有将其转化为具有可观察、可操作、可测量特点的课时目标，才能为促进和评估学生的学习提供具体的方向，使教学和评价的指向更加明确。

比如，在"动物的运动"一课的学习中，《课程标准》规定的课程目标是"说明动物的运动依赖于一定的结构"[①]。对于这样比较宏观的目标，需要将其转化为具体可操作的表现性目标，才能够更好地指导评价学习。

第一步：分解学习内容，确定学习重点。

"动物的运动依赖一定的结构"的实质是结构与功能的关系，"动物的运动"属于功能，所依赖的结构是运动系统。据此可将学习内容分解成由"运动系统的组成""器官的结构特点""运动系统的结构""运动产生的原理"4个小概念组成的概念体系[②]。在该概念体系中，"运动产生的原理"是需要最终被"说明"的内容，因此是学习的重点。"器官的结构特点"和"运动系统的结构"同为"运动产生的原理"的基础，而"运动系统的组成"又是"器官的结构特点"和"运动系统的结构"的基础。

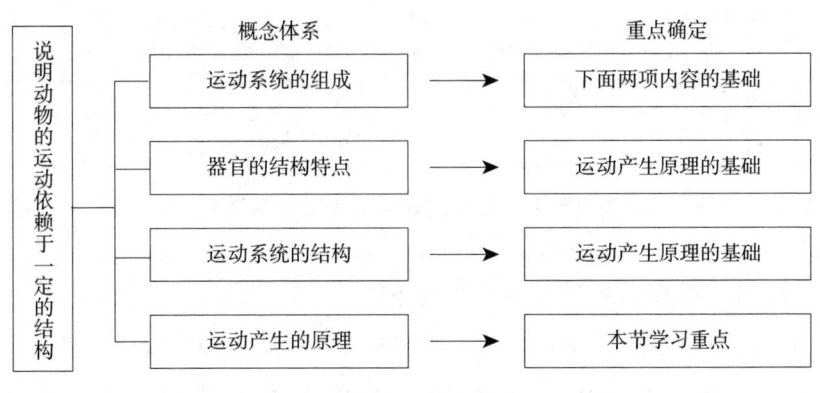

图 3-5-1　分解学习内容，确定学习重点

---

① 中华人民共和国教育部：《义务教育生物学课程标准》，北京：人民教育出版社，2011 年版。

② 张涛：《课程目标向课时目标的五步转化——以"说明动物的运动依赖一定的结构"为例》，第 10 期。

第二步：结合学情分析，确定学习难点。

学习难点的确定，需要在分析学习内容本身的"具体"或"抽象"，以及在学生认知基础中"是否具有前备知识或经验"的基础上，作出综合判断。

本节课中，"运动系统的组成"和"器官的结构特点"的知识，学生可以通过观察哺乳动物的标本或活体解剖等方法进行直观的感知，因此属于比较"具体"的知识，而"运动系统的结构"和"运动产生的原理"，需要学生通过推测、验证才能知道，属于"抽象"的知识。调查显示，学生通过日常生活对于"运动系统的组成"已经有了一定的认识，在前面学习"动物的各种组织"时，对"器官的结构特点"也有了初步的了解，而对于"运动系统的结构"和"运动产生的原理"则没有充分的前备知识与经验。

因此，"运动系统的结构"和"运动产生的原理"由于本身抽象程度较高，而学生又不具有充分的前备知识和经验，属于教学的难点。

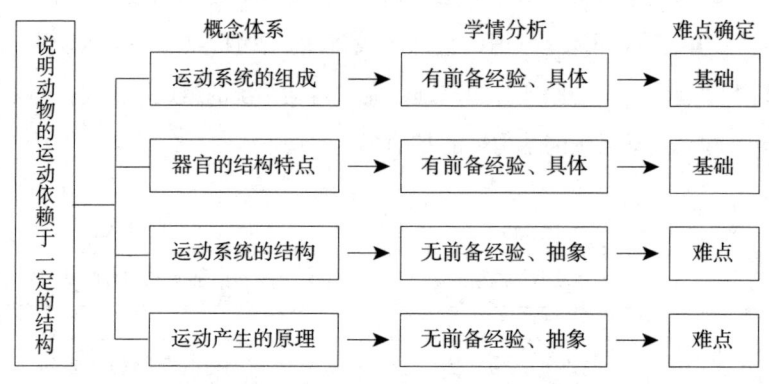

图 3-5-2　结合学情分析，确定学习难点

第三步：理解行为动词，确定行为条件。

在"说明动物的运动依赖于一定的结构"的课程目标中，行为动词是"说明"。对于其中的重点内容"运动产生的原理"来说，可以通过"解释"加以"说明"。

在布卢姆的教育目标分类体系中，"说明"的替代名称是"建模、建构"。运用于"解释运动产生的原理"就是："建立一个运动系统结构的模型，该模型中包括组成运动系统的各个器官，运用该模型可以演示骨骼肌收缩或舒张怎样影响骨的位置变化"[①]。在这一方法中,"运用运动系统的结构模型"是核心技术,也是"解释运动产生的原理"目标的行为条件。而关于"运动系统的结构",教材中已经给出了图式模型,学生只要能够说清楚模型中各组成部分之间的位置关系即可,因此相匹配的行为动词是"描述";关于"器官的结构特点",只要记忆即可实现对达成"解释运动产生的原理"目标的帮助,因此相匹配的行为动词是"说出";而"运动系统的组成",作为处于最基础位置的小概念,也是能够"说出"即可[②]。

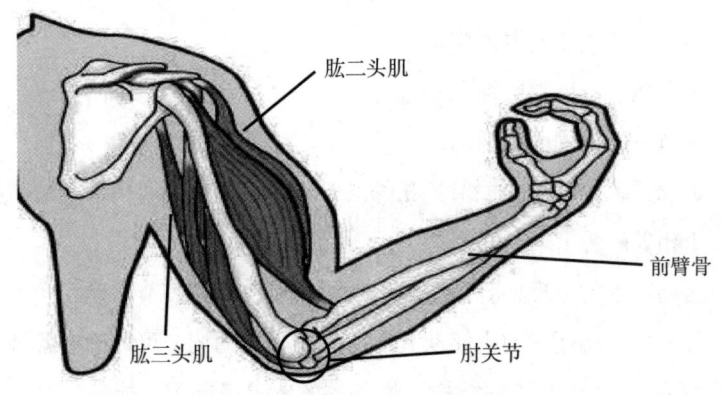

图 3-5-3　人体运动系统结构模式图

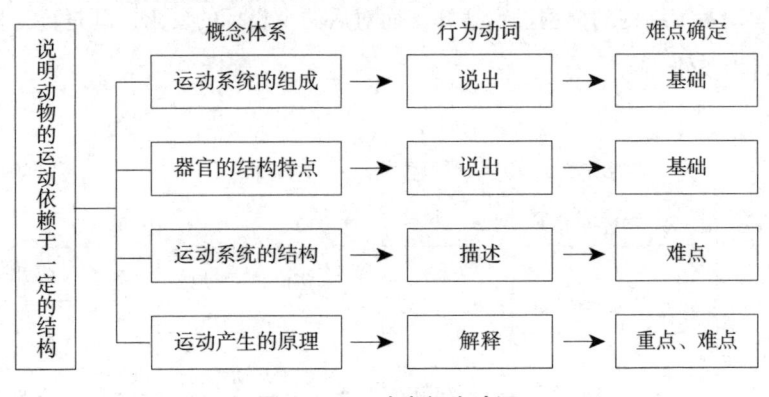

图 3-5-4　确定行为动词

---

① L.W. 安德森:《学习、教学和评估的分类学——布卢姆教育目标分类学修订版》,皮连生主译.
上海:华东师范大学出版社,2008 年版。

② 张涛:《试论"描述"与"概述"的区别》《生物学通报》,2006 年第 9 期,第 34—36 页。

第四步：根据概念的内涵，确定行为程度。

教学目标中的行为程度，是用以评量学生的学习表现或学习结果所达到水平的最低表现标准。要确定行为程度，首先需要明确概念的内涵，即需要对一个概念"是什么"作出确切而简要的定义，且这个定义是学生在学习之后能够用相应的行为表现出来。对"动物的运动依赖于一定的结构"所分解出的4个小概念内涵的定义如下所示：

◎ 运动系统的组成：骨、关节、骨骼肌。

◎ 各组成器官与功能相适应的结构特点。

　　骨——坚固，附着肌肉。

　　骨骼肌——能够收缩和舒张。

　　关节——牢固而灵活。

◎ 运动系统的结构：关节把相邻的骨连在了一起，肌肉两端的肌腱附着于相邻的骨上。

◎ 运动产生的原理：骨骼肌牵引着骨，使骨绕着关节活动，产生运动。

综合分析各个小概念的内涵及其所匹配的行为动词，可以确定各种行为所要达到的程度。"运动系统的结构"最基本的要求确定为：能够对照运动系统结构的图式模型进行描述，而"运动产生的原理"最基本的要求确定为：能够运用运动系统结构的模型进行解释。而对后两个目标的要求，既是行为程度，也是行为条件。

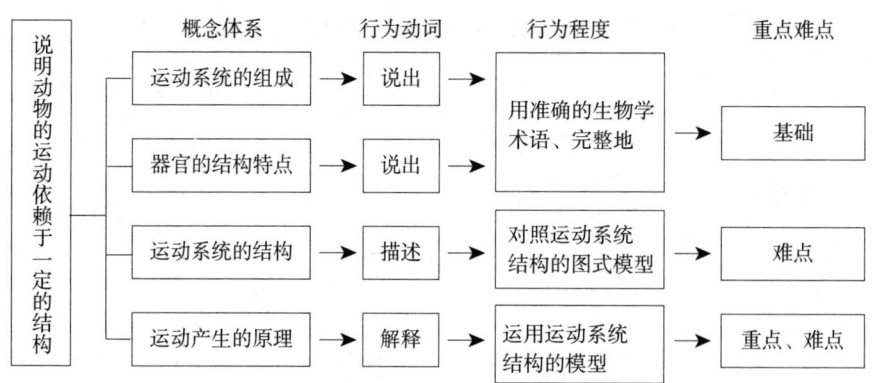

图 3-5-5 根据概念的内涵，确定行为程度

第五步：综合上述分析，叙写表现性教学目标。

在上述分析的基础上，将行为动词、行为程度和对应的概念组合在一起，就是本节课的表现性教学目标。

◎　说出运动系统的组成及各组成部分的生理特点。

◎　对照运动系统结构图式模型，描述运动系统的组成。

◎　运用运动系统结构模型，解释运动产生的原理。

②合理设置评价任务。表现性教学目标的确定，为评价任务的设置提供了具体而明确的方向。学生是否达成了学习目标，也有了贴切、具体的检测依据。

依据第一个目标设置的评价任务是：对照自己的肘关节，与同桌互相检测能否指出骨、关节、肌肉的位置，并说出各自的生理特点。

依据第二个目标设置的评价任务是：对照教材中的运动系统结构图，用三块木板、一个图钉、一个橡皮筋构建运动系统结构模型。

依据第三个目标设置的评价任务是：运用自己设计制作的模型，讲解运动是怎样产生的，并说出屈肘伸肘两个动作产生的过程。

以上每个评价任务均指向了目标的达成，并且都是具体、可操作的，因此，运用以上评价任务就可以检测出学生是否"到达了要去的地方"。

而如果评价任务与目标不匹配，就难以对目标的达成情况形成有效的评价。比如，在"人体生命活动的调节"主题学习中，需要建构的大概念是"神经系统和内分泌系统调节人体对环境变化的反应及生长、发育、生殖等生命活动"，而神经调节的基本方式是反射，《课程标准》中关于反射的要求是：概述人体神经调节的基本方式。为了评价学生的目标达成情况，有些教师设计的评价方式是：先让学生将反射的定义熟练背下来，再通过提问，根据记忆的熟练程度来判断学生是否达成目标。但是，"概述"属于理解的层次，而记忆不等于理解，因此，通过对记忆情况的检查不能判断出学生是否达成了目标。有效的评价方式应该是，先引导学生分析概念的表述，深入理解概念的内涵。"反射"概念的内涵包括以下三个方面：第一，反射的完成需要神经系统的参与，但不是所有的生物都具有神经系统，有些动物具有神经系统，而植物没有神经系统；第二，刺激来自内部或者外界，如手被扎了出现缩手反射，刺激来自外界，而膀胱的充盈产生尿意，出现排尿反射，刺激则来自身体内部；第三，作出的反应是有规律的，即每次受到同样的刺激，发生的反应都是一样的。学生对反射概念是否理解，需要从上述三个方面进行全面的评价，任何一个方面的缺失，都不算是完全达成了目标。例如，下面这道题目就可以全面地评价出学生对反射概念的理解情况。

说出下列行为哪些是反射，哪些不是反射，并说明理由：

◎ 草履虫能够趋向有利刺激，逃避有害刺激。

◎ 含羞草的叶片一受到碰触就会合拢。

◎ 小狗遇到陌生人乱咬乱叫。

◎ 人有了尿意就去排尿。

学生要想做对这道题目，需要依据概念的内涵才能作出正确的判断。草履虫是单细胞动物，没有神经系统，所以草履虫的趋利避害行为不属于反射；含羞草是植物，也不具备神经系统，因此含羞草叶片受到碰触后的合拢也不属于反射；小狗对陌生人这一外界刺激发生反应是通过神经系统，而且每次遇到陌生人乱咬乱叫是有规律的反应，所以这属于反射；人尿意的产生来源于身体内部的刺激，有神经系统的参与，排尿反应也是有规律的，因此也属于反射。如果学生能够运用"反射"概念中三个方面的内涵进行正确的判断，就证明是真正理解了"反射"的概念[1]。

（2）与教学活动相整合

过程性评价是为了随时监测学生学习所达到的程度，并据此来调整教学进程。所以，评价活动需要与教学活动相整合，与教学活动同步进行。

教学活动是多样的，因而评价活动也是灵活多样的，可以是书面的、口头的、操作的、综合的等。当评价活动与教学活动相整合，在学生进行学习时，教师就可以通过观察、提问、交流、测试、观看表演、检查练习、阅读作品等方式了解学生已经学会了什么，离预设的目标还有多远。有时是一项任务检测一个目标，有时是一项任务检测几个目标，有时是几项任务检测一个目标。

---

① 张涛：《基于概念理解的教学过程分析与重建——以"神经调节的基本方式"一课为例》《课程·教材·教法》，2014 年第 8 期，第 74—78 页。

　　例如，"人体的新陈代谢"里"尿的形成和排出"，学习目标是"描述人体泌尿系统的组成""概述尿液的形成和排出过程"。这两个目标分解后，都落脚在了"肾单位的结构和功能"上，因此"描述肾单位的结构，概述其功能"是这节课最重要的具体教学目标。据此可设计如下教学活动：自主学习肾单位结构，并思考回答如下问题：①肾单位由哪几部分组成？描述它们的结构特点并推测其功能。②说出血液是沿着哪些血管流经肾单位的，用蓝笔将血流路线标注在课本插图上。在肾单位中有几处毛细血管？仔细观察它们有什么不同，并试着分析原因。③在血液流经肾脏的过程中，血液中的废物要依次经过哪些结构才能最终形成尿液？用黑笔将尿液形成路线标注在图上。④综上所述，推测肾单位中起过滤作用的是哪部分结构？其余结构的作用是什么？这几个问题指向的是"描述肾单位的结构，概述其功能"的目标，而对肾单位功能的推测又指向了"概述尿的形成和排出"的目标。

　　对于上述问题，教师可要求学生通过"自主学习—标注课本—上台阐述"的方式加以解决。这一教学活动也属于评价任务。首先，教师可以通过观察学生对课本的标注情况，如"用蓝笔将血流路线标注在课本插图上""用黑笔将尿液形成路线标注在图上"等，掌握学生的学习进度，并对学生的思维过程进行了解。随后，还可以通过学生"上台阐述"的情况评价学生的自主学习效果。

　　再如，在"人体的新陈代谢"主题的学习中，需要帮助学生建构"人体消化、循环、呼吸、泌尿各大系统的协调配合能满足人体对物质和能量需求"的概念，因此，在教学活动中，教师可以通过"循环系统协助完成物质的摄入和排出"这条主线，将消化、呼吸、循环、泌尿四大系统整合起来，并安排以下三个教学任务。

　　◎　写出外界空气中的氧气进入脑细胞，以及脑细胞产生的二氧化碳排出体外的途径。

　　◎　写出馒头内的营养物质到达小腿组织细胞的途径。

　　◎　写出脑细胞中产生的尿素排出体外的途径。

　　上述教学任务也是评价任务。在学生用"写出"的方式完成上述任务时，教师可以通过对学生书写情况的观察，评价目标的达成情况。通过任务一，能够评价学生是否能将呼吸系统与循环系统联系起来，是否明确氧气如何通过呼吸系统进入血液，血液如何将氧气运输到组织细胞，又是如何将组织细胞产生的二氧化碳排出体外的；通过任务二，能够评价学生是否能将消化系统与循环系统联系起来，是否明确养料的摄入和运输过程；通过任务三，能够评价学生是否能将泌尿系统与循环系统联系起来，是否明确废物的产生和排出过程。

2. 评价任务的设计策略

一个好的评价任务能够反过来引导教学，为此，评价任务的设计需要有对学生达成目标后表现的明确期待，并在教学设计之前设计评价活动。

（1）明晰达成目标后的行为表现

在设计评价活动的同时，需要考虑清楚当学生达成了学习目标后能做什么，做到什么程度，该有怎样的表现。如此一来，评价就有了标准和依据。

例如，"生物圈中的绿色植物"一级主题下"植物的光合作用和呼吸作用"主题的学习目标包括：

◎ 阐明绿色植物能利用太阳能，把二氧化碳和水合成为富含能量的有机物，同时释放出氧气。

◎ 说明植物细胞可以分解糖类等有机物，在释放能量的同时生成二氧化碳和水。

◎ 举例说出绿色植物光合作用和呼吸作用原理在生产生活中的应用。

对于上述目标，学生达成目标后的表现应该是：

①能清楚地说出植物光合作用、呼吸作用的原料、产物、条件、场所以及作用原理，并能用反应式表达出这两大生理活动的具体过程。

②能用光合作用和呼吸作用原理正确解释生产生活中的现象，如合理密植的原理，收割后的植物堆放久了发热的原理，储存蔬菜水果的原理等。

当教师心中有了这样一个既定的表现期望，便能够通过评价任务的完成情况评判学生是否达成目标，进而考虑下一步的教学如何推进。表现期望在这里成为一种检测的标准，一把衡量学生是否达标的标尺。

（2）评价设计要先于教学活动设计

基于"目标、评价、教学一致性"的课堂教学设计，遵循的线路是"学习目标—评价任务—教学活动"。从顺序上看，评价是在教学活动之前设计，这叫作评价设计前置。

　　评价设计前置，不仅可以反思教学目标的定位是否准确，是不是"虚目标"，还可以提醒教师在安排教学之前，考虑以什么作为证据，证明学生已经达到对学习内容的理解与精通，从而使教学的指向性更加明确。

　　例如，对于"动物的类群"主题中"脊椎动物——鱼类"，《课程标准》要求学生达到的教学目标是"概述鱼类的主要特征"。根据教学目标可以设计的评价任务是：请说出鲸鱼、鲨鱼、章鱼和鳄鱼谁是真正的鱼类？并说明理由。

鲸鱼　　　　　　　　　　　　鲨鱼

章鱼　　　　　　　　　　　　鳄鱼

图 3-5-6　区分谁是真正的鱼类

　　要区分上图中的动物哪些属于鱼类，需要依据鱼类的主要特征判断，因此这个评价任务是紧紧围绕学习目标"概述鱼类的主要特征"设计的。该目标可以通过评价来检测是否达成，因而可以判定不是"虚目标"。另外，先行设计了这个评价任务，可以提醒教师在安排教学之前，需要考虑以"能够在众多动物中区分出鱼类"作为证据，来证明学生是否达到"概述鱼类主要特征"的目标，从而安排"探究鱼类适于水中生活的外部形态特点、探究鱼的运动、探究鱼的呼吸"等教学活动。

（二）评价任务的实施

课程整合的过程性评价实施的过程，实际上是一个围绕学习目标进行"收集信息—研判信息—处理信息"的教学循环过程。因为评价任务的执行，学生一定会"生发"出信息来。教师要收集这些信息，并对这些信息进行研判，利用这些信息决定后续的教学如何安排。

1. 评价信息的收集

（1）收集方式

学生在学习时，会通过听、说、读、写、做、演等方面暴露一定的问题，包括对知识的理解、知识之间的联系等方面。教师可以通过提问、倾听、巡视、组织讨论、作业批阅、组织展示等方式，及时地发现并捕捉相关信息，用以研判学生对知识的掌握程度。

例如，前面提到的"人体的新陈代谢"主题下"尿的形成和排出"这节课中，根据学习目标，教师设计了自主学习肾单位结构，思考完成有关问题的学习任务，其中包括"说出血液是沿着哪些血管流经肾单位的？用蓝笔将血流路线标注在课本插图上""在血液流经肾脏的过程中，血液中的废物要依次经过哪些结构才能最终形成尿液？用黑笔将尿液形成路线标注在图上"。在这个整合了教学和评价的活动中，教师最初收集信息的方式主要是通过巡视课堂来实现的，即通过观察学生对课本插图的标注情况，收集学生的学习情况。随后，要求不同学生"上台阐述"，通过倾听学生的展示和解说、跟进式提问、倾听展示的学生与其余学生的互动问答等方式，深度了解不同学生的自主学习情况。

（2）收集内容

收集时既要注意收集与目标直接相关的预设性信息，也要注意收集教师预先没有估计到的生成性信息。根据预设性信息，可以判断学习目标的达成度，而生成性信息则可以暴露出学生知识或思维的盲点或误区，隐含着学生的真问题。

例如，在"人体的新陈代谢"主题的前知展现课上，教师让学生尝试画出心脏如何通过血管与脑、肺、胃和小肠等器官相连，并试着描述血液在它们之间如何流动。结果发现，有的学生在心脏上画出了许多放射状的血管通向各个器官，出现这种问题的原因是，以为各大器官的血管都是直接与心脏相连的，心脏可以直接将血液同时输送给不同的器官；有的学生在描述血液的流动时，认为当心脏收缩时，血液全部被挤压到各个器官中，心脏舒张时，血液再全部流回心脏。正是因为收集到了这些信息，教师才有了安排后续教学活动的依据。

（3）收集对象

评价信息的收集对象可以是全体学生，也可以是部分学生。如果选择部分学生作为收集对象，这些被选择的学生就是"样本学生"。"样本学生"的选择不是随意的，而是由评价任务的难易程度所决定的。如果目标相对简单易懂，则"样本学生"应该确定在班级的后四分之一内，如果他们能够达成目标，前面的同学自然也能够达成目标。如果目标有一定难度，则可以收集班级后三分之一的学生的评价信息。

2. 评价信息的研判

课堂时间稍纵即逝，信息的收集与研判几乎同时进行。教师对信息的研判主要体现在两个方面：

（1）判断学习状况与目标之间的关系

教师要通过收集到的信息，快速作出判断，有多少学生达到了目标，有多少学生还存在困难，困难在哪里，差距在何处。这样才能及时调整和安排下一步的教学活动。

例如，"人体的新陈代谢"主题下"尿的形成和排出"，《课程标准》规定的目标是"概述尿液的形成和排出过程"，"概述"属于理解水平的要求。在教学活动中，教师发现，有的学生认为"出球小动脉中流的是静脉血"，分析原因可能是以为血液经过毛细血管后一定会发生物质交换；还有的学生认为原尿的成分中除了水、无机盐、尿素等废物之外，还含有蛋白质，分析原因可能是以为血浆中所有的物质都可以在肾小球中过滤出来。这两种情况都反映出学生对于血液经过肾小球时如何过滤没有理解，而尿液形成的过程中包括过滤和重吸收两个阶段，教师由此判断这些学生没有达成规定的目标。

（2）分析生成性信息的价值与意义

学生的生成性信息，往往隐含着重要的教育契机。不同的生成性信息的价值和意义是不一样的，因此需要对生成性信息的价值与意义进行分析，这也是对一个教师驾驭课堂能力的重要考验。教师要对收集到的生成性信息进行研判，辨别哪些是有价值的信息，哪些是无关信息，从有价值的信息中不仅要分析出学生的学习程度，更要判断出学生对知识理解的困惑和盲点在哪里。真正的好课就是这样在对生成性信息的分析和处理中，师生共同不断探索、逐步深化知识理解的过程中产生的。

例如，在"人体的新陈代谢"学习中，教师通过前知展现收集到了以下信息：①有的学生认为：各大器官的血管都是直接与心脏相连的，心脏可以直接将血液同时输送到不同的器官中。②有的学生认为：当心脏收缩时，血液将会全部被挤压出来，当心脏舒张时，血液再经由血管流回心脏。③有的学生认为：小肠是获得养料的器官，哪个器官和小肠离得近，小肠就会把养料优先输送给这些器官。④有的学生会问：心脏把血液都给其他器官了，那它自身不需要吗？⑤有的学生会问：血管里的养料和氧气是同时到达组织细胞的吗？

面对课堂上纷繁复杂的信息，教师需要快速作出研判并进行梳理。例如，通过①可以知道学生对心脏的结构以及与其相连的大血管不明确；通过②可以看出学生不知道心房心室是交替收缩的；通过③可以发现学生不清楚营养物质进入血液后随血液流动的路径；通过④可以了解学生不知道有冠脉循环存在；通过⑤可以发现学生对氧气和养料的吸收及吸收后的运输路线不清楚。

3. 评价信息的处理

课堂上，教师对信息的收集和研判都是为处理信息做准备的。对于不同性质的信息要进行不同的处理。对于与目标达成关系不大的信息可以从简处理，而对于能够反映学生学习目标达成情况的信息要高度关注，并根据信息所反映的情况进行后续的教学安排。如果绝大多数学生能够通过评价活动很好地达成学习目标，就可以直接进入下一环节；如果发现学生暴露出对前面知识的错误理解，就需要生成新的教学内容，并为此调整教学进度，安排新的教学活动。

例如，在上面提到的"人体的新陈代谢"学习中，教师在课堂上收集到的众多信息，都暴露了学生真实的疑问。但其中④属于课外阅读的知识延伸，与主干知识关联不大，可以留待答疑解惑课解决。①②③⑤都与教学目标的达成有关联，因此需要引起关注并在后续的结构完善和探究实践课加以解决。①可以通过观察心脏的模型或者解剖观察猪的心脏来进行探究；②可以通过观察教材插图、心脏工作的动画或视频来帮助理解；③可以通过观看血液循环动画视频或解读血液循环模式图来解决；⑤可以通过血液循环模式图、动画或动态模型及消化系统、呼吸系统示意图，将养料和氧气进入血液并随着血液流动的过程呈现出来，让学生直观地看到，血液循环是连续不断的过程，氧气的摄入也是连续不间断的，养料被吸收后，经过血液循环运输，在肺部毛细血管处与氧气汇合一起被运输到组织细胞。

这种关于评价信息的"收集—研判—处理"是一个循环链，学生的学习就在这样的循环链中生生不息地推进着。

二、课程整合的终结性评价

由于大概念统领下的课程整合以构建知识结构为核心任务，贯穿于学习过程的始终，知识结构图是学生最主要的学习成果，因此学习成果的评价主要是指对学生构建的知识结构图的评价。

（一）评价的设计

评价学习成果需要借助一定的评价工具，还要有一定的方法。

1. 评价工具

表 3-5-1 知识结构图评价量表

评价要点	具体要求	优秀	良好	一般	不合格
科学性	知识结构图中没有科学性错误				
完整性	能将整个主题的知识体系完整呈现				
层次性	能厘清各概念之间的上下位关系				
关联性	能用明显的标志（箭头和关联词等）表示出知识间的逻辑联系				
明晰性	知识结构的表现形式清晰、明确、保持一致				
总评					

科学性：指的是知识结构图中的知识表述准确，没有或较少科学性错误。

完整性：指的是知识结构图能将整个主题的知识体系完整地呈现出来，不遗漏任何重要枝干和细节。

层次性：指的是知识结构图能够准确表现知识的等级次序，包括概念之间的上下位关系，主干与分支之间的关系等。

关联性：指的是知识结构图能体现各知识之间相互交错、相互关联的错综复杂的关系，如知识间的逻辑联系、包含关系或并列关系等。

明晰性：针对知识结构图的形式方面，指的是知识结构的表现形式清晰、明确、保持一致。

总评：从整体的视角，对知识结构图的主要优点和不足进行评价，同时分析知识结构构建的角度和方法。

2. 评价方法

评价过程中，无论是个人评价、小组评价还是班级评价，都需要借助评价量表进行。

（1）自我评价

首先，个人对照评价量表检查自己的知识结构图，围绕科学性、完整性、层次性、关联性和明晰性几个方面，在表中相应的位置给出自己的评价，并能说明评价的理由。其次，根据评价量表的要求进行自我完善，并标识自己的疑惑点，以便在小组或者班级交流时提出。

（2）小组评价

评价方式为组内各成员交换评价或轮换评价。被评价人要向评价人介绍自己构建知识结构图的思路，包括阐明了哪些具体的概念、各知识之间的上下位关系等。评价人要指出被评价人的结构图中有哪些突出的亮点，有哪些需要改善的地方及如何改善。

（3）班级评价

班级评价通过一个小组展示，其余小组倾听、观看、交流，并提出改进意见的方式进行。为了督促每个小组都要认真完成构建知识结构图的任务，班级展示的小组由教师随机抽取。在展示的过程中，要进行必要的互动交流，有疑问要及时提出，展示者要给予明确的回答。

（二）评价的实施

评价的实施指的是借助评价量表针对评价要点对知识结构图本身进行评价。以下是对"生物与生物圈"单元知识结构图实施评价的两个案例。

案例一：

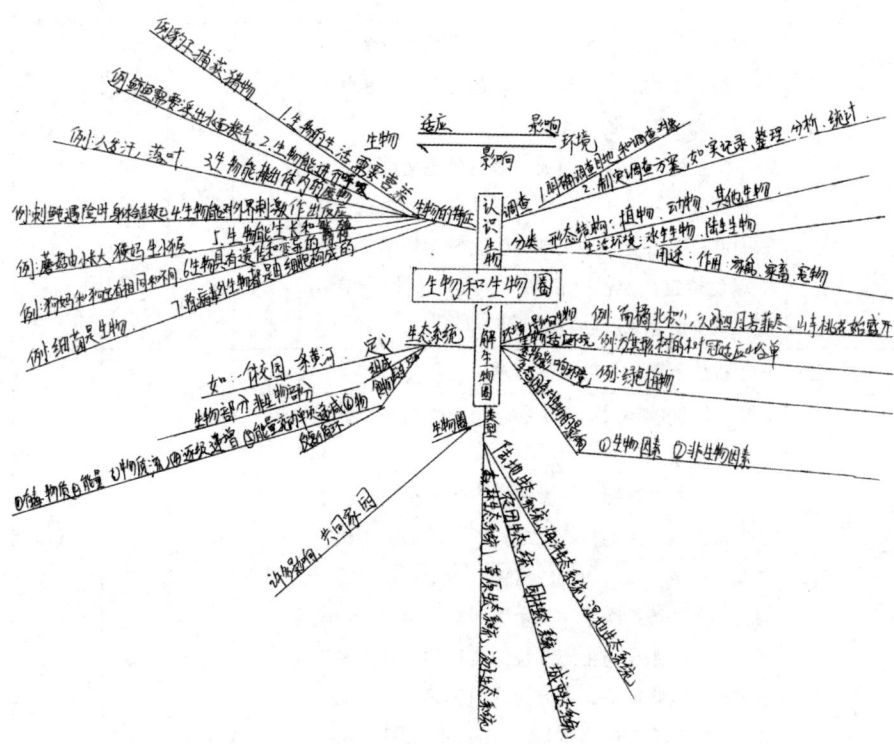

图 3-5-7 学生画"生物与生物圈"知识结构图

"生物与生物圈"知识结构图评价结果：

表 3-5-2 "生物与生物圈"知识结构图评价结果

评价要点	评价依据	优秀	良好	一般	不合格
科学性	1.优点：绝大部分知识没有科学性的错误 2.不足：生态系统的类型分类不准确，分类标准模糊		√		
完整性	1.优点：能够涵盖生物的特征、生物的分类、生态系统、生物圈、生物与环境的关系五大板块的知识，知识框架比较完整 2.不足：生态系统的组成只表达到生物部分和非生物部分，缺少对下一级更具体内容的表达；生物圈的范围没有表达出来；生物影响环境中举例了绿色植物，但没有说明绿色植物如何影响环境；缺少生态系统的自动调节部分		√		
层次性	每个板块下面知识的层次清晰	√			
关联性	1.优点：能够用双向箭头表示出生物与环境之间的三种关系 2.不足：本结构图是按教材内容体系构建，所以各大知识板块不能按概念之间的关系形成有机的关联。另外，细节上也有许多关联性方面的欠缺，如：环境影响生物与生态因素对生物的影响重复；生态系统与生态系统的类型的关联没有表达出来；食物链下，各方面的内容只是罗列而无关联；生态系统中物质与能量的关联表达不清			√	
明晰性	整个知识结构板块清晰明了	√			
总评	该结构图是按照教材内容的安排来构建的，清晰地罗列了各大知识板块 这种构建方法的优点在于：表现形式清晰，层次分明，科学性和完整性方面体现得也比较好。不足是：这种方法对知识之间内在关系的体现不够深入，缺少知识之间的内在关联的表达，所以关联性体现不够，整体比较机械		√		

案例二：

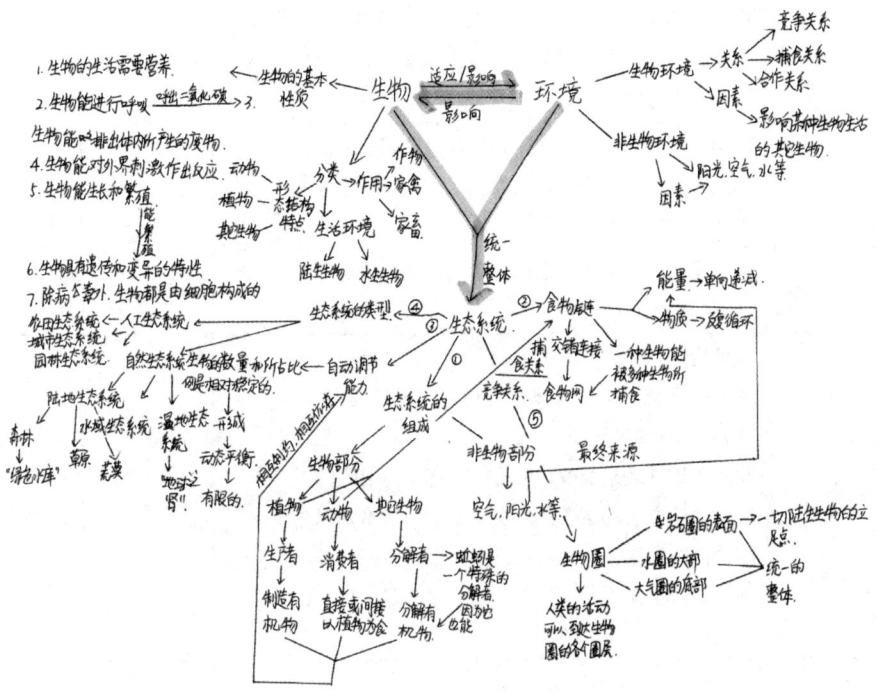

图 3-5-8　学生画"生物与环境构成生态系统"知识结构图

"生物与环境构成生态系统"知识结构图评价结果：

表 3-5-3　"生物与环境构成生态系统"知识结构图评价结果

评价要点	评价依据	优秀	良好	一般	不合格
科学性	1. 优点：绝大部分知识没有科学性的错误 2. 不足：生物的特征写成了生物的性质	√			
完整性	1. 优点：能够涵盖生物的特征、生物的分类、生态系统的类型、组成、生态平衡、食物链、物质和能量的变化等知识，知识结构完整，知识点丰富，内容翔实 2. 不足：水域生态系统的分类没有表达出来	√			

续表

评价要点	评价依据	优秀	良好	一般	不合格
层次性	把"生物与环境组成统一的整体——生态系统"作为结构图的主干，其他内容能围绕主干依次展开，层次分明、合理	√			
关联性	能用箭头清晰地表达出生物与环境之间的关系及与生态系统的关系，以此为起点，较好地建立起了相关内容之间的联系	√			
明晰性	用不同的标识突出了知识的主干，但板块与板块之间的界限不够分明		√		
总评	该结构图以大概念为统领，围绕"生物与环境构成生态系统"这个大概念进行了知识结构构建，内容丰富具体 相比于机械地按照教材编排的内容体系构建的方法，这种方法的主要优点在于：更加注重知识之间的内在联系，在关联性方面体现得更好。难点在于：由于需要完全依靠自己构建知识体系，在明晰性上会有更大的挑战	√			

第四章 实践活动与概念理解的整合

在大概念统领下的课程整合中，通过前知展现和结构完善，发现学生与概念理解有关的问题，再通过探究实践加以解决，最终实现对概念的理解，这就是实践活动与概念理解的整合。将实践活动与概念理解进行整合，是因为概念是在事实基础上通过比较、分析、抽象、概括等思维过程形成的，而实践活动是直接获得事实的唯一途径。相比于通过教师讲述，或通过图片、数据、视频等间接获得事实，通过实践活动直接获得事实构建概念，学生经历的是自己发现知识的过程，对概念的理解也会更加深入。

第一节 概念理解的过程

与单独开展实践活动或进行概念教学不同，课程整合强调的是实践活动对概念建构和理解的促进作用。因此，实践活动的开展不能完全按照教师备课的预设进行，而是需要根据前知展现与结构完善的结果，围绕学生需要转化的前科学概念和需要解决的问题安排。

一、基于学习进程发现疑难问题

学生的问题和前科学概念是在教学过程中不断暴露出来的，因此，需要教师密切关注学习进程，及时发现和捕捉，而不能单纯依靠教师的臆断。

（一）在前知展现中发现问题

前知展现课设置的目的之一，就是为了全面暴露学生的问题，并准确发现学生的前科学概念，从而使后续的教学活动更具有针对性。通过前知展现课发现问题是课程整合活动开展的基础和前提，教师要对此予以充分重视。

例如，"绿色植物的蒸腾作用"主题的前知展现课上，教师抛出了一个大的驱动性问题"如果没有绿色植物，生物圈中的水循环能进行吗？绿色植物对生物圈的水循环起怎样的作用？"这个问题对应的大概念是"绿色植物通过蒸腾作用参与生物圈的水循环"。由这一概念统领的概念和概念的层级关系如下表所示：

表 4-1-1 "绿色植物的蒸腾作用"主题概念之间的层级关系

概念层级	概念表述
大概念	绿色植物通过蒸腾作用参与生物圈的水循环
次级概念	绿色植物通过蒸腾作用促进水分的吸收及水分和无机盐的运输
三级概念	蒸腾作用散失的水分来自根毛从土壤中吸收，经过导管运输到叶片，由叶片上的气孔散失到大气中

根据学生对上述驱动性问题初步解答情况的展示和交流，可以发现学生的前认知情况如下：

（1）知道根尖成熟区的根毛适于吸水，但对于根部是否有导管分布存在疑问；

（2）知道导管运输水分，但对于导管的位置、结构和分布不了解，对于导管运输水分的原理不清楚；

（3）知道叶片散失水分，进行蒸腾作用，但对于气孔的位置、功能、结构了解不多；

（4）对于蒸腾作用对植物体的意义了解不透彻；

（5）知道如果没有绿色植物，生物圈中水循环可以进行，但绿色植物对于生物圈的水循环到底起到什么作用不理解。

通过对上述学生的认知情况分析，可以发现学生对"绿色植物的蒸腾作用"有关的知识存在以下疑问：

（1）导管在茎中的位置？导管真实的形态是怎么样的？导管仅存在于茎中吗？如果不是，怎样证明其他器官中也有导管？各器官内部的导管是相互连通的吗？组成导管的细胞是活细胞吗？导管只能运输水分吗？

（2）植物体内的气孔是什么样子的？所有的植物都有气孔吗？植物的树皮

上也有气孔吗？气孔在叶片上的分布特点？气孔什么时候张开和关闭？为什么气孔会张开和关闭？

（3）高大的植物体内，水分怎么从根到达叶片？蒸腾作用怎样促进无机盐的运输？蒸腾作用能降低叶片的温度吗？怎样证明？

（4）绿色植物对生物圈的水循环起什么作用？

对于这些问题，教师要先进行梳理，明确哪些问题与概念理解有关，以及有着怎样的关系，哪些问题涉及的只是非主干知识，与概念理解无关。经过梳理，发现上述问题中与概念理解有关的问题及对应的概念如下表所示。

表 4-1-2　问题与对应的概念整理

与概念理解有关的问题	对应的概念
1. 导管在茎中的位置？导管真实的形态？导管仅存在于茎中吗？如果不是，怎样证明其他器官中也有导管？各器官内部的导管是相互连通的吗	导管在植物体的各个器官均有分布，上下连通，贯穿于植物体全身
2. 植物体内的气孔是什么样子的？气孔在叶片上的分布特点？为什么气孔会张开和关闭	植物体内的水分主要通过叶片上的气孔散失
3. 高大的植物体内的水分怎样从根到达叶片	绿色植物通过蒸腾作用促进水分的吸收及水分和无机盐的运输
4. 绿色植物对生物圈的水循环起什么作用	绿色植物通过蒸腾作用促进生物圈的水循环

有了上述的梳理，就可以对问题进行分类处理：与概念理解有关的问题作为接下来的结构完善课的学习重点，尝试通过阅读教材、查阅资料、同伴合作等方式解决。如果结构完善课不能达到问题解决的目的，则通过探究实践课，设计实践活动有的放矢地加以解决。与概念理解无关的问题可以留作答疑解惑课的学习任务。

（二）在探究实践中发现问题

实践活动与概念理解的整合是一个动态的过程。在通过实践活动解决问题的过程中，随着学习进程的不断深入，又会发现新的问题。教师要及时捕捉新问题，并针对新问题安排相应的实践活动，再次帮助学生解决问题。

例如，学习植物类群中的孢子植物时，在前知展现中教师出示三类孢子植物的图片，让学生判断它们分别属于藻类植物，苔藓植物，还是蕨类植物？接着出示驱动性问题："你还认识哪些孢子植物？如何区分藻类植物、苔藓植物、蕨类植物？"通过对这个问题的初步回答和接下来结构完善课的自主学习，教师发现学生对于这三类植物特征的理解仍不到位，于是安排了一节探究实践课。课上，教师让学生辨认全班收集的各类藻类植物、苔藓植物、蕨类植物，如海带、紫菜、石莼、石花菜、墙藓、葫芦藓、铁线蕨、肾蕨等，并说出判断的理由。在区分辨认过程中，学生看到海带、裙带菜、石莼等藻类植物都具有类似被子植物根、茎、叶的结构，有的学生就提出，藻类植物如海带看起来也有根、茎、叶，为什么说藻类植物没有根、茎、叶的分化呢？这是学生在探究实践过程中产生的真实疑问，接下来教师就需要安排新的实践活动帮助学生加以解决。

实践活动：制作海带不同部位的临时装片，观察各部位细胞的形态结构，看细胞是否相似，有没有出现细胞的分化，由此判断海带是否只是由多细胞构成的植物体。如果没有细胞的分化，自然也就不会有组织和器官的形成。

通过上述事例可见，实践活动和概念理解的整合包括两方面，一方面是实践活动促进概念的理解和构建，另一方面是在概念理解和建构的过程中，根据学生新的疑问，也可以实现实践活动与概念理解新的整合。

二、根据教学需要整合实践活动

在明确了需要通过实践活动帮助解决的问题之后，下一步就要考虑如何对实践活动进行选择与安排。基于问题解决的实践活动的安排，要有提前的预设，但由于学生问题的多样性和复杂性，还要在问题产生之后再次进行相应的安排。

（一）预先梳理概念理解对应的实践活动

针对问题解决的实践活动的预设，需根据概念理解的需要进行。为此，在备课时教师首先要依据《课程标准》，梳理出大概念怎样分解成比较具体的概念，其次确定与概念理解相对应的生物实践活动。当教材原有的实践活动不能满足概念理解的需要时，可对教材已有的实践活动进行优化，对教材中没有的实践活动要进行开发。下表是对"绿色植物参与生物圈中的水循环"这一大概念对应的实践活动的梳理。

表 4-1-3 "绿色植物参与生物圈中的水循环"主题概念对应的实践活动梳理

大概念	次级概念	三级概念	实践活动
绿色植物通过蒸腾作用参与生物圈中的水循环	绿色植物通过蒸腾作用促进水分的吸收及水分和无机盐的运输	根毛从土壤中吸收水分	观察小麦或者大豆的根毛
		水分经过导管运输到叶	1. 观察插入红墨水中的冬青枝条的树皮和叶片颜色变化；分别横向和纵向切断冬青枝条，观察剖面变红的部位 2. 观察插入红墨水中的芹菜叶、白菜叶叶柄横切面变红的部位，将叶柄纵向剥离开，观察其中变红部位的形态
		水分由叶片上的气孔散失到大气中	1. 将去掉叶片和保留叶片的两个冬青枝条分别套上透明塑料袋，插入水中，观察塑料袋内壁的变化 2. 制作并观察芹菜叶柄导管临时装片，韭菜（或菠菜）叶片下表皮临时装片

（二）基于问题解决选择恰当的实践活动

教师备课时预设的实践活动往往面面俱到，但这些实践活动并非都需要实施。这是因为，教师预设的实践活动要涵盖整个概念的内涵和外延，一般比较宏观，而学生的真实问题往往更加实际和微观，有些还会超出教师预设的范围，所以，很多预先设定的但与学生真正的疑问不相对应的实践活动不需要实施。另外，实践活动是为概念理解而设计的，学生有些与概念理解有关的问题，如果在前知展现课或结构完善课上已经解决，预设的实践活动也不需要实施。而对于超出教师预设范围、学生又不能自行解决的问题，则需要重新梳理实践活动与概念理解的对应关系，安排恰当的实践活动帮助理解这些概念。

例如，上文提到的"绿色植物参与生物圈的水循环"，关于"水分通过导管运输到植物体的各个器官"这个概念，教师预设的问题是："运输水分的结构是什么？有什么特点？导管在植物体的什么位置"，学生真正的疑问则是"导管在茎中的位置？真实的导管是什么样的？是不是所有的器官中都有导管存在？花和果实里也有吗？各器官内部的导管是相互连通的吗？"通过分析比较可以看出，学生真实的疑问有些与教师的预设相吻合；有些则超出了教师预设的范围，如"各器官内部的导管是相互连通的吗"，对于这样的问题，就需要教师重新安排实践活动加以解决。

表 4-1-4 "水分通过导管运输到植物体的各个器官"概念与对应的实践活动

概念	真实问题	实践活动
水分通过导管运输到植物体各个器官	导管在茎中的位置？真实的导管是什么样的？是不是所有的器官中都有导管存在？花和果实里也有吗？各器官内部的导管是相互连通的吗	1. 制作并观察芹菜叶柄导管临时装片
		2. 观察插入红墨水中的冬青枝条的树皮和叶片颜色变化；分别横向和纵向切断冬青枝条，观察剖面变红的部位观察插入红墨水的芹菜叶、白菜叶柄横切面变红的部位，将叶柄纵向剥离开，观察其中变红部位的形态
		3. 彩虹玫瑰的制作或者观察放入红墨水中的带有幼嫩豆荚的枝条

三、通过活动开展实现概念理解

在针对学生的真实疑问，安排了相应的实践活动之后，接下来就要开展实践活动，让学生通过亲身体验获得事实性知识，帮助理解概念。实践活动可以安排在探究实践课的课前、课中、课后进行，不同时间进行的实践活动承载的功能也不相同。下面仍以上文提到的"绿色植物通过蒸腾作用参与生物圈中的水循环"概念理解为例说明。

（一）课前前置活动，初步获得事实性知识

有些实践活动，取材方便操作简单，对于课内建构概念又有帮助，可以布置学生课前开展，上课交流[①]。如为了获得事实性知识"茎木质部的导管运输水分和无机盐"，可设置如下前置性活动。

> 将生长旺盛的冬青枝条，放入滴有红墨水的水中，在阳光下照射3~4个小时。
> 观察任务1：你发现叶片有什么变化？树皮有什么变化？
> 观察任务2：将冬青茎横向和纵向剖开，从切面上发现了什么？

---

① 张海鸥：《整合实践活动，促进概念生成》《生物学教学》，2017年第6期，第16—17页。

在完成了课前体验活动之后，学生可将实验材料和装置带到课堂展示，作为学习资源。通过前置活动，学生观察到叶片的叶脉变红了，树皮的颜色没有变化；冬青茎的横切面木质部变红了，纵切面上可以看到上下连通的红线一样的结构。根据观察到的这些现象，就可以得出"运输水分和无机盐的结构是木质部的导管，并且茎与叶里面的导管连通，导管是一些上下连通的管状结构"的结论。这样一来，就解决了导管的作用和导管的位置的问题，问题的解决也为构建"水分通过导管运输到植物体的各个器官"的概念提供了事实依据。

（二）课中自主探究，建构概念

探究实践课是实践活动开展的主阵地，为概念理解而安排的演示实验、探究实验等活动，大都在探究实践课中开展。课中实践活动开展的程序为：教师整理学生的问题，转化为具体的学习任务，据此安排多种实践活动，满足学生个性化的研究需要。学生可基于自己的思考，在课堂上自主选择教师提供的实践活动资源，用以解决自己的疑问。例如，"认识导管与气孔"的学习任务和教师提供的实践活动资源如下表所示。

表 4-1-5　"认识导管与气孔"学习任务对应的实践活动

学习任务	实践活动
一、认识导管 1. 导管在茎中的位置 2. 导管有什么作用 3. 导管真实的形态 4. 导管仅存在于茎中吗？如果不是，怎样证明其他器官中也有导管 5. 各器官内部的导管是相互连通的吗	1. 学生的前置体验。观察插入红墨水中的冬青枝条的树皮和叶片颜色变化；横向纵向剖开冬青枝条，观察剖面变红部位 2. 插入红墨水中的芹菜叶、带根的白菜叶球，观察叶柄横切面变红的部位，将叶柄纵向剥离开，观察其中变红的部位的形态 3. 课件中循环播放的图片（学生课前做的西红柿的筋络和根尖的结构临时装片，拍摄成图片） 4. 如果你想看看显微镜下的导管形态，可以制作导管临时装片。将芹菜或者白菜叶柄上变红的筋络撕取一小段，放在载玻片上的水滴中，并用镊子用力挤压，盖上盖玻片，观察并画出你观察到的导管 5. 插入红墨水中的白色的百合花、带有幼嫩豆荚的枝条，观察花和果实颜色变化

续表

学习任务	实践活动
二、认识气孔 1. 怎样证明蒸腾作用的主要器官是叶片 2. 气孔分布在哪里 3. 气孔的特点是什么 4. 画出显微镜下的气孔和气孔周围的细胞	6. 将去掉叶片和保留叶片的两个冬青枝条分别套上透明塑料袋，插入水中，观察塑料袋内壁的变化 7. 按照教材的方法步骤，制作并观察叶片下表皮临时装片，画出你看到的视野，并比较新鲜叶片和萎蔫叶片的气孔的状态有什么不同（建议：同桌分工，一人制作萎蔫叶片临时装片，另一人制作浸水的新鲜叶片临时装片。）

通过观察芹菜叶、带根的白菜叶球、白色的百合花、带有幼嫩豆荚的枝条变红的部位，观看循环播放的图片，学生可以了解到导管在根、叶脉、花和果实中都有存在，并且根、茎、叶、花、果实里面的导管是相通的。通过制作和观察导管临时装片，可以看到导管的微观结构是长形、管状细胞构成的中空的管道，理解导管的形态结构与功能相适应。通过观察保留叶片的透明塑料袋内壁有水珠出现，可以了解植物体内的水分主要通过叶片散失；通过观察萎蔫和新鲜的韭菜叶（或菠菜叶）的气孔，观察到气孔在吸水和失水情况下可以张开和关闭，可以了解气孔的结构、功能和位置，理解气孔与功能相适应的形态结构特点，获得"水分通过叶片上的气孔散失"概念建构的事实基础。

（三）课后进一步体验，加深概念理解

教师在指导学生初步建构出概念后，还可以设计在探究实践课后实施的活动，以进一步加深对概念的理解。

例如，在通过探究实践课初步建构了"绿色植物通过蒸腾作用参与了生物圈中的水循环"概念后，布置学生用干湿计在一天之内分早、中、晚三次，分组测量裸地、草地和茂密灌木丛的相对湿度。通过对测量数据的比较，可以很直观地得出"绿色植物通过蒸腾作用能够提高大气湿度"的结论，从而再次为概念理解提供事实证据。

需要说明的是，很多课后进行的活动，也可以作为课前的前置性体验，教师可根据教学的实际需要灵活安排。

第二节　实践活动的开发

实践活动与概念理解的整合中，与概念理解有关问题的多样性，决定了需要有多样化的实践活动与之对应。虽然《课程标准》中有"活动建议"，教材中也安排了很多实践活动，但还是需要开发一些新的实践活动才能满足概念理解教学的需要。

一、实践活动的开发途径

实践活动开展的适切性、可行性和多样性要求，决定了实践活动的开发必然会有较大的难度，因而需要调用多方面的力量，去开发针对不同概念理解的实践活动。

（一）教师开发

教师是实践活动开发的主体。教师开发实践活动的途径，一是对《课程标准》中的活动建议，或者教材上的调查、观察、探究、实验、模拟实验、进一步探究、技能训练、课后实践、观察和思考等活动，进行改进和创新；二是根据教学的需要，通过查阅资料、教学经验积累等途径开发教材上没有的，但是有助于概念理解的实践活动。

例如，"绿色植物参与生物圈中的水循环"主题，学生的问题之一是"植物体内真实的导管是什么样的"，针对这个问题开发出新的实验是"制作并观察白菜叶（或芹菜叶柄）导管临时装片"。通过这个实验，可以观察到真实的导管是由许多长形、管状的细胞组成的中空的管道，而导管的这种形态结构特点与运输水分的功能相适应，这就为"水分通过导管运输到植物体的各个器官"概念的建构提供了事实依据。

又如，对于"安全用药"，课标要求的具体内容是"说出一些常用药物的名称和作用"和"概述安全用药的常识"，要建构的概念是"安全用药是根据病人的病情、体质和药物的作用适当选择药物的品种，以适当的方法、剂量和时间准确用药，发挥药物的最佳效果"。通过前知展现和结构完善课发现学生对常用药物的了解很少，对安全用药常识更是一知半解，还存在错误的前科学概念"感冒要吃抗生素"。如何建构安全用药的概念并转化学生的前科学概念，可以从课标和教材安排的活动"收集家庭常备药品的标签，分析药品标签包含的信息"开始，让学生收集不同的药品说明书，从药品说明书中获取药品的成分、有效期、保存方法、服用剂量、注意事项、适应证等安全用药信息，并学会区分处方药和非处方药。接着，教师再次利用说明书上的信息，让学生区分抗生素类药品和非抗生素药品，通过区分，了解抗生素的作用是针对细菌性疾病，转化学生的前科学概念"感冒要吃抗生素"。为了进一步了解怎样合理使用抗生素，教师又开发了新的实践活动，让学生课后查阅相关资料，制定"家庭安全使用抗生素准则"，利用这个活动明确抗生素的合理使用方法。就这样，通过已有活动和教师新开发的活动，学生的前科学概念"感冒要吃抗生素"，就转化成了关于抗生素合理使用方法的科学概念。

（二）学生开发

学生开发实践活动，主要指一些创新能力强的学生，对已经实施的活动进行改进创新；或者在生活中发现一些与生物学有关的问题，在教师的指导下开发出新的活动。

例如，学习"先天性行为和学习行为"时，为建构概念"动物的学习行为能够更好地适应复杂多变的环境"，教材中安排的活动是探究小白鼠走迷宫获取食物的学习行为。通过实验可以看到小白鼠在很短的时间内，就能通过"迷宫"，吃到食物。此时，老师提出了新的任务："小白鼠是哺乳动物，学习能力强，那么低等动物的学习行为如何探究呢？尽管教材上有了'蚯蚓通过200多次的尝试与错误，能够学会避开有电极的一方，直接爬向安全、潮湿的暗室'实验。但蚯蚓200多次尝试与错误的实验时间太长，不适合在课堂上探究，大家能否在这个实验的基础上进行创新设计，开发出适合在课堂中操作的实验呢？"在任务的驱动下，有的学生课后查阅资料并动手实践，开发出了"金鱼经过多次电击后，学会钻过孔洞，逃到没有电流的安全区域"的实践活动。

（三）家校合作开发

除了教师和学生开发之外，教师还要善于从家长处借力，通过家校合作拓展实践活动的形式和内容。如威海市塔山中学生物组借助学校开展的"家校合作共建综合实践活动课程"的家校合作活动，邀请在生物学有关领域有造诣的家长开发实践活动项目。如通过与在园林处、医院、食品厂工作的家长合作，先后开发了"调查威海常见的园林植物""急救常识""发酵食品制作"等活动。

二、实践活动的开发内容

针对概念理解开发的实践活动，根据实施的时间不同，可分为"课内活动""课外活动"两种类型。

（一）课内活动的开发

1. 课内活动开发的含义

实践活动的开发是为解决学生的问题服务的，所以，针对学生存在疑问的解决，"开发"可以有不同的含义，可以是全新的开发，也可以是不同实践活动的重新组合；可以是一个活动对应一个问题，也可以是几个活动对应一个问题。下表呈现的是部分学生需要解决的问题、针对问题解决开发的课内实践活动项目和通过问题解决可以建构的概念三者之间的对应关系。

表 4-2-1　部分问题、活动与概念三者的对应

解决的问题	活动项目	构建的概念
光会影响生物的生活吗	探究：光对鼠妇生活的影响 探究：光对叶绿素形成的影响	非生物因素影响生物的生活
植物体内真实的导管是什么样的 各器官里的导管是连通的吗	实验：制作并观察导管临时装片 实验：制作彩虹玫瑰	水分通过导管运输到植物体的各个器官
植物体的什么部位可以进行呼吸作用	实验：月季的根、茎、叶、花、果实、种子的呼吸作用	植物体的活细胞都能进行呼吸作用
不同浓度的酒精对动物的心率有什么影响	探究：酒精对蜗牛心率的影响	酗酒危害人体的健康
长颈鹿的长颈是怎样形成的	模拟：长颈鹿长脖子形成的进化过程	生物的遗传、变异和环境因素的共同作用，导致了生物的进化

2. 课内活动的类型

（1）对教材中原有的实践活动进行改进或拓展，以丰富的实践活动，为概念的构建和理解提供更多事实。

例如，对教材中"绿色植物的呼吸作用"演示实验的装置进行改进，利用矿泉水瓶代替广口瓶，将教材中三套装置合并成一个装置。这样简易的装置取材方便，制作也非常简单，学生可以自己准备，上课时每组一套。将演示实验变成分组实验，每个同学都可以参与活动，高效地完成实验任务。

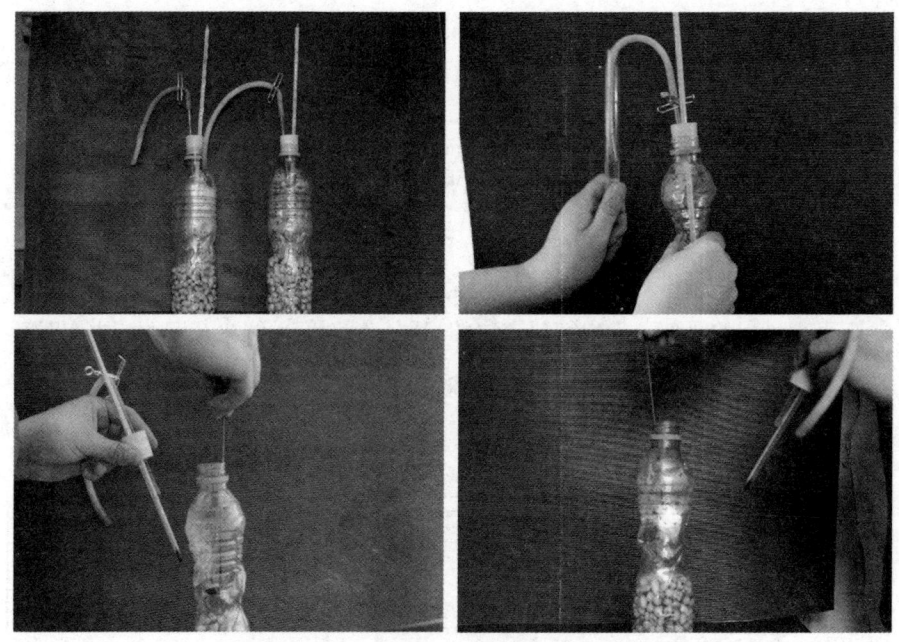

图 4-2-1 "绿色植物的呼吸作用"实验装置

又如，对"非生物因素影响生物的生活"这个概念的构建，教材建议的探究活动有"光对鼠妇生活的影响""温度对金鱼生活的影响"。由于这两个探究活动所探究的都是非生物因素对动物生活的影响，所以有的学生提出能否设计实验探究"非生物因素对植物生活的影响"。根据学生的这一建议，教师开发了"光对叶绿素形成的影响"探究实验。这一活动的开发和实施，拓展了探究内容的范围，为相关概念的建构提供了更丰富的事实依据。

（2）教师根据学生在学习过程中产生的疑问，开发适合在课堂上进行的新的实践活动，用以解决学生的疑问。

例如，观察"新鲜和萎蔫的韭菜叶表皮的临时装片"时，学生可以看到在表皮细胞之间有成对的半月形的保卫细胞，以及由它们之间的间隙所形成的气孔，还可以看到有的气孔张开，有的气孔关闭。

基于上述观察结果，学生产生了疑问：为什么气孔会出现有的张开、有的关闭的不同状态？

为解决学生的这一疑问，教师开发了一个新的实验，具体实施步骤和实验现象如下：

①在用萎蔫叶片制作的临时装片的盖玻片一侧滴一滴清水。

实验现象：保卫细胞吸水，外侧较薄的细胞壁伸展拉长较大，细胞向内侧弯曲，使气孔张开。

②在用新鲜叶片制作的临时装片的盖玻片一侧滴一滴质量分数为 10% 的食盐水。

实验现象：保卫细胞失水，内侧的细胞壁慢慢伸直，外侧壁回缩，气孔关闭。

通过对上述实验现象的观察，学生就可以知道：气孔的开闭由保卫细胞控制，当保卫细胞吸水膨胀时，气孔张开；当保卫细胞失水时，气孔关闭。

（二）课外活动的开发

课外开展的实践活动包括课前进行的前置性活动、课后进行的拓展性活动和以学期为单位开展的学期主题活动。

1. 前置性活动的开发

（1）前置性活动开发的含义

前置性活动是教师根据课堂上的概念建构和理解的需要，根据课时教学内容，课前给学生布置一些实践体验式作业，包括观察、调查、准备活动材料等。

前置性活动是针对概念建构和理解设置的，相对比较简单，一般是一个活动对应一个问题，少数情况是一个活动对应几个问题。表4-2-2呈现的是部分学生需要解决的问题、针对问题解决开发的前置性活动项目和通过问题解决可以建构的概念三者之间的对应关系。

表 4-2-2 部分问题、活动与概念三者的对应

解决的问题	活动项目	建构的概念
生态系统是由什么组成的？生态系统各组成成分缺一不可吗	制作生态瓶	生态系统由生物部分和非生物部分组成；各组成部分之间存在相互依赖相互影响的关系
真菌生存的基本条件是什么 酵母菌在无氧条件下将有机物分解成什么物质	发酵现象	酵母菌在无氧条件下将有机物分解成二氧化碳和酒精
血液的组成成分是什么	解读血常规化验单	血液由血浆和血细胞组成
种子萌发需要土壤和阳光吗 种子萌发过程中，各部分结构发育成什么	发豆芽	种子萌发需要适宜的温度、一定的水分和充足的空气；种子萌发吸收水分，胚根首先突破种皮发育成根，胚轴伸长发育成连接根茎的部分，胚芽发育成茎和叶
不同植物类群的形态结构和生活环境有哪些区别	认识并区分不同类群的植物	藻类植物、苔藓植物、蕨类植物、裸子植物、被子植物各有其特征

（2）前置性活动的类型

①参与实验材料的准备过程，在准备实验材料的同时进行观察，初步获得事实性知识。如对于探究光对鼠妇分布的影响，探究蚯蚓对环境的影响，观察衣藻、水绵、草履虫等活动，布置学生课前捕捉鼠妇、蚯蚓，寻找衣藻、水绵，培养草履虫，观察记录这些生物的生活环境、生活习性等。在学习"藻类植物、苔藓植物、蕨类植物各有其特征"概念之前，让学生收集多种这几类植物的实物，用于课堂观察分类。在课前准备时，就可以观察到这些植物的生活环境，并对其特征进行初步的观察和归纳。

图 4-2-2 学生制作的生态瓶

图 4-2-3 学生制作的发酵装置

②基于学生真实疑问的解决，布置课前完成与课堂上概念学习有关的探究、调查、制作等活动。例如，在学习"生物与环境组成生态系统"概念之前，布置学生制作简单的生态瓶。在学习"酵母菌在无氧条件下将有机物分解成二氧化碳和酒精"概念之前，布置学生制作"发酵现象"装置放在教室窗台上，通过观察气泡产生、气球胀大、瓶中液体有酒味的现象，证明发酵有气体和酒精产生。

2. 学期主题活动的开发

（1）学期主题活动开发的含义

学期主题活动是指能为一个学期所学主题或者重要的专题教学服务的大型实践活动。学期主题活动相对复杂，每个活动一般包含多个项目，对应多个不同的概念。下表呈现的是部分学期主题活动的名称、所包含的活动项目和通过活动可以建构理解的概念三者之间的对应关系。

表 4-2-3 部分学期主题、活动与概念三者的对应

主题名称	活动项目	建构的概念
绿色开花植物的一生	种植一种常见的植物	绿色开花植物的生命周期包括种子萌发、生长、开花、结果与死亡等阶段
	体验无土栽培	植物的生活需要水和无机盐
生物的特征	调查某一区域内的生物	生物的特征包括：生物的生活需要营养、能进行呼吸、能排出体内产生的废物、能对外界刺激作出反应、能生长和繁殖、具有遗传和变异的特性等

主题名称	活动项目	建构的概念
生态系统	调查当地的生态系统	一个生态系统包括一定区域内的所有植物、动物、微生物以及非生物环境
植物的生殖	体验无性生殖：扦插、嫁接、压条	植物的无性生殖由母体直接产生新个体，后代的遗传物质来自同一亲本
动物的生殖	家蚕、黄粉虫、果蝇和螳螂的养殖	昆虫发育包括完全变态发育和不完全变态发育 昆虫身体分为头、胸、腹三部分，大多三对足两对翅
	蝌蚪的养殖	两栖动物的幼体与成体形态差别很大，属于变态发育
人体的新陈代谢	制作人体相关结构的模型。1.制作小肠壁结构模型；2.制作模拟胸廓、膈肌运动和肺换气的模型；3.模拟血液在心脏、血管中流动的模型；4.制作肾单位的结构模型	1. 小肠是消化和吸收的主要器官 2. 胸廓容积的变化导致吸气和呼气 3. 心脏是血液循环的动力器官 4. 肾单位由肾小球、肾小囊和肾小管组成
植物的类群 动物的类群	植物和节肢动物标本的采集与制作	植物类群、动物类群各有其特征，在生物圈中具有不同作用

（2）学期主题活动的类型

①周期长、空间跨度较大的实践活动，比较常见的是种植和养殖活动。例如，"绿色开花植物的生命周期包括种子萌发、植株生长、开花、结果与死亡等阶段"大概念，包括的具体内容有"描述种子萌发的条件和过程""描述芽的发育和根的生长过程""概述开花和结果的过程"，对于这个概念需要通过种植、观察等活动帮助理解。教师可在学期初布置学生开展"种植一种常见的植物"主题实践活动，观察植物的生命周期，获得大量的事实性知识。又如，按照教材的进度，"昆虫的生殖"是在冬末春初学习，这个时候昆虫已经很少见了，可以提前布置学生养殖黄粉虫、家蚕等昆虫，观察记录它们的发育过程，或者制作昆虫生活史标本，供上课使用。

②为某一主题学习开展的系列性实践活动。例如，学习"人体的新陈代

谢"主题时，布置"制作人体相关结构的模型"，通过这些模型帮助学生直观地看到人体的各部分结构，理解结构如何与功能相适应。

第三节　实践活动的实施

实践活动的实施是由教师和学生共同完成的，学生是实施的主体，教师负责组织与指导。与概念理解相整合的实践活动的实施，主要目的是获得事实性知识，帮助理解概念。

一、教师层面的实施

教师是实践活动实施的组织者、参与者和指导者。在学期主题实践活动实施之前，教师要进行统筹布局；在学生进行实验之前，教师需先期进行预实验；在实践活动实施过程中，教师要适时指导。

（一）统筹布局学期主题活动

因为学期主题活动历时较长，内容较多，组织难度也比较大，所以需要有统一的规划和部署。开学之前，教师要制订本学期主题活动的实施计划，根据活动的目的，设计好活动的步骤、方法、要求和评价等。对于受季节影响比较大的活动，还要提前规划好活动开展的时间。学期主题活动的布置，一般安排在开学第一课上。

（1）准备实践活动档案袋。教师安排每个同学准备一个文件袋，命名为"我的生物课程之旅"，用于收纳本学期开展的，包括学期主题活动在内的所有实践活动的成果，如照片、观察日记、调查记录、制作的作品等。学期中，定期向家长、教师、同学展示；学期末，根据档案袋中的资料，通过小组互评和教师评价评出等级，作为综合素质等级评价的依据之一。

（2）展示往届学生的优秀成果。往届学生的作品可以带来启示和借鉴，相同主题的成果尤其具有借鉴意义。所展示成果的形式可包括图片、视频、观察日记等。

（3）布置学期主题活动的具体任务。如"栽培一种常见的被子植物"主题活动，可以做如下安排：

活动目的:

①通过观察感知了解被子植物的一生，获得相关事实性知识。

②运用观察的科学方法，提高动手实践能力。

活动步骤:

①准备器具:花盆、塑料桶、木桶、泡沫箱等可以种植的器皿，泥土。

②种植植物:建议种植生长周期比较短的植物，如黄豆、绿豆、花生等，一两个月就可以开花、结果、收获种子。

③管理植物:定期浇水、除虫、施肥等。

④观察记录:定期观察、拍照，并写好观察记录放入档案袋内。

(二)先期开展预实验

不论是教材上现有的实践活动还是新开发的实践活动，教师都要提前开展预实验，获得第一手资料，如观察到的现象、需要的时间、实验的数据等。此外，教师在动手实践的过程中，对于实验的可操作性可以有清楚的了解，如哪些步骤学生可以独立操作、哪些需要小组合作、哪些可以在课外做、哪些材料可以由学生准备等。只有做到了心中有数，才能对学生的活动过程进行更加有针对性的指导。

例如，"绿色植物在光下制造有机物"实验，教材上建议天竺葵暗处理的时间为一昼夜。但是教师在课前的预实验中发现，暗处理一昼夜后遮光部分也变成了蓝色。分析原因是实验教师所在的北方地区，气温较低，一昼夜暗处理的时间不能完全耗尽叶片中原有的淀粉。根据预实验的结果，将暗处理的时间延长为两个晚上一个白天，这样调整后实验效果就非常好。在这个实验中，光照的时间也不能太长或太短，时间太短，光合作用进行不充分，实验现象不明显;时间太长，叶片中的淀粉发生横向运输，通过筛管从未遮光部分运输到遮光部分，会导致遮光部分也变蓝色。通过教师的预实验，就可以根据实验结果对光照时间进行合理控制，提高实验的成功率。

(三)适时进行指导

学生在实施活动过程中，会遇到各种困难，如有的遇到问题不知道如何解决，有的出现操作方面的错误，有的没有留下过程性资料，这些问题都会影响实践活动的结果，需要教师适时介入，给予专业化的指导。

（1）课内活动的指导。对于在学校开展的活动，或者课堂上出现的问题，教师可以随时关注并给予指导。例如，"制作和观察叶片的结构"实验，徒手切片时，有的学生切得太厚导致细胞重叠，看不清表皮和叶肉细胞；有的学生切得太薄导致叶片结构不完整。课堂上，教师要关注学生的实验进程，及时发现这些问题，并进行有针对性的指导，如直接指出操作上的问题、组织观看其他学生切片的方法等。

（2）课外活动的指导。对于在课外开展的活动，教师不能全部亲临现场，不能随时和学生互动，在这种情况下，可以借助信息技术平台进行指导。如让学生在班级 QQ 群中建立自己个性化的实践作业相册，将作品及时上传，并提出自己的疑问。教师则要经常进入 QQ 群，观看学生的作品，浏览学生的问题，及时掌握学生课外活动开展的情况，并进行个性化的点评和提出针对性的建议。同时，教师还可以组织学生们在群里交流分享各自活动的过程和成果，让学生互相取长补短，共同提高。

二、学生层面的实施

学生是实践活动实施的主体，需要对实践活动有深度的参与。教师要创造条件让学生尽可能多地参与实践活动的各个阶段，包括实验材料的准备、活动的实施和成果的整理等。

（一）参与实验材料的准备

生物实验中大量的实验材料可以让学生准备，如前面提到的布置学生捉鼠妇、蚯蚓，寻找衣藻、水绵，培养草履虫等。对于探究桑蚕的先天性行为和小白鼠的学习行为实验，可以让学生饲养家蚕、制作迷宫。对于观察花的结构、观察果实和种子、观察植物类群等实验，可以布置学生准备花、果实、种子和多种植物作为实验材料。学生参与实验材料的准备，一方面可以观察到这些生物的生活环境和生活习性；另一方面全班同学参与准备，可以提供多样性的观察材料；此外，学生在准备材料的过程中，容易发现问题和提出问题，可以通过问题解决而加深对相关知识的理解。

（二）参与实践活动的实施

实践活动需依据计划实施，但即使有了周密的计划方案，仍会遇到许多操作上的要点需要考虑，有许多影响实践活动效果的问题需要解决，所以在具体实施过程中，要做到以下几个方面。

1. 明确任务

学生开展的实践活动是针对概念理解产生的问题而设计的，所以在动手前，首先要明确的是在实践活动中，要解决哪些问题？开展哪些活动？怎样实施活动？怎样呈现活动成果？任务明确后，才能有效地实施活动。

2. 注意安全

在实践活动开始之前，学生要先掌握安全操作的相关知识，如器材、药品的正确使用方法；排查室外活动可能存在的安全隐患等。在实施过程中，组长还要协助教师随时关注各组学生的操作情况，发现问题及时报告。例如，"调查校园里的生物"实践活动，在辨认生物的过程中，可以看、听、闻，但不能随意品尝，不能随意触碰生物，防止中毒、过敏、被咬等事故发生。还要注意不要随意攀爬树木，小心上下台阶等。在"测定某种食物中的能量""绿叶在光下制造有机物"等实验中，需使用酒精灯加热，要学会正确使用酒精灯，小心地操作防止被烧伤烫伤，还要掌握使用灭火工具灭火的方法。

3. 规范操作

在注意安全的基础上，还要进行规范操作，以保证获得的事实性知识的准确性和科学性。

（1）器材使用规范。学会实验器材使用的正确方法，如显微镜的使用方法、量筒和温度计的读数方法、酒精灯的加热方法等。

（2）实验步骤规范。通过阅读课本、观看视频、观摩教师的示范等途径，了解实践活动的步骤，熟悉操作流程，明确注意事项。

（3）方法运用规范。生物学研究的方法有观察法、调查法、实验法、模拟法等，每种方法都有各自独特的操作规范。在运用这些科学方法开展实践活动时，要注意方法运用的规范性。如"探究光对鼠妇分布的影响"实验，为了减少偶然性，用于实验的鼠妇数量不能太少；为了能够获得有说服力的实验结果，要设置对照实验；为了获得准确的实验数据，要进行重复实验，还要计算各小组每次实验结果的平均值，以此作为最终的结果。

（4）操作细节规范。细节决定成败。实验中，要关注可能影响到实验结果的细节问题，防止因细节上的疏忽而影响实验结果。如"探究光对鼠妇分布的影响"实验，实验过程中不能大声喧哗、不能掀开盖子计数等，以免惊扰鼠妇，导致实验结果不准确。

4. 合作实施

除了一些简单的实践活动外，大部分实践活动都需要小组合作，以同伴互助的形式完成。每个小组一般以 2~4 人为宜，一些户外的调查活动可以是 4~6 人一组。小组成员要根据活动的具体需要进行明确的分工，如组织者、记录员、发言人、监督人等，通过分工，每个小组成员都有事可做，并在分工的基础上进行协作，共同完成活动任务。教师要提前培训好小组长，让小组长在活动中能够发挥好组织、督促、管理的作用。

例如，"调查校园里的生物"实践活动，常规的做法是教师带领一个班级的学生开展活动。由于学生人数比较多，教师很难照顾到每一个学生。缺少了学习指导和监督，有些学生会游离于学习内容之外，有些学生会跟不上教师的讲解，导致调查的效果不理想。并且，在这样的课堂中学生只是被动地听教师讲，而不是主动地参与，因而也缺乏学习的内驱力[①]。怎样才能使调查活动既有秩有序，学生又能积极主动地参与呢？充分发挥学生小组自我管理、互相学习的作用是解决上述问题很好的办法。首先，教师在课前培训部分学生作为小组长，负责整个小组的组织管理，如安排人员分工、确定调查路线，进行纪律管理等。此外，还要开设"识别常见的动植物"校本课程，培训喜欢生物的学生作为小专家，指导小组内的其他同学。上课时将全班同学分成四人一组的小组，一人为组长，协调组织整个活动；一人为小专家，负责解答疑问；一人为记录员，负责记录调查表；一人为发言人，负责在下一节课上台展示小组的学习成果。小组长要带领小组成员按计划好的调查路线进行调查，组织每一位组员做好自己分内的工作，监督管理整个学习过程，确保调查活动有秩序地完成。调查过程中遇到不认识的生物先问小专家，小专家无法解答时再问老师。

又如，菜园种植活动也需要小组合作完成。首先，将菜园划片分配给每个

---

① 张海鸥：《多元评价促进生物学实践活动的有效开展》《生物学教学》，2016 年第 9 期，第 56—57 页。

小组，小组内责任到人。根据季节，可以种植菠菜、茼蒿、小白菜、芫荽、苔菜、小麦、萝卜、油菜、大葱、大蒜等时令植物。接下来通过小组分工合作管理并观察记录，如有人负责给小苗浇水，有人负责拔草捉虫，有人负责拍照记录生长过程等。对于管理过程中出现的问题，通过组内或组间相互协助加以解决。通过"菜园种植"活动，学生们经历了种子萌发、幼苗生长、开花结果的过程，观察见证了被子植物的一生，对于植物的无性生殖和有性生殖也有了初步的感性认识，为学习《被子植物一生》和《植物的生殖》积累了大量事实性知识。

图 4-3-1　菜园种植场景

5. 观察记录

在实施活动时，要注意观察和记录活动过程。观察要有明确的目的，综合运用多种感官并借助一定的仪器。记录要实事求是，记录的形式要多样，包括文字、图画、表格、图文结合、拍照、制作标本、写观察日记等。例如，有的学生喜欢养殖黄粉虫、果蝇、蚂蚁、家蚕等昆虫，养殖过程中拍摄的过程性图片、视频，写的观察日记，可以作为学习昆虫形态结构、生活习性和生殖发育的素材。

案例：黄粉虫养殖日记

威海塔山中学初一四班　盛思源

2016 年 9 月 5 号　晴

今天是我拥有黄粉虫的日子。

这些虫子有一二百只，它们基本上都是淡黄色的，也有白色的。大多数人都不喜欢虫子，但我觉得黄粉虫也很可爱，它们吃面包渣和麸子。我用纸盒子给虫虫们安了一个家。

2016 年 9 月 6 号　热

今天我发现我的黄粉虫有 3~4 只变成了白色，躺在那里一动也不动，我很害怕，害怕它们死了，但妈妈告诉我，它们要蜕下身上的大衣。另外，它们的饭量惊人，昨天给了它们一大堆面包渣，今天一点也不剩，太厉害了！而且它们的嘴咀嚼能力很强，只不过有点小，要拿放大镜看才可以看到。

2016 年 9 月 8 号　晴

今天，我的黄粉虫又有很多变成了白色的，有的还变成了白色的蛹。这些蛹不是一动不动，而是不想动，因为我一不小心碰了它一下，它就动了起来。

2016 年 9 月 13 号　晴

今天我的虫子长翅膀了！它们很像甲虫，不过只有一只，但我已经高兴不已，因为从蛹脱壳就可以说明它是成虫了，这个家已待不下它了，要给它建个新家。太高兴了！卵—幼虫—蛹—成虫，我为了给它拍照，把它弄到台灯下，它赶紧趴在角落里，其他虫子也沙沙作响，往一起聚，原来它们很怕光！

2016 年 9 月 14 号　晴

今天又有两个小蛹破壳了，而且昨天的那个颜色从乳白变成了棕色，还有很多也快变成成虫了！我被老师表扬了，因为我的坚持和记录。多亏了这些黄粉虫，不知该怎么谢谢它们！

2016 年 9 月 20 号　晴

今天我和妈妈给小成虫搬了家，我有了 12 只成虫，而且有一只是刚蜕变出来的。它们的新家由卫生纸、铁盒、60 目的筛网建成，特别华丽。而且我发现成虫用触角交流，并且成虫先是乳白到黄色再到褐色。新家可以让它们繁殖后代，这样我会有更多的黄粉虫。

2016 年 10 月 5 号　晴

今天是一个大喜的日子，我的黄粉虫生孩子了！

我给孩子们换了新家，喂了它们最爱吃的蔬菜。

这些黄粉虫刚来家时像一碗面条似的在盒子里蠕动，看着有些瘆人，但过了不几天，它们就陆续变成了蛹，这蛹跟懒羊羊一样就知道睡觉，应该叫它们懒蛹蛹，过了 10 天左右就不再是蛹了，就叫成虫。成虫的世界频繁发生战争，它们的战争跟秦始皇联合其他国家攻打另外一个国家一样，秦始皇是联合 1~2 个，它们有时全联合起来攻击一只虫子，原来虫子的世界也有弱肉强食呀！我真想保护被欺负的虫子，但再一想也没有用的，我要睡觉，而它们夜里也经常活动啊。不管了。

它们的卵像白色的小豆豆，我小心翼翼地把卵给弄进卵盘里，给它们撒些麸子，期待着新生命的开始！

2016 年 11 月 23 号　冷

今天，我的大幼虫窝里只有 6 条没有成蛹的，我的小幼虫窝里有几百条小幼虫，太帅了！成虫又有 3 只被同伴肢解了！哎……

说不定下个星期所有的蛹都会变成成虫产卵，我还找到了一张完整的皮，跟上次差不多。

祝小幼虫、成虫等所有的虫子 Good night!

2017 年 1 月 3 号　晴

今天是 2017 年 1 月 3 号，也是我的黄粉虫来家快 4 个月的日子。

我总共为黄粉虫收了四次卵，第一次不太成功，第二次第三次吸取了教训，所以较成功。第四次是最省事的一次，我在清理成虫粪便时，发现有卵，虽然很臭，但我还是没舍得扔，直接把它们收到卵盒里了。

我算了一笔账，如果一只小幼虫卖 1 毛钱，我这些小幼虫能卖一二百元，等我的黄粉虫产量多了 1 亿、2 亿……20000000 万亿，哈哈，比尔·盖茨、巴菲特、马云，你们把首富的位置让给我吧！等到 2028 年，不是电脑游戏的时代而是黄粉虫的时代！为了首富，我要忍住臭味，让它们吃好喝足！

2017 年 1 月 23 号　大雪

由于备战期末考试，我半个多月都没好好照顾我的黄粉虫了。先说一代虫子吧，自然死亡 1/3，应该说寿终正寝，宝贝你们走后，我会为你们收尸的。二代虫，不知道什么原因，幼虫与第一代幼虫相比个头偏小，蛹变成虫时伤残率高，这让我很伤脑筋，得空得找找原因，我把死亡的全部捡走，给它们添了麸子，你们一定要好好的。

有一只伤残的小成虫，半个后背都没了，我想放弃它，但看它努力地一拱一拱地往虫堆里爬，让我不忍心下手，留着它，顺其自然吧。

2017 年 1 月 27 号　万里无云

哈！哈！哈！今天我发了！今天二代虫 1 号盒里有 80 只蛹变成了成虫，这可是大大的丰收啊！

当然也有 8 个倒霉鬼，伤残了。80 只健康的，8 只伤残的，伤残率为 9%，比上次好了很多。8 个伤残的虫子中，7 个是背部残缺，另一个是被我不小心夹断了一条腿，sorry！

我认为伤残原因自然因素占 10%，人为因素占 80%，不可测因素占 10%。人为因素是我妈妈和我上次清理卫生时，动作太大，伤害了它们，对不起！

那些伤残的虫子奋力逃生，让我敬佩不已！

2017 年 1 月 28 号　晴

如果同学们要饲养黄粉虫，我想给大家提个醒：

一是温度要在 20 摄氏度左右；二是少给黄粉虫光照；三是如果用纸盒子饲养，要提前用胶带把四周粘住，预防虫子逃跑；四是要做好优胜劣汰，别像我这种小气人，不舍得扔，结果导致密度过大，不利于它们生长；五是在喂食菜叶时，宜小量多次，否则气味不佳；六是多开窗换气，虫子也需要新鲜空气；七是幼虫时盒子的通风孔大一些，成虫期则要小一点，小心它们逃亡。

黄粉虫给我带来了惊喜，陪我顺利度过小升初后的第一个学期，走近它们丰富多彩的世界，我知道要尊重生命，敬畏自然！

6. 成果整理

在实践活动中，对于获取的图片、视频、实验数据、观察日志、调查记录等资料，要及时整理，并最终形成成果。为此，需要学会处理、分析数据，得出结论；学会将活动结果转化为课上可以用的资料，为建构概念提供素材；学会依据调查记录撰写调查报告；学会依据观察到的现象和数据撰写实验报告等。

例如，学习"植物的无性生殖是由母体直接产生新个体，后代的遗传物质来自同一亲本"概念时，要想让学生理解无性生殖是植物普遍存在的生殖方式，需要有大量的实例证明植物可以利用根、茎、叶，通过扦插、嫁接、压条、分株等方式来繁殖后代。学生在获得多种植物、多种形式的无性生殖过程体验后，可以将活动体验拍成照片，并制成 PPT 课件，作为上课的素材，通过交流展示，互通有无，为建构无性生殖的概念提供大量实例。

再如，开展"调查校园内的生物"实践活动，学生将观察到的生物种类、数量和生活环境记录在调查表中，并简要记录观察到的生物的特征。调查完毕，要将调查表中记录的生物分类整理，统计观察到的生物种类，并按照观察的顺序描述观察的过程，总结收获和体会，形成调查报告。

案例：威海塔山中学校园生物种类调查报告

威海塔山中学初一二班　孙小昀

为了更好地了解生物的各种特征，老师带领我们来到校园里，观察各种各样的生物。我们小组的成员个个摩拳擦掌，对待学习，我们可是毫不含糊的。

图 4-3-2　调查校园内的生物场景

在我们美丽的校园里，绿树成荫、鲜花盛开，鸟儿欢快地鸣叫着，仿佛在欢迎我们的到来。我们在欣赏的同时，也仔细地观察它们，希望能从中学习到更多的知识。

调查威海塔山中学校园内的生物种类

目的要求：

1.了解威海塔山中学的生物，记录所看到的生物种类、特征和它们的生活环境。

2.尝试对所知道的生物进行归类，初步认识生物的多样性和生物与环境的关系。

3.初步学会做调查记录和撰写调查报告。

材料用具：调查表，笔。

注意事项：

1. 认真观察并如实记录每一种生物。

2. 不要损伤植物和伤害动物，如折枝摘花，捕捉动物等。

3. 注意安全，全组同学要集体活动。

方法步骤：

1. 选择调查范围。威海塔山中学校园内。

2. 分组。我们小组6人，本人为组长。

3. 设计调查路线。选择的路线是沿操场北边花坛向西走，再沿操场西边花坛向南走到竹林处向东行走，穿过草坪，返回起点。

4. 调查记录。

开始观察之后，首先发现的就是那一排排的红叶石楠了，它有着鲜红的新梢和嫩叶。紧接着，我们又看到了几株高大而挺拔的银杏树，它的叶子像小扇子一样，漂亮极了！老师说："到了秋天，银杏树的叶子会变黄，而且会不停地落下来，这说明了什么？"我们都抢着回答："说明生物能够排出体内的废物！"老师又从地上捡了一个银杏树的"果子"，剥开外面的表皮，里面的味道惹得我们一阵惊呼："天哪！这是什么怪味儿？"老师看到我们捂着鼻子的样子，笑着问道："银杏有没有果实呢？"这给我们留下了一个悬念。这时，一位同学指着脚下的一丛杂草说："看，这是牛筋草，我想试一试它是否容易被拔起来。"老师却说："这叫马唐，你们看看，它跟牛筋草有什么不一样？"大家都仔细观察起来。有的说："马唐的茎细，牛筋草的茎粗。"有的说："马唐的叶子比牛筋草的稍微宽一点儿。"还有的说："马唐的叶子比牛筋草的粗糙。"有的同学仔细观察了草地里各种各样的植物，然后说："马唐还有红色的呢！"我们还在花坛里发现了毛茸茸的狗尾巴草、怎么拔都拔不动的牛筋草、长满了蓝色小果子的侧柏、被修剪得圆圆的冬青卫矛、长着嫩绿的叶子的桑树、粉嫩的丛生福禄考、能做药材的藿香等。空中飞来一只红蜻蜓，同学们一阵欢呼；草丛里有几只蚂蚁在搬家，大家兴致勃勃地凑在一起观看；一只蜗牛在树干上慢慢爬动，大家为它加油。在校园西边的花坛里，我们又见到了一种长着小小的叶片的马齿苋，一位同学疑惑地说："我怎么看这马齿苋这么像蚂蚱菜呢？"老师解释道："马齿苋就是蚂蚱菜呀！"我们都恍然大悟。大家还见到了小叶黄杨，我把它误认成冬青卫矛了！后来，经过我的仔细观察，发现小叶黄杨完全可以根据它的名字来辨认：叶子小，叶片黄。而龙爪槐像是一个向地下抓的大爪子，看着有点恐怖哦！冬天它的叶子会全掉。在操场边生长的雪松高大挺拔，像保护着这个校园的卫士；后长叶子先开花的玉兰令我们再一次领略到大自然的神奇；美丽的月季花色彩斑斓，像是一团团粉色的云霞；观赏樱桃红彤彤、水灵灵，仿佛一颗晶莹剔透的红宝石；绣球花圆圆的，看上去十分可爱；风一吹，爬山虎随风摇曳，像是一片绿色的海洋。大丽菊是这里面最争宠的了，它那大大的花瓣和金黄的花蕊，真是"大家闺秀"啊！最令我感到惊叹的是紫薇，它长得十分秀气，颜色多种多样，美极了。还有四季桂、茶花、碧桃、石榴、毛竹、刺柏、蜘蛛、蝴蝶和飞蛾等动植物都是我们观察的对象。微风吹过，鸟儿们争着展示自己的歌喉，让它随风送到我们的耳畔；它们在树上嬉戏打闹，繁育后代，这里也成了它们的家园。

不知不觉一节课就过去了，我们的本子上都记录了密密麻麻的文字，很有成就感吧。

5.归类。下面请看我们调查的结果吧！见附表。

附表：

威海塔山中学校园内生物种类调查表

调查人：	孙小昀	班级：	初一二班	组别：	三组
调查地点：	威海塔山中学	调查时间：	9月17日	天气情况：	晴
生物名称		数量		生活环境	
动物（11种）					
蚂蚁		较多		陆生	
毛毛虫		较少		陆生	
蜗牛		较多		陆生	
蚯蚓		较少		陆生	
蜻蜓		较少		空中	
蝴蝶		较多		空中	
蜜蜂		较多		空中	
飞蛾		较多		空中	

续表

生物名称	数量	生活环境
动物（11 种）		
麻雀	较少	空中
喜鹊	较少	空中
金鱼	较多	水生
植物（31 种）		
红叶石楠	较多	陆生
银杏	较多	陆生
狗尾草	较多	陆生
牛筋草	较多	陆生
侧柏	较多	陆生
冬青卫矛	较多	陆生
桑树	三株	陆生
丛生福禄考	较多	陆生
酢浆草	较多	陆生
马唐	较多	陆生
藜	较少	陆生
马齿苋	较多	陆生
小叶黄杨	较多	陆生
雪松	几株	陆生
玉兰	几株	陆生
龙爪槐	几株	陆生
月季	较多	陆生
观赏樱桃	一株	陆生
绣球	较少	陆生
四季桂	几株	陆生
爬山虎	许多	陆生
茶花	几株	陆生
紫薇	几株	陆生

生物名称	数量	生活环境
植物（31 种）		
碧桃	4 株	陆生
大丽菊	几株	陆生
石榴	几株	陆生
毛竹	较多	陆生
刺柏	较多	陆生
萹蓄	较多	陆生
藿香	较少	陆生
鸡爪槭	4 株	陆生

6. 收获和体会

通过这次调查活动，我学会了调查的科学方法、设计调查表和进行记录、撰写调查报告；我也认识了许多种生物，了解了校园生物的多样性，并观察到生物的一些特征；我还懂得了要保护动植物，校园里的一草一木都需要我们去爱护，它们也是有生命的。

第四节　实践活动的保障

相比于知识学习，实践活动的组织管理有更大的难度，并且，实践活动的开展会受到很多条件限制，如时间、场地、资源等，这就需要学校和教师精心规划安排，并尽量整合多方面的资源，为实践活动的顺利实施提供保障。

一、实践活动的时间统筹

实践活动的开展需要更多的时间。要想在不增加学生额外课业负担的情况下充分开展实践活动，需要对课内和课外学习时间进行统筹安排。

（一）增加课内的活动时间

1. 课程内整合增加活动时间

大概念统领下的课程整合可以减少知识学习的时间，将节省下来的时间用于开展实践活动。主要原因有以下两个方面，一是围绕大概念组织学习内容，学生需要学习的内容更为集中，内容上的精简自然会减少学习的时间；二是在前知展现课上发现学生的问题之后，通过结构完善课开展自主学习，一些简单的知识学生可以自己学会，相比于常规教学教师讲解的面面俱到，学习时间又可以缩短。例如，"人体的新陈代谢"主题的教学，整合前这部分内容所用的时间大约是24课时，其中用于探究实践的课时是5~6个课时；整合后大约需要22课时，其中用于探究实践的课时大约是9课时。

2. 课程间整合增加活动时间

课程整合对实践活动丰富性的要求，决定了现有生物课程的学习时间远远不够，还需要整合相关课程以增加实践活动的时间。课程间整合是指生物课程与综合实践活动课程、校本课程的整合。与综合实践活动课程的整合是将部分生物实践活动融入综合实践活动当中，利用综合实践活动的课时开展活动。与校本课程的整合实际上是开发和实施与生物学实践活动有关的校本课程，使校本课程为生物课程实施服务。这样的课程间整合既解决了生物实践活动课时不足的问题，又丰富了综合实践活动课程和校本课程的内容。

例如，生物课程中有"调查校园里的生物"的实践活动，这个活动通常用一课时完成。但是教师在教学实践中发现，这样简单地完成调查活动存在以下问题：一是对于初次开展调查活动的初一学生来说，由于调查的方法不熟练，一课时很难将校园里的生物调查清楚，能够认识的生物的种类也很少；二是一个班的学生一般为50人左右，由教师一个人指导很难关注到每个学生，完全由学生自主活动又会因缺少指导而影响效果；三是这个活动中包含了很多教育因素，简单地完成会导致教学资源浪费。因此决定与校本课程整合，并进行了如下具体规划：首先，开发出"识别常见的动植物"校本课程，利用校本课程带领选择这门课程的学生认识生物，再让他们作为学生中的"小专家"，老师的"小助手"，在生物课上指导其他学生辨认生物。接着，利用两课时的国家课程，组织学生进行小组合作调查、记录校园里的生物，并进行展示交流。课后，再次利用校本课程为校园里的植物挂牌。通过这样的整合，学生不仅发现了校园里的许多生物，认识了多种以前没有关注到的生物，充分运用并掌握了调查的方法，还现场发现了许多生物的基本特征的实例，感知了生物的多样性，部分对生物兴趣比较浓厚的同学也获得了更多的学习、实践和展示自我的机会。

（二）利用课外的活动时间

虽然通过课程内和课程间的整合能够增加实践活动的时间，但课堂上的时间毕竟有限，要保证实践活动得到充分的开展，还要利用好课外的时间。课外的活动时间包括学生平常的课余时间和寒暑假等假期时间。

一些比较简单、用时较少的活动，根据教学的需要，可作为前置性体验活动布置学生在课前完成。

学期主题活动一般周期较长，活动的开展不但要利用平时的课余时间，有的还要利用寒暑假的时间。在学期初或放假之前教师要布置实践活动任务，安排好活动的时间和内容。如"十字花开迎新年"是一项寒假种植活动，此项活动的目的之一是为"开花和结果"的学习，观察"花的结构"和"果实和种子的形成"提供材料。选择在寒假进行种植，一是假期时间比较充裕，学生有更多观察和管理的时间；二是果实和种子的形成要经过一定的时间，需要提前进行准备。种植有顶芽的萝卜和带有部分菜心的白菜根，当温度为20℃左右，开花需要1至2周的时间，结出果实和种子需3周至1个多月的时间。在寒假种植第一批，恰好可以在学习"果实和种子的形成"时进行观察；开学后再种植第二批，又恰好可以为"观察花的结构"提供观察材料。

二、实践活动的多元评价

为了保证实践活动的开展有秩有序、活而不乱，除了要有严格的管理外，还需要有相应的评价制度作保障。特别是周期比较长的活动，很多都由学生课后自主完成，更需要通过评价保证质量。

实践活动组织实施的复杂性，决定了实践活动的评价要比知识学习更加多元。实践活动的评价需要有多元的评价主体、多元的评价对象、多元的评价内容、多元的评价方法和多元的评价结果。比如，在评价主体上，可采取学生自评、小组互评、教师评价相结合的方式。在评价方式上，有过程性评价和终结性评价及针对结果的评价。而评价内容的多元化来自活动类型的多样性，对于制作类，主要评价产品的实用性、材料的合理性、使用的方便性等，对于探究实验类，主要评价发现问题、提出问题、设计实验、实施实验、得出结论和表达交流等探究的过程性技能；对于种植养殖类，主要评价活动参与的程度、管理采用的方法以及种植养殖的最终结果等。

例如，对于"种植和养殖"类的活动，可以按照多元评价的方式这样进行评价：

（1）过程性评价：每个学生在班级 QQ 群中建立自己的个性化相册，随时将有代表性的种植或养殖图片以及遇到的问题上传，教师时刻关注，即时评价，并解答疑问。学生之间也可以借助这个平台互相借鉴、交流、评价。

每隔 2~3 周开展一次网上阶段性展评活动，为此，学生要将种植或养殖的阶段性成果制成 PPT 上传班级群，师生共同进行点评，填写如下所示的评价量表，提出改进建议。

（2）终结性评价：举行优秀作品展评活动。通过 PPT 展示种植或养殖的生物完整的生命周期，师生依据量表填写等级，共同评出部分优秀作品，并通过家长会等途径向家长介绍优秀作品。

（3）综合评级：将所有过程性资料整理在档案袋中，并根据学生的综合表现进行等级评定，评价结果作为学生综合素质评价的依据之一。

表 4-4-1　种植与养殖类活动等级评价表

评价过程		评价项目	评价等级	个人自评	小组互评	教师评价
过程性评价	参与程度	是否经常在群相册中分享过程性资料	A 经常 B 偶尔 C 从不			
		是否坚持观察记录	A 经常 B 偶尔 C 从不			
		是否能够发现并提出问题	A 经常 B 偶尔 C 从不			
		是否能够评价别人的作品、帮助别人解决问题	A 经常 B 偶尔 C 从不			

续表

评价过程	评价项目		评价等级	个人自评	小组互评	教师评价
过程性评价	阶段性成果作品	能否按时提交作品	A 按时 B 不按时 C 不提交			
		提交作品的质量	A 优秀 B 良好 C 一般			
终结性评价	完整生命周期作品	能否按时提交作品	A 按时 B 不按时 C 不提交			
		提交作品的质量	A 优秀 B 良好 C 一般			
综合评价						

三、实践活动的家校合作

实践活动的开发需要家校合作拓展内容，实践活动的实施还需要家校合作共同为学生提供协助和进行管理。

（一）资源支持

丰富的资源是开展实践活动的重要基础。丰富多彩的生物世界和社会生产生活场所都可以成为学习的资源，如动物园、植物园、学校周围的社区资源以及自然保护区、森林公园等自然资源。受各种条件的限制，学校和教师能够掌握和利用的资源毕竟有限，此时可以寻求家长的帮助，通过家校合作的方式开发活动资源，拓展实践活动的内容。

1. 为实践活动的开展提供器材

课程整合中实践活动的丰富性对活动器材提出了更高的要求，在活动实施中难免会出现器材不足的情况。本着自愿的原则，有条件的家长可利用自身的优势提供部分器材，以满足实践活动的开展，丰富而个性化的需要。

例如，在"观察藻类植物"的实践活动中，有的家长提供了大量的海洋藻类植物，让学生真正见识了藻类植物的多样性，加深对藻类植物特征的了解。

又如，威海市塔山中学开展"揭开彩虹玫瑰的秘密"和"微景观制作"的活动，有的家长提供了大量的活动材料，让每个孩子都有了实践体验的机会。

2. 帮助联系各种参观活动

校外实践活动的开展需要更丰富的资源，但是有的活动场所不对外开放，有的活动需要大量资金，还有的活动需要专业指导，此时，更需要家长提供帮助。有条件的家长可以帮助联系各种参观活动，有的还可以提供专业性的指导。

例如，威海市皇冠中学利用家长资源，带领学生参观红霉菌发酵车间，了解了红霉菌发酵的整个流程。工厂还赠送给每个学生一份红霉菌种，让学生回家自主制作发酵食品。通过参观活动，学生对于微生物的生存条件、培养方法、与人类的关系及发酵的原理都有了直观的感受，为后续微生物知识的学习打下了良好的基础，为"发酵技术利用了微生物的特性，通过一定的操作过程生产相应的产品"概念的构建提供了事实性知识。

（二）协助管理

学生在课后开展的实践活动，不仅需要教师适时的指导评价，还需要家长的协助和管理。

1. 家长提供协助

家长对学生开展实践活动的协助主要有以下途径：一是家长有着较为丰富的实践经验，当孩子在实践活动中遇到困难时，可以帮助解决；二是有些历时较长、需要在家里进行的实践活动，对实践对象的照顾管理、对实践现象的观察记录等需要家长的协助。如前文提到的威海塔山中学盛思源同学，在饲养黄粉虫过程中，需要拍摄黄粉虫生命周期的各个阶段。由于白天上学无法自己拍摄完整的过程，所以需要父母帮助拍摄。在父母的帮助下，他最终获得了黄粉虫蜕皮、羽化等生长发育过程各个时期的照片。而在帮助孩子完成实践活动的过程中，家长也可以收获自己的感悟，从而与孩子共同学习。下面是盛思源家长陪伴孩子养殖黄粉虫后获得的对生命的感悟。

生命，生命！

读过很多赞颂生命的文章，也经历了生育的痛楚与喜悦，但没有哪一次让我如此感动。一只小小的黄粉虫蛹在我的眼皮底下，挣扎、再挣扎，咔嚓咔嚓的闪光灯让它受到了惊吓，一动不动。它不会就这样放弃，死去吧？我有些黯然，尽管从一开始就不喜欢这些丑丑的爬行虫子，但有意无意中，窥探了它们蜕皮、成蛹的秘密后，竟有些喜欢它们了，一捏面包渣、一勺麸子皮，它们欢甚其间，无声无息中进行着生命的蜕变交替。

轻轻舞动着四肢和触角，再一次扭动躯体，用力，用力，终于，尾巴出来了，慢慢身体也解脱出来了，那曾裹在身上的壳啊，挨在身边，真碍事，得狠狠甩掉，一下，一下，黄色的小脑袋，透明的乳白色身躯，还有那对尚未张开的翅膀，多娇弱的生命啊！而我因目睹了这生命的蜕变，对生命又多了一份感悟：生之不易，活当珍惜！

儿子趴在一边，断断续续地观看了蛹变成虫的全过程后，说什么也不愿意把这些小东西送给生物老师做标本，我奇怪：他不是蚂蚱、玉米虫、蚂蚁等虫类灭绝师太级的人物吗？今天为何如此怜香惜玉？问之，答曰：这是俺自己养的！

生是生命的造化，养是心力之付出，生之恩，养之情，于虫如此，于人亦然！

2. 家长参与管理

对于学生在课后开展的实践活动，家长除了给予必要的协助之外，还需要对孩子进行适当的管理。如家长可按照教师的活动要求，督促孩子按时、认真地完成活动的整个过程。还可以借助班级 QQ 群，对比其他孩子的作品，了解自己孩子活动开展的情况，发现好的做法借鉴学习，发现不足及时督促改进。教师可以将学生在校实践活动的过程性资料，拍成照片上传家长群，在给学生留下成长轨迹的同时，也让家长及时了解孩子在学校参加实践活动的表现。如果发现在校的活动完成不够理想，家长可以提示孩子及时反思不足，必要时可督促重新完成。学校还可以在举行实践活动展评时，邀请部分家长参与评奖和颁奖，营造一种良好的家校合作氛围。

第五章　基于 STEM 项目的跨领域整合

在课程整合的三个层次中，基于 STEM 项目的跨领域整合是最高层次。作为一种超越传统的教育模式，STEM 项目需要学生运用跨学科的知识和技能解决实际问题，并在此过程中提高综合解决问题的能力和跨学科思维能力。在 STEM 项目主题设置完成之后，就进入了项目的开展阶段。STEM 项目的开展，涉及教学设计、组织实施和评价。

第一节　STEM 项目的教学设计

教学设计，是开展 STEM 项目的第一步。与其他学习内容的教学设计一样，STEM 项目的教学设计，也是为实现教学目标而进行的计划性活动，也需要把教学原理转化为教学活动计划，以解决"怎样教"和"怎样学"的问题。

一、STEM 项目的教学设计原则

STEM 项目的教学原则是指导 STEM 项目开展的原理和准则，须反映对 STEM 项目本质特点和内在规律的认识。它既指向教师的教，也指向学生的学，应贯彻于教学过程的各个方面和始终。

（一）情境性原则

情境性原则是指根据教学的需要和学生思维发展情况创设情境，并设计与情境相关的问题或任务，让学生在情境中完成任务并构建自己的认知体系。例如，"番茄无土栽培"项目，引入无土栽培时可以创设这样的情境："我国城市化进程的加快导致耕地面积逐年减少，但我国的人口却在不断增多，那么，还可以通过什么途径种植粮食和蔬菜，满足人们生活的需要呢？"以此引导学生

联想，在土地资源不足的情况下是否可以进行无土栽培？什么是无土栽培？怎样进行无土栽培？无土栽培过程中需要注意什么事项？等等。在上述情境的引领下，一系列问题油然而生，从而激发起学生的好奇心和探究欲望。

（二）实践性原则

实践性原则是指 STEM 项目从设计到实施都要致力于给学生提供充分的实践机会，让学生在实践中运用知识提升能力。例如，"冬小麦的种植"项目，为了让学生见证小麦从萌发生长、开花结果到收割脱粒的过程，掌握开沟、施肥、播种、盖土、收割、脱粒、去糠、加工等技术，收获课本以外的各种认知和体验，获得解决实际问题的能力，并享受种植与丰收的喜悦，需按照小麦的生长规律，从 10 月份开始播种，让小麦能够完成一个完整的生命活动周期。

（三）开放性原则

开放性原则是指在 STEM 项目中，从项目的实施到结果的呈现都要开放，为学生提供自由选择、个性化创造的空间。项目实施过程的开放性，体现在项目实施过程中教师给予学生充分活动的自由，查阅资料、设计方案、发现问题、解决问题、动手实践、产品设计等活动，都由学生自主组织合作完成，教师只是于关键处进行点拨；项目结果的开放性，体现在每个项目不要求只有一个结果、一个标准答案，而是鼓励学生开发出个性化的产品。例如，"葡萄酒的制作"项目，学生可自主完成从查阅资料到产品设计形成的全过程，不同的小组可根据个人喜好或兴趣制作出不同口感、不同酒精浓度的葡萄酒。

（四）生活性原则

生活性原则是指项目的实施过程要与生产生活紧密结合，要从生产生活实际汲取营养，并应用于生产生活实际当中。例如，"葡萄酒的制作"项目，可以结合发酵知识思考，自己在家是否能酿制葡萄酒？怎样酿制葡萄酒？还可以将自己酿制葡萄酒的方法与酒厂的方法进行对比，从中吸取可资借鉴之处。STEM 项目与生产生活实际相联系，既能让学生感受到生物知识服务于生产生活的魅力，又可以开阔学生的眼界，甚至能为日后职业选择提供参照。

（五）协同性原则

协同性原则是指在 STEM 项目实施过程中，学生之间需要以小组合作的形式协同互助，相互启发，共同完成构思、设计、实施和运作等全过程。为此，需要成立具有团队合作精神、能力互补的学习共同体。共同体中各个成员之间要既能相互沟通、分享信息、交流经验、共同解决问题，同时又能在合作中体验合作的益处，发展合作意识和能力，为在以后的工作和生活中开展合作打下良好的基础。例如，"冬小麦的种植"项目，教师在进行分组时就要考虑到每组都要有组织能力强、有种植经验、会使用劳动工具等不同特长的学生，使学生之间既有分工又能互相配合，从而很好地完成项目任务。

（六）延伸性原则

延伸性原则是指在完成 STEM 项目的过程中，注意发现与当前项目有关的新的问题，从而对项目进行更加深入的研究。即 STEM 项目不仅要解决"现在可以做到什么程度"的问题，还要研究"以后还可以做到什么程度"的问题。例如，"番茄的无土栽培"项目，在完成了番茄的无土栽培后，可以进一步研究"还有哪些植物可以进行无土栽培？""哪些植物不适宜进行无土栽培？"等问题；再如，"制作酸菜"项目，"酸菜中亚硝酸盐的含量如何检测？"也是可以继续延伸研究的新问题。在引导学生制作产品、解决实际问题的过程中，教师要注意收集像这样的一些有价值的生成性问题，并通过对这些问题的探究引导项目研究走向开放和深入。

二、STEM 项目的教学设计框架

STEM 项目强调生活化、情景化和开放性，每一个项目都有自己鲜明的特征。STEM 项目的多样性导致实施上的多样化，但项目无论如何多样，在组织实施上也会有共同的路径。

STEM 项目教学设计框架如下图所示：

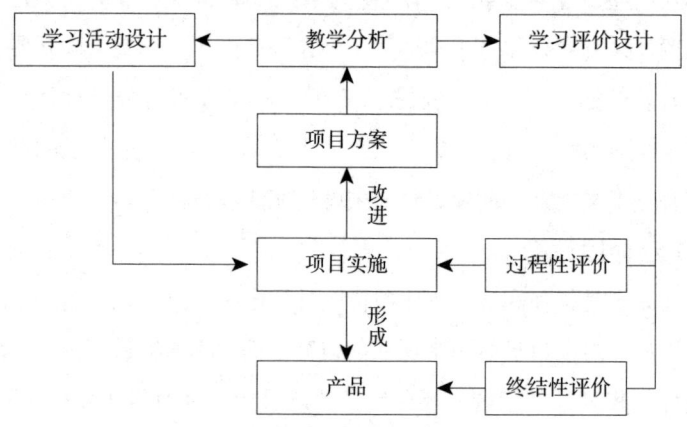

图 5-1-1　教学设计框架

从教学设计框架可见，"项目方案"处于框架的中心位置，是"教学分析"的依托。"学习活动设计"和"学习评价设计"根据"教学分析"进行，"项目实施"按照"学习活动设计"进行。"学习评价设计"是对"过程性评价"和"终结性评价"的设计，通过"过程性评价"评价"项目实施"情况，通过"终结性评价"评价最终形成的"产品"。"项目实施"又能够反作用于"项目方案"，可以作为"项目方案"改进的依据。

三、STEM 项目的教学设计案例

在构建起 STEM 项目教学设计框架之后，还需要知道如何使用该框架进行教学设计。下面以 STEM 项目"雾霾来了——防雾霾口罩的制作"为例，分析说明如何根据 STEM 项目教学设计框架进行 STEM 项目的教学设计。

"雾霾来了——防雾霾口罩的制作"项目方案

（一）活动目标

1.运用仿生学原理设计和制作防雾霾口罩。

2.在全校范围内推荐使用防雾霾口罩。

（二）活动器材

针、线、不同质地的布料、活性炭等制作口罩的材料；颜料、盛有水的烧杯等检测器材。

（三）活动内容

1. 仿照呼吸系统结构与功能相适应的特点设计防雾霾口罩。

2. 制作防雾霾口罩。

3. 展示交流制作的防雾霾口罩。

4. 防雾霾口罩的效果检测。

5. 对防雾霾口罩进行改进完善。

6. 通过制作海报等方式在全校范围内推荐使用防雾霾口罩。

（四）活动建议

与美术课进行整合，提高防雾霾口罩的制作工艺水平，增加美观度。

（五）问题与思考

1. 防雾霾口罩要防止雾霾带来的什么危害？

2. 可以通过怎样的原理来增强防雾霾口罩的功能？

3. 对防雾霾口罩的检测可以从哪些性能上考虑？设计怎样的检测方法？

1. 教学分析

"教学分析"是为项目实施而对"项目方案"进行的分析，是进行"学习活动设计"和"学习评价设计"的依据。通过教学分析，可以提高教学设计的目的性、有效性和适切性。教学分析主要从以下三个方面进行。

（1）STEM 要素分析

分析 STEM 项目中包含的要素，是做好教学设计的前提。对项目中 STEM 要素的分析需要涵盖项目中涉及的所有科学、技术、工程、数学问题。

①相关知识分析。科学要素是 STEM 项目的重要组成部分，明确项目可以整合的生物学科知识，是教学分析的重要一环。通过分析"雾霾来了——防雾霾口罩的制作"项目方案可知，防雾霾口罩模拟的是人体呼吸系统中呼吸道的功能，所以该项目涉及的知识主要是"呼吸道对空气的处理"。除此之外，还涉及人体肺的结构和功能、循环系统、免疫等方面的知识。

②工程、技术攻关。工程、技术是 STEM 项目实施的重点。分析项目方案可以看出，该项目主要的工程问题是根据工程学原理设计并制作出不仅能阻挡雾霾颗粒，还能尽量保持呼吸通畅的口罩；其次，是对整个项目过程和原理进行归纳，制作出宣传防雾霾口罩的海报。技术问题是仿生学原理的应用和手工制作口罩技术，难点是设计检测口罩是否符合防雾霾要求的方法。

③数学方法的应用。在设计和制作口罩时，需考虑口罩的大小与面孔的宽度、长度之间的关系，这需要进行测量和计算。

（2）学科核心素养分析

每个 STEM 项目都有若干生物学科核心素养培育的契机，理清项目中蕴含的学科核心素养培育因素，可以更加明确项目实施的目的。"雾霾来了——防雾霾口罩的制作"项目，能够渗透的核心素养包括以下几个方面：一是能在防雾霾行为选择上作出正确决策；二是认识雾霾的危害，认同从根源上杜绝雾霾的环保理念；三是在个人行为选择的基础上，能主动向他人宣传防雾霾知识，推荐使用防雾霾口罩，担当社会责任。

（3）学生特征分析

分析学生特征是为了确保学习活动设计适合学生的能力与知识水平。学生特征分析要依据项目方案，可以从学生的起点水平、学习动机等方面进行。

①学生起点水平。了解学生的起点水平才能基于学生的最近发展区去进行教学设计，才能在学习活动设计中量学生之力而行。在"雾霾来了——防雾霾口罩的制作"项目中，针对需要用到最主要的生物学知识"呼吸系统的结构和功能"，对学生起点水平作如下分析：学生刚刚学习过呼吸系统，基本能掌握呼吸系统结构和功能的知识，但还缺少应用这部分知识解决实际问题方面的训练。针对项目中工程、技术方面的问题，对学生起点水平可以作如下分析：防雾霾口罩的制作除需要明确防霾原理之外，还需要手工缝制口罩，这就要求学生有一定的手工基础，为此可以设计一个小的手工缝制比赛，了解学生手工缝制的能力，选出数位手工缝制能力较强的学生，分配到各个小组当中。

②学习动机。强烈的学习动机可以驱动学生积极主动地参与项目。要充分激发学生的学习动机，在教学设计时就要分析项目与学生兴趣的结合点。如"雾霾来了——防雾霾口罩的制作"项目，雾霾虽然是一个社会热点议题，但学生原来对其只有初步的了解，也不容易产生研究的兴趣，这时就需要创设情境，让雾霾与学生已有的知识、经验发生联系，从而引发学习动机。

2. 学习活动设计

学习活动设计是 STEM 项目教学设计的重点，要依据项目方案和教学分析进行，分为活动任务设计和工具资源设计。

（1）活动任务设计

活动任务设计是学习活动设计中最重要也最具创造性的部分，可以指导学生有方向、有步骤地完成项目。进行活动任务设计时，要根据 STEM 项目方案，以形成项目产品为最终目的。活动任务设计须依据开放性、学科性等教学原则，同时要注意拓展学生思维的深度和广度，引导学生深度思考以解决工程技术问题。

例如，"雾霾来了——防雾霾口罩的制作"项目，"设计口罩"环节的活动任务设计为：

小组合作，制订计划。根据防雾霾口罩的功能要求，制订制作口罩的计划。制订计划时思考以下问题：

①口罩需要有怎样的设计才能阻挡住雾霾颗粒？

②如何在阻挡住雾霾颗粒的同时尽量保持呼吸通畅？

③怎样才能使口罩与面孔贴合？如何计算口罩的大小与面孔的宽度、长度之间的关系？

本活动的任务是制订制作口罩的计划，为了引导学生深入思考工程和技术方面的问题，设计出实用性强的口罩，教师提出了若干的问题。这几个问题分别指向口罩功能和使用效果的不同方面，既富有思维含量，又可以引发学生的深度思考。同时，几个问题都是点到为止，体现了活动任务设计开放性的特点。

（2）工具资源设计

活动任务设计完成后，需要进行相应的工具资源设计。工具资源能够为项目实施提供支撑，好的工具资源可以使学生既觉得任务具有一定的挑战性，又不会因任务难度过高而难以完成。工具资源一般包括：创设情境的视频、图片等素材；查阅资料的工具；制作产品所需的材料用具；检测任务完成情况的评价量表等。

例如，"雾霾来了——防雾霾口罩的制作"项目，"设计口罩"环节可以提供的工具资源为"雾霾危害的视频"和"网络查阅工具"。通过"雾霾危害的视频"，可以让学生感受雾霾带来的巨大危害，激发学习的动机，进而去思考如何防霾，如何设计防雾霾口罩；通过"网络查阅工具"，能够帮助学生查找雾霾和防雾霾知识。"检测口罩"环节可以提供的工具资源为"防雾霾口罩项目产品评价量表"（如下表所示），其作用是检测产品是否合格。

表 5-1-1 "雾霾来了——防雾霾口罩的制作"项目产品评价量表

第____组

检测要点	检测标准			检测等级
	优秀	良好	一般	
防护性	从口罩外侧滴加液体，不透水，防霾性能好	从口罩外侧滴加液体，透过后颜色明显变浅，防霾性能一般	从口罩外侧滴加液体，快速透过，且颜色变化不明显，无防霾效果	
透气性	一定量的运动后，呼吸顺畅，摘下口罩后呼吸感觉变化不大	一定量的运动后，可以呼吸，但略有憋闷，摘下口罩后对比明显	一定量的运动后呼吸困难，无法运动时佩戴	
贴合性	10 次哈气后眼镜上没有水雾，且口罩与面部贴合无缝隙	10 次哈气后眼镜上水雾很少，且口罩与面部有部分缝隙	10 次哈气后眼镜上水雾很多，且口罩与面部贴合缝隙很大	
综合评价				

综合上述"活动任务设计"和"工具资源设计"，可以形成如表 5-1-2 所示的"雾霾来了——防雾霾口罩的制作"的学习活动设计。

表 5-1-2　"雾霾来了——防雾霾口罩的制作"学习活动设计

课时安排	活动任务	活动任务设计	工具资源设计
第一课时	设计口罩	1. 观看雾霾危害的视频，思考以下问题： （1）雾霾对人体各器官系统产生危害的原理是什么 （2）雾霾之下，你如何防霾 （3）你还知道哪些与雾霾有关的知识 2. 网上查阅防霾口罩的设计理念和方法方面的资料 3. 小组合作，制订计划 根据防雾霾口罩的功能要求，制订制作口罩的计划。制订计划时思考以下问题： （1）口罩需要有怎样的设计才能阻挡住雾霾颗粒 （2）如何在阻挡住雾霾颗粒的同时尽量保持呼吸通畅 （3）怎样才能使口罩与面孔贴合？如何计算口罩的大小与面孔的宽度、长度之间的关系	提供雾霾危害的视频 提供查阅资料的网络工具
第二课时	制作口罩	小组成员分工合作，根据前面设计的防雾霾口罩制作方案，制作防雾霾口罩	针、线、布、活性炭
第三课时	展示口罩	1. 各小组代表展示自己小组制作的防霾口罩作品 2. 小组代表从口罩的材料、结构、功能等方面介绍口罩的设计思路 3. 佩戴防雾霾口罩，是为了阻挡雾霾颗粒进入我们的身体。思考防雾霾口罩制作依据的相关生物学原理 （1）呼吸道对吸入的气体有什么作用？与之相关的结构分别是什么 （2）当雾霾颗粒经过呼吸道时，起阻挡作用的结构是什么 （3）雾霾颗粒经过呼吸道后，发生了什么变化	

续表

课时安排	活动任务	活动任务设计	工具资源设计
第三课时	检测口罩	1. 小组分工：体验者 1 名，记录员 1 名，观察员 1 名 2. 相邻小组交换口罩，检测对方产品质量，评定产品等级，组长将记录结果填在黑板评价表上 3. 检测步骤： （1）检测一：贴合性。检测方法：一名戴眼镜的同学佩戴同学制作的口罩，用力哈气，观察眼镜上是否有雾气 （2）检测二：透气性。检测方法：一名同学佩戴同学制作的口罩，快速做 10 个下蹲动作，体验是否憋气。然后摘下口罩，对比呼吸感觉的变化 （3）检测三：防护性。检测方法：将可乐倒在口罩上，观察透过口罩流出来的可乐颜色	可乐、颜料、盛有水的烧杯等检测器材
	技术攻关	1. 思考防雾霾口罩的防护性是模仿什么制成的 2. 思考如何利用呼吸系统的结构和功能知识与仿生技术，突破技术难关，对防雾霾口罩进行改进	1. 教师提供有关仿生学的资料 2. 创设情境，引导学生进行呼吸系统结构和功能知识的回顾
第四课时	宣传推广	1. 分析生物学原理（包括呼吸系统、循环系统、免疫系统等方面），对防雾霾口罩的特点和功能进行宣传和推广 2. 制订宣传方案 3. 制作相关的产品宣传材料	教师提供相关资料提供查阅宣传方案制作方法的网络工具

第二节　STEM 项目的组织实施

STEM 项目的组织实施以学生活动为主要形式，通过跨领域知识与方法的运用，解决实际生活中的真实问题。这样的实施过程与常规教学有很大的不同，对教师和学生来说都是全新的挑战，所以需要学校、教师、学生、家长通力合作，需要对各个环节统筹安排并落实到位。

一、STEM 项目组织实施的培训

在 STEM 项目实施前，需要对教师和学生进行培训，以增进对 STEM 项目的理解，提升对 STEM 项目的认识，提高 STEM 项目的操作能力，保证 STEM 项目顺利完成。

（一）教师培训

STEM 项目对教师的要求较高，要求教师能明晰科学、技术、工程、数学各个领域的操作要点，还要善于运用灵活的教学组织形式指导学生解决生活中的实际问题。要达到上述要求，参与 STEM 项目的教师必须先接受相关培训。

1. 培训内容

（1）理论学习：包括 STEM 项目的概念、特征、意义、实施流程及 STEM 要素梳理的方法等。

（2）案例分析：提供一个真实的 STEM 项目案例，从 STEM 项目的设计、STEM 要素的梳理、STEM 项目的组织实施、对学生活动的指导、项目实施的效果等方面进行全方位的解析。

（3）参与体验：作为一名学习者，全程参与一个 STEM 项目的设计和实施过程，体验 STEM 项目的教学方式和小组合作方式。

（4）反思交流：教师参与 STEM 项目一段时间后，针对项目实施过程中出现的疑惑、问题进行反思、交流和讨论，以提高对 STEM 项目的理解水平。

2. 培训形式

对于不同的培训内容，需采用不同的培训形式。具体包括学术报告、经验交流、校本教研、课例研讨、自主学习等。

（1）聆听专家报告

教师要想提高眼界和高度，最直接的办法是聆听专家报告。可以聘请 STEM 项目专家来本地，或者到外地聆听专家的讲座，通过专家指导与引领，接受先进的教育理念和当今主流的 STEM 教育思想，提高 STEM 教育的理论和操作水平。

（2）观摩实施过程

教师即使接受了大量的 STEM 理论，但要独立带领学生实施 STEM 项目，还是会有一定的困难，此时需要进行"实战演练"。教师通过参与一个 STEM 项目，观摩和体验项目各个环节组织实施的全过程，体会 STEM 项目的操作方法和注意事项。观摩活动结束后，还要组织教师对所观摩的 STEM 项目进行教学研讨，提高教师对 STEM 项目实施的组织、管理与指导能力。

（3）自我学习提升

任何内容和方式的培训提升，都必须基于学习者的主动学习。STEM 项目的实施，尤其需要参与教师自身对 STEM 项目的热爱和投入。教师要通过查阅资料、阅读书籍等途径，学习 STEM 项目的实施方法，同时要在工作中大胆尝试，不断实践，多与同行切磋交流，以提高对 STEM 项目的认识水平和操作能力。

（4）经验交流分享

有些教师作为先行者，已经开展了 STEM 项目的研究，并取得了一些成功的经验和成果，这些经验和成果是极其宝贵的财富，可以为后来者提供帮助。以经验交流的方式，让这些教师介绍他们的做法，为其他教师提供有益的借鉴和启发，并通过现场问答、互动交流等方式，解答项目实施中的疑惑，可以实现共同进步与提高。

（二）学生培训

学生是 STEM 项目实施的主体。对大多数学生来说，STEM 项目是全新的事物，因此在参与 STEM 项目之前，对学生进行有目的、有针对性的培训，让学生认识和了解 STEM，激发他们的学习热情，是保证 STEM 项目顺利实施的重要前提。

1. STEM 项目基础培训

对学生进行 STEM 项目基础培训时，不仅要让学生知道什么是 STEM，STEM 项目有什么特点，还要让学生知道为什么要进行 STEM 项目研究，STEM 项目研究对学习乃至整个人生会有怎样重要的影响。只有让学生对 STEM 项目有充分的认识，才能调动起他们对 STEM 项目的热情，激发起对 STEM 项目的兴趣，为参与项目研究提供动力。

2. STEM 项目操作培训

在 STEM 项目实施之前，教师还需要用浅显的案例和通俗的语言，对

STEM 项目的操作进行培训。操作培训不仅要培训操作的基本流程，还要培训流程中各个环节需要注意的具体事项，包括如何发现问题和提出问题、如何搜集和筛选资料、如何制订项目实施计划、如何检测和改进产品、如何交流展示产品成果等，使学生对 STEM 项目的学习方式有形象、直观的了解，并清楚地知道自己每一步应该做什么、怎么做以及做到什么程度。

3. STEM 项目小组合作培训

STEM 项目的实施是一个复杂的实践过程，必须通过小组的分工与合作才能完成。在项目实施前，教师要根据项目方案的要求进行小组合作培训。首先，要进行不同角色的任务职责培训，如组长要负责项目计划的制订、组织实施管理；资料员要查阅资料和筛选有价值的信息；记录员要设计记录表格、写观察日记；分析员要对数据进行整理和分析；宣传员要制作 PPT、视频和宣传海报；操作员要动手实践、实施项目等。其次，需要对小组合作学习的方式、原则及注意事项等进行培训，以保证小组成员之间既分工明确又能精诚合作。

由于不同的 STEM 项目方案对学生的能力要求不相同，因此，小组成员的角色分工往往不是固定不变的。在项目方案实施前，需要根据项目方案的特点和要求，组建新的小组，重新进行角色分工，让每个学生在不同的项目中体验不同的角色。

二、STEM 项目组织实施的过程

通过前期的培训，教师和学生对 STEM 项目的意义有了一定的认同，对 STEM 项目的内容和要求有了一定的认知，对 STEM 项目实施的过程和方法有了一定的了解，此时就可以按照 STEM 项目的教学设计，进入项目实施阶段了。

（一）项目实施的准备

项目实施的准备，是项目实施的第一步，主要由教师完成，包括进行先期预实验和准备项目实施用的工具资源。

1. 教师的先期预实验

在学生实施项目前，教师需要对项目亲自动手实践一遍，从中摸索出项目需用的最佳材料、条件和方法等，提前发现项目实施过程中可能存在的障碍或需要解决的疑难问题，从而为学生实施项目提供有针对性的指导和参考。同时，还可以预先检验项目设计的科学性和可行性，避免由于考虑不周，而造成人力、物力、财力的浪费和项目的失败。

例如，"揭开彩虹玫瑰之谜"项目，实施前教师先自己动手制作彩虹玫瑰，可以了解项目实施需要配制的染色液浓度，明确染色液浓度高低和染色时间长短对染色效果的影响，同时还可以试验出将茎如何劈开才能更好地染色。"厨余酵素，变废为宝"项目，教师先行自己动手制作厨余酵素，可以比较使用 EM 菌种和不使用 EM 菌种的差别，测定出各种材料用量的最佳比例，探索出制作酵素最易成功的方法。

2. 项目的工具资源准备

在项目实施之前，还需要根据教学设计和教师的先期预实验，做好项目实施的相关工具资源准备，以保证项目的有序开展。

一是要根据教师的先期预实验，尽可能将项目实施可能用到的材料用具准备齐全，以免在实施过程中因缺少材料用具而影响项目研究的进程。例如，"厨余酵素，变废为宝"项目，要提前准备好 EM 胶囊、托盘天平、刀具、厨余垃圾、红糖、水、容器等。

二是要根据教学设计，准备项目实施过程中需要的教学资源，包括搜集创设情境的视频、图片、资料，制作辅助项目实施的 PPT 课件，安排项目实施的场地，争取相关人员的帮助等。

（二）项目实施的流程

1. 创设情境，引出主题

通过创设情境引出项目主题，能充分激发学生的兴趣，让学生带着好奇心、求知欲进入到项目研究中。

（1）创设生活化情境

生活化情境须结合社会生活和学生日常生活创设，例如，"腌制东北酸菜"项目，教师可以设置这样的问题情境激发学生的兴趣："酸菜是一道传统美食，酸菜几乎把白菜中原来所含的蛋白质、糖类、无机盐等营养成分都保存了下来，特别是白菜中的维生素，保存量达 90% 以上；酸菜中所含的乳酸是一种有机酸，能够直接被人体吸收，还能杀死细菌。但是，有报道说腌制的酸菜里含有亚硝酸盐，常吃酸菜对身体不利，可诱发癌症。"这种学生常见的生活情境可以有效地激发学生的好奇心和求知欲，激发学生参与项目的兴趣。

（2）创设问题化情境

问题化情境能在学生心里造成一种悬而未决但又渴求解决的求知状态，从而激发学生的思维，引发探究的欲望。例如，"雾霾来了——防雾霾口罩的制作"项目，教师可以通过播放雾霾危害的视频导入："雾霾对我们身体健康的危害如此之大，防霾迫在眉睫。但是，普通口罩已经无法阻挡无孔不入的PM2.5，那么什么样的口罩能有效防止雾霾对人体的侵入呢？"通过这样的问题，可以激发学生的思维，直接将学生带到防雾霾口罩设计的思考中。

（3）创设情感性情境

创设的情境一旦触及学生的情绪和意志领域，涉及学生的精神需要，就能够激发学生强烈的学习动机。例如，"纳豆的制作"项目，可以通过出示小资料设置富有情感的情境引出项目主题："纳豆富含多种营养素，更含有独特的纳豆激酶，常吃可以预防便秘、腹泻等肠道疾病，提高骨密度，预防骨质疏松，消除疲劳，提高人体的综合免疫力，还具有溶血栓、降血压、防治糖尿病等功能。"然后再提出任务："既然纳豆有这么多好处，那么你想不想为你的爷爷奶奶、姥姥姥爷、爸爸妈妈或者自己制作出营养美味的纳豆呢？"有了这样的引导，学生自然会跃跃欲试，期待与家人们一起分享美味的纳豆。如此，创设情境的目的就达到了。

图 5-2-1　纳豆

2. 搜集资料，做足储备

搜集资料，是借助一定的手段和途径获得所需信息的过程。STEM 项目涉及科学、技术、工程、数学四个领域，学生原有的知识和技能储备不足以支撑项目的实施，所以搜集资料环节就显得非常重要。

（1）搜集的资料要全面而丰富

搜集的资料要能包含项目涉及的科学、技术、工程和数学等各个领域的内容，每个领域资料的搜集也都要有全面的考虑。例如，很多 STEM 项目涉及的"科学"领域，不仅有生物，还有物理和化学等其他学科，搜集的资料就要包含这些学科的知识和技能。以"腐乳的制作"项目为例，学生要通过书籍、网络等途径搜集的资料包括：腐乳的历史、制作原理、腐乳好坏的鉴别方法，有关毛霉菌、根霉菌、曲霉、青霉、酵母菌的生存条件及培养方法，托盘天平的使用方法和量取固体材料的方法，计算容器容积、酒精与盐的比例的方法，腐乳制作成本预算的方法等。

由于工程和技术在 STEM 项目中具有重要的地位，而学生在工程和技术方面又比较欠缺，因此在搜集资料时要重点攻克项目实施中工程与技术方面的"难关"，从而为项目实施扫除障碍。例如，"腌制东北酸菜"项目，需要查阅用什么器具腌制酸菜、怎样腌制能使酸菜的口感更好、怎样降低酸菜中亚硝酸盐的含量等。"雾霾来了——防雾霾口罩的制作"项目需查阅防雾霾口罩的原理、制作方法、市场在销售防雾霾口罩的质量、口罩的功能检测方法等资料。

（2）搜集的资料要经过筛选与梳理

资料的筛选与整理，是根据搜集目的，运用科学方法，对搜集到的各种原始资料进行审查检验、分类汇总，使之系统化和条理化的过程。"筛选"是对资料去粗取精，去伪存真，判断资料的使用价值，提炼资料的有效内容；"梳理"是对筛选出来的资料进行整理和登记，用于登记的"项目资料搜集记录表"如表 5-2-1 所示。

表 5-2-1 ＿＿＿＿＿＿＿＿＿＿＿＿ **项目资料搜集记录表**

第＿＿组

资料名称	有效内容提炼	形式	资料来源

3. 小组合作，制订计划

在通过资料搜集完成知识储备之后，接下来就进入了制订项目实施计划环节。项目实施计划要周密严谨，可操作性强，为此需要小组合作，集思广益，还需要反复研究，不断完善。

（1）初步制订计划

项目实施计划的内容应包括：活动目的、产品形式设计、项目实施方案、产品的使用和推广等。在实施计划之前安排"产品形式设计"环节，是因为工程学取向的 STEM 项目以形成产品为目的，明确产品的最终形式，做到"胸有成竹"，项目的实施就可以具有更强的目的性，也更有可能生产出满意的产品。

产品形式的设计，首先要确定产品的质量要求。例如，"腌制东北酸菜"项目，产品的质量要求是：品相方面，要求菜叶呈淡黄色至黄褐色，菜帮呈半透明白色至深黄色；口感方面，要求质地脆嫩、酸度适宜。再如，"雾霾来了——防雾霾口罩的制作"项目的产品需在透气性、防护性和贴合性方面达到一定的要求，防雾霾口罩的设计要点可利用下表进行梳理。

表 5-2-2 **"雾霾来了——防雾霾口罩的制作"项目产品设计表**

第＿＿组

设计要点	材料选择及理由	实施要点设计
透气性		
防护性		
贴合性		

（2）修改完善计划

在制订出初步的计划后，要在全班范围内进行交流，以相互取长补短，进一步完善计划。在此过程中，教师可以以问题的形式引发小组之间的讨论。

例如，"腌制东北酸菜"项目，各小组在全班交流实施计划的过程中，教师可以选择合适的契机抛出如下问题：①怎样在发酵装置中形成无氧环境？②酸菜腌制成功的关键是水的温度，你们准备采取怎样的方法保证维持酸菜发酵时最适宜的温度？③怎样维持或降低酸菜中亚硝酸盐的含量？④怎样保证成品酸菜能有正常的色泽和酸爽脆嫩的口感？这些问题指向的都是操作的细节或盲区，对于学生把计划做细做好具有非常具体的引导作用。

图 5-2-2 腌制东北酸菜

在问题的引导下，学生的讨论就有了更强的针对性，重点会指向产品生产过程中工程和技术方面的细节问题，包括实施的步骤、操作的要点、科学原理等。有了讨论的方向，集全班同学的智慧，一般的问题差不多都能够得到解决，对于个别解决不了的问题，教师还可以出手相助。在问题解决之后，需要填写"项目实施方案表"对活动实施方案的设计和思考进行梳理。

表 5-2-3 ＿＿＿＿＿＿＿＿＿＿＿＿＿＿ **项目实施方案表**

第＿＿组

操作步骤	操作要点设计	操作理由

4. 动手实践，实施计划

有了完善可行的计划，按照项目计划准备好所需的材料用具，就可以进行项目实施了。

（1）操作实施，关注细节

项目实施，按照计划好的步骤和要点进行即可。但是，即使再周密的计划，实施时也难免会出现意料之外的情况。如果出现了某些细节问题，要通过积极思考，去寻求解决的方案。例如，"腌制东北酸菜"项目，学生在处理白菜、撒盐、量水温、盖纱布时会遇到很多细节问题，如称量食盐时怎样取食盐、怎样根据容器的大小处理白菜、如何读取温度计示数等，处理好这些细节问题既能为项目的实施扫除障碍，又能培养学生解决问题的能力。

（2）观察现象，分析数据

观察并记录数据是收集和获取证据最基本的方法。观察并记录实验现象和数据要持之以恒，还要保证记录的科学性和可靠性。在获得数据之后，需要对数据进行科学的整理分析，发现规律，得出结论。

例如，"制作生态瓶"项目，不同小组分别观察记录瓶中河沙的量、动植物的比例、空气的体积三种不同因素对生态瓶中小鱼生活状况的影响。经过每天观察、记录数据，并对记录的数据进行分析处理，最终找出了影响生态瓶中小鱼存活时间长短的因素，也找到了延长生态瓶中小鱼存活时间的方法。在此过程中，学生还学会了科学地观察和记录及分析数据、得出结论的方法，培养了实事求是、严谨认真的科学态度。

图 5-2-3 河沙的量对小鱼生活的影响　　图 5-2-4 动植物的比例对小鱼生活的影响

图 5-2-5 空气的体积对小鱼生活的影响

（3）过程管理，观察记录

绝大部分 STEM 项目不能全部在课堂上完成，所以需要后续的照料和全程的跟踪管理，直至生产出成功的产品。例如，"厨余酵素，变废为宝"项目，在课堂上只能利用糖、厨余垃圾、水和 EM 菌种完成厨余酵素的初步制作环节，而厨余酵素须经过较长时间的发酵才能制作出来，所以后续的管理也会关系到项目的成败。对于厨余酵素发酵的管理涉及很多方面，如为防止爆炸要每天放气；每天定时记录发酵过程中的变化；根据发酵成功的标准——"液体清澈，不再冒泡，没有硬块的水果和蔬菜，散发水果的香味和酒精味道"等，判断酵素的制作是否成功。

为了便于对项目实施的过程性资料进行分析，需要对后续的管理与观察情况进行详细记录。由于每个项目实施的过程和要求都不相同，所以不同项目记录表中记录的内容也不相同。如下面的记录表就根据食用菌养殖需要控制温度和湿度等要点设置了需要记录的内容。

表 5-2-4 "自制菌棒，培养食用菌"项目跟进管理记录表

第＿＿小组，食用菌名称＿＿＿＿＿＿

出菇前					出菇后				
日期	温度	湿度	喷水次数	菌丝变化	日期	温度	湿度	喷水次数	出菇情况

5. 作品展示，总结反思

项目结束后，要对项目有形和无形的成果进行交流与分享。学生在交流分享中，要积极主动地展现自我，客观评价自己和他人，互相查漏补缺，并通过反思，进一步改进和完善项目产品。

（1）作品的展示与分享

项目完成后，要将项目的成果制作成展示作品，与老师和同学分享。通过展示，不仅可以和同伴交流分享产品的制作过程和制作方法，还可以收获成功的喜悦，增强自信心和成就感。例如"生态瓶的制作"项目，每个小组选择的研究影响生态瓶稳定的因素各不相同，通过听取其他同学的展示交流，可以了解其他因素对生态瓶生态系统稳定的影响情况，从而知道如何控制各种因素，使生态瓶更稳定、小鱼存活时间更长。再如"腌制东北酸菜"项目，酸菜制作完成后，学生可自制视频或制作推销海报，推销自己制作的酸菜。这种开放式的展示与分享可以了解到别人对自己作品的反馈意见，为下次的再制作积累经验和教训。

（2）项目的总结与反思

项目的总结阶段，学生要总结本项目研究过程中运用了什么原理、归纳出了什么规律、取得了哪些成果、制作的产品解决了什么实际问题、哪个环节还能做得更好等。例如，"雾霾来了——防雾霾口罩的制作"项目，总结时，要将制作的防雾霾口罩与市场上的防雾霾产品进行对比，说明通过项目研究制作出的口罩运用了什么原理、选用了什么制作材料、采用了什么缝制手法、功能

上具有哪些优势、解决了什么实际问题，还有哪些地方可以进一步修改等，同时可以通过撰写研究报告、制作项目推广方案等形式对研究过程进行梳理和反思。

项目产品如果制作失败，要分析失败的原因并寻求解决办法。例如"纳豆的制作"项目，由于纳豆的制作过程对温度、水分、空气等因素要求较高，制作成功很不容易。在总结阶段，就需要从以下几方面进行分析：大豆浸泡的时间够不够？装置清洗得彻不彻底？接种时温度有没有控制好？发酵装置是否能保证空气的进入……分析原因后，再对原有的产品制作工艺进行改进，争取下一次能够成功制作出营养美味的纳豆。

（三）项目实施的管理

STEM 项目的实施需要有良好的氛围。在规范有序的学习环境中，学生才能协调配合，各尽所能，克服困难，完成好项目，为此，需要在项目实施过程中采取有效的管理措施。

1. 项目研究小组的建立

项目研究小组是实施 STEM 项目的单位。为最大限度地发挥每位学生的潜能，要根据项目实施方案的要求确定小组成员的不同职责，然后根据职责需要将知识与能力水平不同性别的学生交错地分配到每个小组中。小组的成员组成尽量做到组间同质、组内异质。每组的人数可根据项目的不同灵活安排，一般以 4~6 人为宜。另外，共同参与一个项目的小组数量不宜过多，否则教师的指导难以到位，但也不能太少，否则会因为小组人数过多影响学生的参与程度。

2. 项目实施的过程管理

为了保证在规定时间内完成既定的项目研究目标，在项目实施过程中，要从项目研究的秩序、研究进度、过程性资料的搜集与整理等方面对项目进行管理。一方面，教师要随时关注研究秩序，避免学生在研究期间做与项目无关的事情；另一方面，教师要定期督促学生对项目产品进行后续的照料和管理，实时掌控项目研究进度。此外，还要对学生搜集、整理过程性资料（如文字资料、照片、拍摄的小视频、实验原始数据等）进行督促和指导。

3. 项目实施的安全管理

为避免安全事故的发生，项目研究过程中要从防刀伤、防爆、防火、防腐蚀等方面对学生进行安全教育。例如，"厨余酵素，变废为宝"项目，在处理厨余垃圾时要强调安全使用刀具以免伤手，后期管理要注意每天放气以免爆炸；再如，"纳豆的制作"项目，实施过程中要告诫学生安全使用高压锅和燃气灶，防止爆炸和火灾，还要强调若纳豆制作失败或存放时间过长，不能随便品尝，防止食物中毒。

三、STEM 项目组织实施的保障

STEM 作为新的教育方式，与现行的教学模式、考试制度等存在诸多方面的不协调，因此需要各个方面的通力合作才能顺利开展。

（一）学校层面的支持

1. 统筹安排

STEM 项目的实施，离不开学校的支持，因为 STEM 项目的开展有很多方面都需要学校的宏观调控和整体安排，如师资的培训、课时的安排、教师的分工调整、实验室（或资料室）等资源的配备等。

2. 加强培训

教师是 STEM 项目实施的指导者，需要通过培训提高自身的水平，以更好地指导学生开展项目研究。学校要安排教师参加 STEM 的学习培训，了解 STEM 教育的先进理念和具体组织实施方法，还要经常组织教师开展 STEM 项目研讨活动，以加深对 STEM 项目的认识，提高指导水平。

3. 提供经费

STEM 项目实施所需的材料用具、教师的外出培训、教师外出参加课例研讨活动以及项目产品的宣传推广等需要大量的经费，学校提供充足的投入，才能保证项目顺利进行。

（二）教师之间的协作

STEM 项目作为跨领域的课程整合，涉及科学、技术、工程和数学多个领域，实施起来有一定的难度，不仅需要学生之间的合作，也需要教师间的协作与配合。

1. 学科内教师的协作

在 STEM 项目的实施过程中，要求教师既是项目的设计者，又是项目实施的组织者和引导者，多重的角色不是一个人能够独立胜任的，所以需要学科教师之间取长补短、互帮互助、通力合作。例如，在进行项目教学设计时，从确定活动目标，到设计活动任务，再到时间进度安排等，要做到考虑周密、安排妥当，单靠一个人比较困难，需要大家出谋划策、相互补充，才能提高项目计划的可行性；在项目实施时，从实施前的准备，到对产品设计的指导，再到学生活动的组织管理，都需要团队的紧密配合。

2. 学科间教师的协作

STEM 项目的实施经常需要用到物理、化学、数学等学科的知识和技能，虽然生物教师也具备了一定其他学科的知识和技能，但在操作的严谨性和规范性方面还是缺乏教学指导的经验，这就需要向相关学科的教师请教。例如，"腐乳的制作"项目，关于使用托盘天平和量取固体材料的具体操作方法，需要向物理教师和化学教师请教；关于计算容器容积、酒精、盐的比例，需要向数学教师请教。通过与其他学科教师协作，可以增强项目实施过程中对学生指导的有效性。

（三）家长层面的配合

由于 STEM 项目的实施具有复杂性，学校和教师的力量不够，还需要更多力量的加入，其中家长层面的配合尤为重要。

1. 家长的认同

目前，许多家长对 STEM 项目的认同度还不是很高，主要是担心 STEM 项目耽误学习时间，会影响考试成绩。因此学校和教师需要通过家长会、QQ 群、家访和印发宣传资料等形式向家长进行宣传，介绍实施 STEM 项目的意义，说明 STEM 项目的实施对学生长远发展的重要作用，以获得家长的认同。而家长的认同对学生来说不仅是一种精神上的支持，还能为学生实施项目提供更多的方便和帮助。

2. 家长的协助

很多 STEM 项目的实施离不开家长的协助。家长的协助体现在两个方面，一是项目实施过程中的技术指导，例如，"纳豆的制作"项目，高温灭菌环节存在一定的危险性，需要家长告知学生使用高压锅和煤气灶的正确方法；二是项目实施中协助进行过程管理，例如"菊花开放时间的调节"项目，学生需要每天在固定的时间为菊花遮光或给予光照，在学生上学时，就需要家长的配合协助。

3. 家长的参与

很多 STEM 项目适合在家里开展，家长的积极参与会更有力地调动学生项目研究的兴趣，使项目更容易取得成功。例如，"纳豆的制作""葡萄酒的制作""食用菌棒的培养"等项目，如果家长能够带着浓厚的兴趣，和学生一起动手制作和品尝产品，不仅能让学生获得更大成功的喜悦，自己还能享受到亲子互动带来的快乐。

第三节　STEM 项目的学习评价

在 STEM 项目教学设计框架中，学习评价设计是非常重要的部分。对于以活动为主体、以形成产品为结果的 STEM 项目的评价，不仅包括对项目实施过程中目标达成度的评价，还包括对最终产品的评价。通过学习评价，可以监测督促项目的开展，促进目标的达成，保证产品的质量。

一、STEM 项目资料搜集的评价

搜集资料是项目实施的第一步，也是对 STEM 项目评价的开始。对搜集资料的情况进行评价，有助于提高资料搜集的质量。

（一）评价的设计

搜集的资料要具有全面性、有效性和可靠性的特点，这样才能满足项目开展的需要。因此，对资料搜集情况评价的设计，需从这三个方面进行综合考量。另外，评价的实施还需制定出相应的评价工具。对于搜集资料的评价，不同的项目有着相同的要求，所以可设计如下所示通用的评价量表进行评价。

表 5-3-1 _____项目资料搜集评价量表

第___组

评价要点	评价依据	评价等级		
		A 优秀	B 良好	C 一般
全面性				
有效性				
可靠性				
综合评价				

◎ 全面性：指的是资料内容涵盖项目开发、实施的方方面面。

◎ 有效性：指的是资料内容能对项目的开展提供重要的理论支撑或技术指导。

◎ 可靠性：指的是资料来源可靠，多数源于专业网站、期刊、专著等。

（二）评价的实施

对资料搜集情况的评价，需针对资料本身或学生填写的"项目资料搜集记录表"进行。由于学生搜集的资料一般会比较庞杂，全面浏览评价的难度较大，所以通过分析"项目资料搜集记录表"进行评价更为简便可行，具体方法为：根据搜集的资料内容评价全面性和有效性，根据资料来源评价可靠性。

例如，下面是某小组同学填写的 STEM 项目"雾霾来了——防雾霾口罩的制作"项目资料搜集记录表。

表 5-3-2 "雾霾来了——防雾霾口罩的制作"项目资料搜集记录表

第 八 组

资料名称	有效内容提炼	形式	资料来源
口罩的制作方法图解	图片加文字分解口罩制作步骤，关注剪裁和缝制细节	图片加文字	微信亲子课堂
雾霾的危害	介绍北京城市雾霾状况，雾霾气体成分，雾霾对人体的危害等	视频	新浪视频
防雾霾口罩的选材	从透气性、吸附雾霾分子有效性方面推荐选材	文本	网易博客
市场在售的防雾霾口罩现状	市场在售的防雾霾口罩与其他口罩的区别，口罩的防雾霾等级划分，口罩选择原则，防护性与透气性的关系	文本	豆丁网

资料名称	有效内容提炼	形式	资料来源
如何使口罩更具防护性	增加吸附 PM2.5 能力，防护性与贴合性密切相关等	文本	百度文库
防雾霾口罩测评	带呼吸阀 3M 口罩、不带呼吸阀 3M 口罩、医用一次性口罩、一般棉布口罩 PM2.5 通过率测试情况	文本图片	新浪新闻中心
防雾霾口罩标准	防雾霾口罩国家标准，口罩的防护性根据污染情况分成四个等级等	PPT	百度文库

下面是利用"项目资料搜集评价量表"，根据"项目资料搜集记录表"，对该小组的资料搜集情况进行的评价。

表 5-3-3 "雾霾来了——防雾霾口罩的制作"项目资料搜集评价量表

第 _八_ 组

评价要点	评价依据	评价等级		
		A 优秀	B 良好	C 一般
全面性	资料涵盖了口罩的选材制作以及如何增强防护性、透气性等方面内容，但涉及技术改进和创新方面的内容较少		√	
有效性	资料从制作原理，到制作要求，再到后期检测，均提供了明确的思路，对项目实施非常有用	√		
可靠性	资料都是来自普通网站，不是权威发布			√
综合评价	资料的搜集有效，也比较全面，可以支持项目的开展，但可靠性方面还需进一步加强		√	

二、STEM 项目计划制订的评价

STEM 项目最终会生产出具体的产品，所以，在制订计划时首先需要考虑呈现一个什么样的产品，其次再针对产品形式来设计生产产品的项目的具体实施方案。因此，计划制订的评价包括产品设计的评价和实施方案的评价两个方面。

（一）针对产品设计的评价

1. 评价的设计

对产品设计的评价，要考虑产品设计的原理是否科学，设计的产品是否实用，产品设计是否具有创新性。在产品的上述特性当中，最重要的特性是实用性，所以可将产品的科学性和创新性融入实用性当中进行评价。由于不同项目的产品各不相同，所以不同项目的评价工具也不相同。

例如，"雾霾来了——防雾霾口罩的制作"项目的产品是防雾霾口罩，所以评价要针对口罩本身实用性方面的特点，从防护性、透气性和贴合性三个方面进行评价。基于以上考虑，设计出了如下表所示的评价量表。

表 5-3-4 "雾霾来了——防雾霾口罩的制作"项目产品设计评价量表

第____组

评价要点	评价标准	评分
防护性	1. 考虑到材料的密实、结实且理由充分的加 1 分 □ 2. 考虑到用活性炭等物质且理由充分的加 1 分 □ 3. 有其他的创新加 1 分 □	
透气性	1. 考虑到用纱布、无纺布等材料且理由充分的加 1 分 □ 2. 考虑到将仿生学原理应用到口罩制作且理由充分的加 1 分 □ 3. 有其他的创新加 1 分 □	
贴合性	1. 考虑到面部测量、计算的加 1 分 □ 2. 考虑到用绑带的加 1 分 □ 3. 有其他的创新加 1 分 □	
综合评价		

注：总分达到或超过 8 分的为 A 等，5~7 分的为 B 等，不足 5 分的为 C 等。

2. 评价的实施

对产品设计的评价，可针对学生填写的"产品设计表"，利用评价量表进行，具体方法为根据量表中的评价标准，在评价量表上赋分并进行等级评价。

例如，某小组设计的"'雾霾来了——防雾霾口罩的制作'项目产品设计表"如表 5-3-5 所示。

表 5-3-5　**"雾霾来了——防雾霾口罩的制作"** 项目产品设计表

第_五_组

设计要点	材料选择及理由	实施要点设计
防护性	材料：粉末状活性炭 理由：吸附较大颗粒物性能好	将活性炭单独用棉布包装铺平，九宫格缝制
透气性	材料：纱布　无纺布 理由：既能过滤又能透气	内层使用纱布，外层使用无纺布，均为两层
贴合性	材料：细铁丝、绑带 理由：可弯曲的细铁丝，可以根据不同脸型调节贴合度	将细铁丝缝在无纺布长边中，再缝上可调绑带

利用"产品设计评价量表"，针对上述"产品设计表"进行评价，结果如下：

表 5-3-6　**"雾霾来了——防雾霾口罩的制作"** 项目产品设计评价量表

第_五_组

评价要点	评价标准	评分
防护性	1.考虑到材料的密实、结实且理由充分的加 1 分　□ 2.考虑到用活性炭等物质且理由充分的加 1 分　☑ 3.有其他的创新加 1 分　□	2 分
透气性	1.考虑到用纱布、无纺布等材料且理由充分的加 1 分　☑ 2.考虑到将仿生学原理应用到口罩制作且理由充分的加 1 分　□ 3.有其他的创新加 1 分　□	1 分
贴合性	1.考虑到面部测量、计算的加 1 分　□ 2.考虑到用绑带的加 1 分　☑ 3.有其他的创新加 1 分　☑	2 分
综合评价	优点：选择了粉末状活性炭，增强了防护性；选材方面采用纱布、无纺布，具有较好的透气性；缝制时想到使用绑带，并在口罩上缘缝制可弯曲的细铁丝，增强了贴合性 不足：缺少对口罩尺寸的测量，仿生学原理没有考虑进去	5 分 B 等

（二）针对项目实施方案的评价

1. 评价的设计

在产品设计完成之后，要为生产产品设计项目实施方案。项目实施方案的评价主要包括活动步骤安排是否合理、操作的细节考虑是否周全等方面。虽然不同项目形成的产品不同，但对操作的要求却基本相同，所以可以利用如下所示通用的评价量表进行评价。

表 5-3-7 ＿＿＿＿＿＿＿＿项目实施方案评价量表

第＿＿组

评价要点		评价依据	优秀	良好	一般
步骤					
操作设计	实效性				
	规范性				
	完整性				
	美观性				
解释					
综合评价					

2. 评价的实施

对实施方案的评价，针对的是学生填写的"项目实施方案表"，具体方法为评价各个评价要点，填写评价依据，并分出等级。

例如，某小组设计的"'雾霾来了——防雾霾口罩的制作'项目实施方案表"如下所示。

表 5-3-8 "雾霾来了——防雾霾口罩的制作"项目实施方案表

第 五 组

操作步骤	操作要点设计	操作理由
剪裁	测量长、宽后，直尺画线，双层剪裁，剪裁时尽量横平竖直	符合人的脸型大小，双层是为添加内容物
三面缝合	将两个宽和一个长进行细针脚缝合	预留一条边以便将内容物填进去
添加内容物	添加适量的活性炭并展平	增加防护性
穿铁丝	在口罩上侧边缘穿入一根细铁丝	可根据佩戴者不同脸型随意弯曲，增加贴合性
加绑带	在两个窄边处贴边缝上一条绑带，松紧合适，长短合适	方便戴在耳朵上

利用"项目实施方案评价量表",针对上述"项目实施方案表"进行评价,结果如下:

表 5-3-9 **"雾霾来了——防雾霾口罩的制作"**项目实施方案评价量表

第 五 组

评价要点		评价依据	优秀	良好	一般
步骤		没有将最后一个边缝合		√	
操作设计	实效性	剪裁横平竖直,未考虑到根据脸型特点进行有弧度的剪裁		√	
	规范性	没有说明绑带的粗细以及是否可调;没有说明怎样固定添加的内容物		√	
	完整性	添加内容物后应该将剩下的那条边缝合		√	
	美观性	三面缝合完后应该将口罩翻过来,不要把针脚露在外面以影响美观		√	
解释		对各个操作要点设计的解释合理	√		
综合评价		方案的制订考虑比较全面,但对操作技术方面考虑得不够详细具体		√	

三、STEM 项目计划实施的评价

对计划实施的评价,主要是评价计划实施过程的情况。种植、养殖等项目产品的形成需要一定的时间,还需要有后期的跟进管理,因此需对跟进管理情况进行单独评价。

(一)针对计划实施过程的评价

1. 评价的设计

计划实施过程的评价是针对实施方案设计的执行情况,因此评价指向的是操作层面,首先是实施的步骤是否完整,其次是操作要点是否全部落实,另外还要评价操作的技术水准。上述评价要点适用于不同的项目,因此可以用如下所示统一的评价量表进行评价。

表 5-3-10 ＿＿＿＿＿＿＿项目计划实施过程评价量表

第＿＿组

评价要点	学生实施过程中的表现	优秀	良好	一般
实施步骤				
要点落实				
技术操作				
综合评价				

◎ 实施步骤：指完成产品时操作步骤是否完整。

◎ 要点落实：指设计时考虑到的操作要点是否能够得到落实。

◎ 技术操作：指操作的技术动作是否规范合理，实效性强。

2. 评价的实施

对计划实施过程的评价，需针对学生的实际操作情况，利用评价量表进行，具体方法为针对各个评价要点进行评价，然后填写评价等级。等级评价标准需依据不同项目的具体内容有针对性地制定。

例如，在 STEM 项目"雾霾来了——防雾霾口罩的制作"实施过程中，教师根据学生在计划实施过程中的实际表现作出如下评价。

表 5-3-11 "雾霾来了——防雾霾口罩的制作"项目计划实施过程评价量表

第 一 组

评价要点	学生实施过程中的表现	优秀	良好	一般
实施步骤	按照活动实施方案进行，制作步骤齐全	√		
要点落实	设计方案中的要点全部落实到位。如外层使用无纺布、内层使用纱布；粉末状活性炭单独包装并采用九宫格缝制；将一根细铁丝穿进口罩的上侧边缘，便于根据不同脸型进行弯曲；缝制了可调性绑带	√		
技术操作	优点：裁剪边缘整齐；为防止粉末状活性炭堆积，采用九宫格缝制法，美观性强 不足：缝合针脚间距不均匀影响美观；绑带两侧粗细长短均不同，影响美观；缝炭包时未展平		√	
综合评价	该小组在实施活动方案时，能够按照活动实施方案的设计完成操作，操作要点落实到位，但操作技术上有待提高	√		

（二）针对跟进管理的评价

1. 评价的设计

有些项目不能在短时间完成，需要进行后期的跟进管理。比如"葡萄酒的制作""苹果醋的制作""自制菌棒，培养食用菌""多肉植物的叶片繁殖"等项目。对跟进管理的评价，需针对后续管理需要做的工作，包括照料和观察记录。对于照料或观察记录来说，评价的要点又包括态度和方法两方面。由于不同项目的跟进管理有着不同的要求，所以要根据不同的项目设计不同的有针对性的评价量表进行评价。

例如，在"自制菌棒，培养食用菌"项目中，学生在课堂上完成了菌棒的制作和接种，后期还需要精心照料才能保证正常出菇。在此过程中，学生的观察记录表、观察日记和不同时期的照片就是教师评价的主要依据。对该项目各小组的跟进管理情况，可以通过如下所示的评价量表进行评价。

表 5-3-12 **"自制菌棒，培养食用菌"** 项目跟进管理评价量表

第＿＿＿组

评价要点	态度			方法		
	优秀	良好	一般	优秀	良好	一般
照料	每天照料	间隔照料	很少照料	能根据温度湿度变化进行调节，并及时喷水	不关注温度湿度，仅每天喷水	不关注温度湿度，喷水不及时
记录	记录详细完整	记录间隔时间小于等于 5 天	记录间隔时间大于 5 天	记录形式多样。有记录表、观察日记或照片	用记录表或观察日记呈现	仅用照片呈现
评价等级						

2. 评价的实施

对项目跟进管理的情况，可针对学生的观察记录表、观察日记、照片等过程性资料，利用评价量表进行评价，具体方法为：针对各个评价要点进行评价，并填写评价等级。

下面是某小组在班级评价时出示的各种材料，包括填写的菌棒培养情况的观察记录表（部分）、观察日记和照片（部分）。

表 5-3-13 "自制菌棒，培养食用菌"项目跟进管理记录表

第 _五_ 组，食用菌名称 _平菇_

出菇前					出菇后				
日期	温度 ℃	湿度 %	喷水次数	菌丝变化	日期	温度 ℃	湿度 %	喷水次数	出菇情况
10.2	24	90	5	3 mm	11.24	19	86	5	见照片
10.3	22	88	4	2 mm	11.25	21	85	6	见照片
10.4	23	89	5	2 mm	11.26	19	88	5	见照片
10.5	23	87	4	3 mm	11.27	20	87	6	见照片
……					……				

注明：菌丝的变化指的是每一天测量菌棒从接种部位开始向菌棒另一端生长的平均长度；出菇情况未能用大小或个数描述，以照片记录；喷水工具用的是家庭用小喷壶。

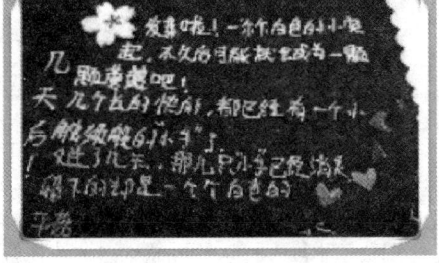

图 5-3-1 观察日记一   图 5-3-2 观察日记二

第一张图（见图 5-3-1）是一位同学在出菇前菌丝还未长出时写的观察日记，她在日记中关注到培养食用菌的条件，不能在强光下暴晒，最好三分阳，七分阴。菌包需要保持一定的湿度——"在菌棒底部垫上湿布即可"。

第二张图（见图 5-3-2）是小组的另一位同学用不同颜色的笔在平菇出菇后记录了不同时期的变化。她的观察日记包括三部分内容："发芽啦！一个个白色的小突起，不久后可能就会成为一颗颗蘑菇吧！……几天后，几个长得快的，都已经有一个触须般的小手了……又过了几天，那几只小手已经消失了，留下的却是一个个白色的平菇。"

这是菌棒培养第 20 天的时候，可以看到：在适宜的温度湿度条件下，白

色的菌丝已经长到接近 1/3 了。

这是出菇第 10 天后的照片，此时平菇生长迅速，需注意增加喷水的次数。

图 5-3-3 菌丝生长

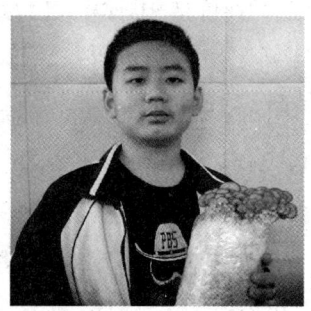

图 5-3-4 出菇了

依据以上资料可以看出，该小组详细记录了对菌棒照料的过程和方法以及出菇前后的变化，并能够根据气温的变化及时调整温度和湿度。针对以上资料，结合该组菌棒的出菇情况，利用"项目跟进管理评价量表"对该小组的跟进管理情况评价如下：

表 5-3-14 "自制菌棒，培养食用菌"项目跟进管理评价量表

第 五 组

评价要点	态度			方法		
	优秀	良好	一般	优秀	良好	一般
照料	每天照料	间隔照料	很少照料	能根据温度湿度变化进行调节，并及时喷水	不关注温度湿度，仅每天喷水	不关注温度湿度，喷水不及时
记录	记录详细完整	记录间隔时间小于等于 5 天	记录间隔时间大于 5 天	记录形式多样，有记录表、观察日记或照片	用记录表或观察日记呈现	仅用照片呈现
评价等级	√			√		

四、STEM 项目产品质量的评价

每一个工程学取向的 STEM 项目最终都会生产出具体的产品。对 STEM 项目产品的评价是 STEM 项目的终结性评价，主要围绕产品的实用性进行。

（一）评价的设计

不同的 STEM 项目，产品各不相同。对于不同产品，要根据产品的个性化特点，制定个性化的评价标准，开发个性化的评价量表进行评价。对发酵类产品的评价，如酸奶、苹果醋、豆腐乳、葡萄酒、豆瓣酱等，主要评价产品的色泽、口感、存放时间等；对制作类产品的评价，如生态瓶、菌棒等，主要评价产品的实用性、科学性、创新性等；对种植类产品的评价，则要考虑产品的品质、产量等。

例如，对防雾霾口罩的评价，可以设计如下所示的评价量表，对防护性、透气性、贴合性三个方面的情况进行评价。

表 5-3-15　"雾霾来了——防雾霾口罩的制作"项目产品评价量表

第＿＿组

评价要点	评价标准			评价等级
	优秀	良好	一般	
防护性	从口罩外侧滴加液体，不透水，防霾性能好	从口罩外侧滴加液体，透过后颜色明显变浅，防霾性能一般	从口罩外侧滴加液体，快速透过，且颜色变化不明显，无防霾效果	
透气性	剧烈运动后，呼吸顺畅，摘下口罩后呼吸感觉变化不大	剧烈运动后，可以呼吸，但略有憋闷，摘下口罩后对比明显	剧烈运动后呼吸困难，无法运动时佩戴	
贴合性	10 次哈气后眼镜上没有水雾，且口罩与面部贴合无缝隙	10 次哈气后眼镜上水雾很少，且口罩与面部有部分缝隙	10 次哈气后眼镜上水雾很多，且口罩与面部贴合缝隙很大	
综合评价				

（二）评价的实施

对 STEM 项目产品的评价，需利用开发出来的评价量表，针对产品本身进行评价。利用评价量表进行评价时，要根据量表中的评价标准，在评价量表上进行等级评价。

例如，下图为某小组制作的防雾霾口罩。该口罩选择的材料为透气性良好的双层棉布，口罩的夹层里放置了粉末状活性炭，夹层上侧边缘缝制了拉链，以便于活性炭的更换。口罩右下角安放了一个呼吸阀，两侧缝制了不同佩戴形式的绑带。根据口罩的这些制作特点，结合功能测试，就可以利用评价量表对该防雾霾口罩进行评价了。

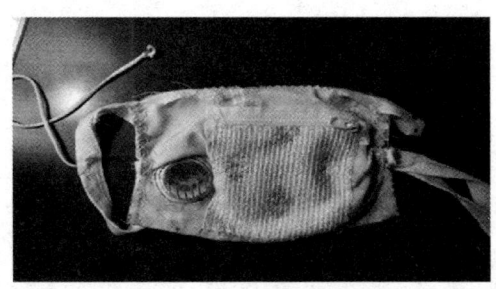

图 5-3-5　防雾霾口罩效果图

表 5-3-16　"雾霾来了——防雾霾口罩的制作"项目产品评价量表

第 七 组

评价 要点	评价标准			评价 等级
	优秀	良好	一般	
防护性	从口罩外侧滴加液体，不透水，防霾性能好	从口罩外侧滴加液体，透过后颜色明显变浅，防霾性能一般	从口罩外侧滴加液体，快速透过，且颜色变化不明显，无防霾效果	一般
透气性	剧烈运动后，呼吸顺畅，摘下口罩后呼吸感觉变化不大	剧烈运动后，可以呼吸，但略有憋闷，摘下口罩后对比明显	剧烈运动后呼吸困难，无法运动时佩戴	优秀
贴合性	10 次哈气后眼镜上没有水雾，且口罩与面部贴合无缝隙	10 次哈气后眼镜上水雾很少，且口罩与面部有部分缝隙	10 次哈气后眼镜上水雾很多，且口罩与面部贴合缝隙很大	良好
综合评价	该产品经过测试发现透气性不错，戴上后呼吸几乎没有受到影响；但左边绑带缝制不合理导致与左边面部贴合性不好；滴加黑色液体后，液体能够快速透过，并且液体的黑色没有变浅，说明防护性较差			良好

对于资料搜集、计划制订、计划实施和产品质量四个方面的评价，都需要根据具体情况选择采用自我评价、小组评价或班级评价的方式进行。自我评价的方式是对照评价量表进行自我检查，以改进为目的；小组评价是小组内同学之间的相互评价；班级评价是指一个小组展示，其余小组倾听、观看、讨论，并提出改进意见的评价方式。在展示的过程中，要进行必要的互动交流，有疑问要及时提出，展示者要给予明确的回答。

第六章 课程整合与核心素养的对接

课程整合通过学习内容的重新组织、教学方式的深刻变革，发掘了学科的育人价值，使教学更加集中地指向了生物学科核心素养。而发展学生的核心素养，正是课程整合的价值和意义所在，也是课程整合成功与否的评判标准。那么，课程整合是如何与核心素养发生对接的呢？本章将对课程整合有利于发展学生核心素养的做法进行梳理和提炼。因此，与前面各章主要陈述"怎么做"不同，本章所阐述的主要是"为什么这样做"。

第一节 课程整合与生命观念的对接

《普通高中生物课程标准（2017年版）》对于"生命观念"是这样定义的："生命观念是指对观察到的生命现象及相互关系或特性进行解释后的抽象，是人们经过实证后的观点，是能够理解或解释生物学相关事件和现象的意识、观念和思想方法，如结构与功能观、进化与适应观、稳态与平衡观、物质与能量观等。"在个人社会经验的基础上，生命观念与其他自然科学的观念相融合，可以构成一个人的自然观；然后再与人文社会学科的观念相融合，又可以形成一个人的世界观。正因为生命观念具有如此重要的作用，因此课程整合必须把帮助学生形成生命观念作为重要目标。课程整合对生命观念形成的作用，主要通过"大概念统领下的课程整合"和"实践活动与概念理解的整合"实现，"基于STEM项目的跨领域整合"承担的是丰富学生的体验方面的作用。

一、丰富学生的体验

任何上位观念的形成都必须以下位的概念和事实作为基础，生命观念的形成也不例外。相比于常规教学，课程整合对于生命观念形成的意义，首先在于它极大地丰富了学生的体验，从而为生命观念的形成奠定了坚实的基础。

（一）体验是生命观念形成的基础

表 6-1-1 生物课程标准中情感性目标动词

	各水平的要求	课程内容中使用的行为动词
情感性目标动词	经历（感受）水平 从事相关活动，建立感性认识	体验，参加，参与，交流
	反应（认同）水平 在经历基础上表达感受、态度和价值判断；作出相应反应等	关注，认同，拒绝
	领悟（内化）水平 具有稳定的态度、一致的行为和个性化的价值观念等	确立，形成，养成

从《课程标准》中情感性目标的要求层次看，情感性目标分为三个层次（如上表所示）[①]，最低层次是经历（感受）水平，是指"从事相关活动，建立感性认识"，上述通过活动获得体验就属于这个层次；其次是反应（认同）水平，是指"在经历基础上表达感受、态度和价值判断；作出相应反应等"；最高层次是领悟（内化）水平，是指"具有稳定的态度、一致的行为和个性化的价值观念等"，观点的形成就属于这个层次。情感性目标的达成需要循序渐进，要达到较为高级的层次必须先经过较低级的层次。因此，有了经历水平的"体验"，才可能有反应水平的"表达"或"反应"，最终才有可能形成生物学的基本观点。

从生命观念形成的本质看，生命观念是一种在对自然界中生命现象认识基础上的主观选择。如就生物进化的原因而言，究竟是赞同达尔文的自然选择理论，还是赞同拉马克的用进废退学说，甚至于赞同神创论的观点，都不是客观的必然，而是个人主观选择的结果。观点形成的选择性和过程性决定了实践的必要性，因为选择是建立在自以为正确的认识与健康的情感基础上的，而认识和情感都是根植于此前所持有的感受体验及对事实性知识了解的基础上的。比

---

① 中华人民共和国教育部：《义务教育生物学课程标准》，北京：人民教育出版社，2011 年版。

如，对于一些城市是否应该取缔中巴车，要形成正确的观点，就需要通过调查了解一些事实：中巴乱停靠在整体上对交通效率影响的量化评估；中巴乱停靠造成的事故数量及人员伤亡数量；中巴交通运输能力的量化评估……在这些数据的基础上，才有可能形成正确的观点，作出明智的决策。因此，正确观点的形成需要有翔实的事实、严密的推理和全面的考虑，而后两者都是以翔实的事实为基础的。所以，通过实践活动获得体验和事实性知识，然后再通过体验和事实性知识感知并认识生命世界，是生命观念形成的必由之路。[①]

（二）课程整合丰富了学生的体验

课程整合通过突出对知识结构的建构和掌握，淡化零散知识的机械记忆，腾出了更多的时间用于开展实践活动，因此，相比于常规教学，课程整合中学生实践体验的机会大大增加，而这些丰富的体验构成了生命观念形成的基础。

1. 通过实践活动丰富体验

在大概念统领的课程整合中，通过前知展现暴露了学生的前科学概念和真正的疑问，这些问题有的通过结构完善课得到了解决，在剩下的问题中，与概念理解有关的问题需要通过实践活动帮助解决。学生疑问的多样和多元决定了实践活动数量的众多和种类的丰富，因此，促进概念理解的实践活动不仅仅局限于教材中原有的项目，还要基于学生问题解决的需要开发大量新的活动。

（1）通过开发新的实验丰富体验

课程整合中，根据获得体验而解决问题和理解概念的需要，开发了许多新的实验。例如，为了让学生认识到导管贯穿植物体全身并运输水分，先是增加了制作并观察导管临时装片的实验，通过该实验学生看到了导管的长筒状结构，理解了导管的结构如何与功能相适应。然后又将带根的白菜叶球、芹菜叶柄、白色百合花等多种植物不同器官插在红墨水中，让学生观察发生的现象。通过观察，发现导管在植物体的各个器官内都有存在并相互连通，从而理解"植物体通过导管运输水分"这一概念。

（2）通过改进演示实验丰富体验

课程整合中，将一些演示实验变成动手实验，使学生从被动接受变为主动

---

① 张涛：《帮助学生形成生物学基本观点之我见》《基础教育参考》，2013 年第 12 期，第 40—42 页。

参与，获得了更多的体验。例如，在"肺与外界的气体交换"学习内容中，教材原来有一个模拟膈肌舒缩导致胸廓容积变化的演示实验。由于这个实验对应的内容是教学难点，因此，利用简易材料将课本上的演示实验变成学生动手操作的实验。学生通过亲自操作，更好地理解了"胸廓容积变化引起肺的收缩和扩展"的概念。

（3）通过制作模型丰富体验

课程整合中，包含动植物细胞结构模型、骨骼肌牵动骨运动模型、小肠绒毛结构模型等许多制作物理模型的实践活动。通过制作模型获得的体验，学生可以加深对生物体结构和功能方面概念的理解。例如，学生通过制作并观察肾单位结构模型，直观感知了肾单位的结构，分清了血液和尿液流经的途径，更好地理解了"肾单位由肾小球、肾小囊和肾小管构成，肾单位通过过滤和重吸收形成尿液"的概念。

（4）通过加强课外实践丰富体验

课程整合安排了系列的课外实践活动，学生借此可以获得更为丰富的体验。例如，学习"被子植物的一生"时，利用学校和学生的家庭小菜园，开展蔬菜种植活动。通过种植和管理蔬菜，学生见证了种子萌发、幼苗生长、开花结果的整个过程，观察体验了被子植物的一生，积累了大量事实性知识。再如，学习"植物的无性生殖"时，让学生尝试通过扦插、嫁接、压条、分株等方式进行多种植物的无性繁殖，借助大量实例感知了无性生殖的多种形式。

2. 通过 STEM 项目丰富体验

课程整合引入 STEM 项目，通过 STEM 项目完成以初中生物相关知识为核心的跨领域整合。STEM 项目具有实践性的特点，强调学生必须亲身参与。通过大量 STEM 项目的实施，学生在实践中丰富了自己的体验。

（1）通过种植项目丰富体验。例如，冬小麦的种植项目，学生在开沟、施肥、播种、盖土、收割、脱粒、去糠、加工的过程中，见证了小麦种植和收获的整个过程，体验了种植的乐趣与辛苦。

（2）通过发酵项目丰富体验。例如，学习了细菌和真菌相关知识后，教师引导学生开展"葡萄酒的制作"项目。学生通过查阅资料、制订方案、组织实施，最终制作出了葡萄酒。在此过程中，学生通过体验理解了葡萄酒发酵的原理、微生物生长和繁殖的条件、葡萄酒酒精度控制的方法、发酵中的温度控制等。

（3）通过制作项目丰富体验。例如，在生态系统的学习中，学生通过"生态瓶的制作"项目，体验到了有多种因素都会影响生态瓶稳定，如生态瓶中空气所占的比例、生态瓶中河沙的多少、生态瓶中动植物的比例、光照的强度等，进而制作出了动植物能够长时间存活的生态瓶。再如，在学习呼吸道对空气的处理时，学生开展"雾霾来了——防雾霾口罩的制作"项目，通过材料选择、产品测试、产品宣传等环节，体验了口罩的设计与制作过程，提高了环境保护意识。

二、重视概念的理解

观念的形成需经过一定的过程。生命观念形成的过程常常会与生物学概念形成的过程相伴，而概念的建构和理解恰恰是课程整合的重要目的之一。

（一）生命观念与概念形成的过程相一致

概念是经过抽象概括形成的规律性知识，能够揭示生命现象的本质和客观规律。概念是在事实基础上，通过比较、分析、抽象、概括等思维过程形成的，因此，事实是建构概念的重要基础，概念建构需要大量事实性知识支撑。例如，儿童一开始不认识狗，但见过几只狗之后，就会知道狗都会"汪汪"地叫，喜欢对主人摇尾巴，此时儿童的认识就超越了单个狗的特征而有了一定的概括性，也就是形成了有关狗的概念。

在对狗的共同特征认识的过程中，儿童又很容易觉得"小狗都很可爱"，而"小狗都很可爱"就不再是概念，而是上升到了观点的层面了。由此可见，在对客观规律进行概括的过程中，观点也就自然而然地形成了。因此，要形成生命观念，仅有事实的支持是不够的，还需要对事实性知识归纳概括，形成概念。在概念建构的过程中，生命观念也会随之形成。

如关于"生物进化的原因"的概念性知识，《课程标准》是这样规定的："生物的遗传变异和环境因素的共同作用，导致了生物的进化"，提出的具体目标是"概述生物进化的主要历程"。由于生命观念经常与概念相伴而生，因此，"概述"的知识性目标要求是与"形成"的情感性目标相匹配的。而要达成这一目标，首先要明确"什么是概述"。就词意来讲，"概述"指的是把事物的特征归结在一起，简明扼要地加以表述。因为概述是在直接的观察和实验、客观的原始记录的基础上发现事物共同的特征，所以需要经过归纳的过程。其次，要让学生自己去"概述"。照本宣科地说出生物进化的四个环节——"过度繁殖、生存斗争、遗传和变异、适者生存"只是复述。许多课堂就是这样仅仅达到了复述水平，虽然这些复述也是前人概述的结果。所以，需要让学生尝试对生物的实例进行分析、解释和概括，如此得出的有关生物进化的概念，是学生自己归纳的结果。而学生自己归纳形成概念的过程，就是将感性认识上升为理性认识的过程。在这样的过程中，学生也就确立了对待生物发展变化所处的立场或出发点，初步形成生物进化观。[①]

（二）课程整合更加注重概念的理解

课程整合围绕主题的大概念组织学习内容，针对概念理解设计学习任务，安排实践活动。因此，相比于常规教学，课程整合更加注重概念的理解，更加顺应生命观念形成的过程。

1. 通过"实践活动"促进概念理解

在课程整合的三个层次中，第二个层次"实践活动与概念理解的整合"即是专门为概念理解设计的。所谓"实践活动与概念理解的整合"，是指通过针对某一学生较难理解的概念，安排有针对性的实践活动，通过实践活动提供大量的事实性知识，再通过事实性知识建构和理解概念，生命观念在概念建构和理解的过程中即可随之形成。

例如，在通过驱动性问题"你还认识哪些孢子植物？如何区分藻类植物、苔藓植物、蕨类植物？"建构各类孢子植物主要特征的概念时，有的学生提出，藻类植物中的海带有根、茎、叶，为什么说藻类植物没有根茎叶的分化呢？针对这一问题，教师安排了制作海带不同部位的临时切片进行观察的实验。通过观察，学生发现海带不同部位细胞的形态、结构都很相似，由此证明海带只是由一种细胞构成的多细胞植物体，没有组织的分化和器官的形成，从而加深了对海带等藻类植物没有根、茎、叶分化的概念的理解。而藻类植物大

---

① 张涛：《帮助学生形成生物学基本观点之我见》《基础教育参考》，2013 年第 12 期，第 40—42 页。

都生活在水中，全身各处都可以直接吸收水分和无机盐，没有专门的吸收和运输水分的器官。由此，可以帮助学生形成生物与环境相适应的观念。

2. 通过"巩固应用"检测概念理解

课程整合对概念建构和理解的重视，还表现在巩固应用课的设置上。常规教学虽然也有练习和检测，但由于缺少针对概念建构和理解的要求，导致许多题目仅仅只是考查知识的再现和回忆。而课程整合，以课型设置的方式将"应用"固化为教学的规定动作，使应用性问题的解答成了教学的必有环节。因为应用是比理解更高一个层次的能力要求，要实现对知识的应用，必须先有对概念的理解，所以，课程整合通过巩固应用课考查学生对概念的理解情况，为概念理解目标的达成提供了保证，也就是为生命观念的形成提供了保证。

例如，"人体的新陈代谢"主题设置的应用性练习是这样的：

小杨同学最近感冒了，刚开始的症状是流鼻涕，吃了感冒药后症状减轻了，但是两天后又开始咳嗽，医院诊断为肺炎。医生在她的前臂静脉处点滴了消炎药，经过一周的治疗，小杨痊愈了。小杨同学说，每次点滴的时候小便次数都会增多。请依据上述材料回答下列问题：

（1）感冒药到达患病部位的途径是怎样的？

（2）静脉注射的消炎药，到达患病部位的途径是怎样的？

（3）点滴中的水到形成尿液的路径是怎样的？

这道题以应用所学知识解决生活中实际问题的考查方式，检测的是学生对消化、循环、泌尿知识理解的程度。以感冒药到达患病部位的途径为例，这道题的答题思路是：首先需要从整体上明确感冒药到达患病部位的大致线路，那就是先进入人体的消化系统，再通过循环系统到达患处。其次要找到这条线路的起点和终点，那就是通过与食物消化和吸收过程的类比，知道药物进入循环系统的部位是小肠处的毛细血管，并明确小肠处的毛细血管和患病部位分别在血液循环的什么位置。有了这些关键信息，结合血液循环的相关知识，就不难找到药物到达患处的途径。这个问题的解决需要知道消化系统与循环系统结构与功能的关系、血液循环路线中各个结构之间的顺序关系、毛细血管与组织之间物质交换的关系等，只有对这些关系有充分的理解，才可能对问题作出正确的回答。可见，应用是以概念理解为前提的，通过应用可以考查概念的理解程度，检测是否达成了概念理解的目标。

三、致力大概念建构

《普通高中生物课程标准（2017年版）》"教学建议"的第3条为"通过大概念的学习，帮助学生形成生命观念"，其中有这样的表述："在教学中，教师围绕着生物学大概念来组织并开展教学活动，能有效地提高教学效益，有助于学生对知识的深入理解和迁移应用，也有助于发展学生的生命观念。"这说明，大概念的建构与生命观念的形成有着非常密切的联系。

（一）大概念距生命观念仅一步之遥

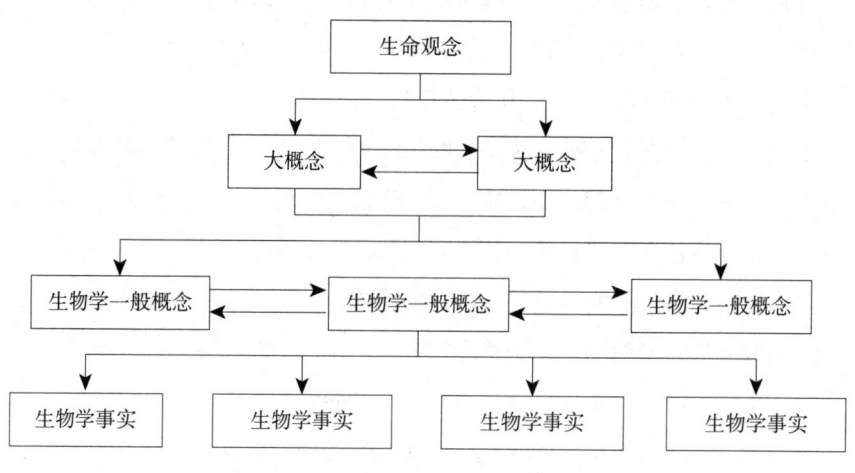

图 6-1-1 观念、概念、事实之间的关系

上图表示的是由生物学事实发展到生命观念的路径。由上图可见，生物学事实在生物学科知识结构中处于最基础的地位，是生物学一般概念建立和形成的基础。生物学一般概念相互联系，相互补充，可以形成上位的大概念。大概念内涵丰富，可以用于解释较大范围内的生命现象和生命活动规律，是与生命观念最接近的概念。

比如，"细胞的结构和功能"主题对应的大概念是"细胞是生物体结构和功能的基本单位"，这个大概念下的次级概念是"细胞是生物体结构的基本单位"和"细胞是生物体功能的基本单位"，在次级概念下共计有5个三级概念，三级概念之下是生物学事实。对于生命观念中的"结构功能观"来说，只掌握一些基本的事实离生命观念的形成还很遥远，只有利用事实建构起概念才有助于生命观念的形成。但是，即使建构起了"细胞是生物体结构的基本单位"或"细胞是生物体功能的基本单位"次级概念中的某一个，还不足以对"结构功能观"的形成有直接帮助，因为此时结构和功能仍处于割裂状态，"结构功能观"只有也必须经过大概念"细胞是生物体结构和功能的基本单位"才有可能形成。而当"细胞是生物体结构和功能的基本单位"的大概念形成之后，"结构功能观"也就呼之欲出了。当然，观念的形成不能仅仅依赖于一个大概念，还必须有其他大概念的参与和支持。

（二）课程整合以大概念建构为重要目标

在课程整合的三个层次当中，大概念统领下的课程整合是最主要的部分。而大概念统领下的课程整合以大概念的建构为目标，每个主题内容的组织和教学的过程都围绕大概念的建构而展开。

1. 围绕大概念组织学习内容

大概念统领下的课程整合以主题为学习内容组织单位，并以大概念统领学习主题，每个主题都有一个对应的大概念。大概念对学习内容的统领是按以下过程进行的：先以大概念为起点梳理次级概念，再依次梳理各级概念，直到最下一级概念，最后根据最下一级概念建构的需要确定学习内容。经过这样的梳理，就明确了各个概念之间的层级关系，建立起了大概念统领下的知识体系。而有了围绕大概念建立起来的知识体系，才有可能在后来的教学中建构起大概念。

例如，"细胞的结构和功能"主题对应的大概念是"细胞是生物体结构和功能的基本单位"，以此大概念为统领，可以形成整个主题的概念体系，并确定需要学习的内容（如下表所示）。

表 6-1-2 "细胞的结构和功能"主题各级概念及学习内容

大概念	细胞是生物体结构和功能的基本单位	
次级概念	细胞是生物体结构的基本单位	细胞是生物体功能的基本单位

三级概念	除病毒外，所有生物都是由细胞构成的	细胞都具有相似的结构：细胞膜、细胞质、细胞核	细胞的不同结构分别执行不同的功能，使细胞成为物质、能量、信息的统一体	细胞能进行分裂分化，以生成更多的不同种类的细胞用于生物体的生长、发育和生殖	单细胞生物可以独立完成生命活动
学习内容		动物细胞的结构；植物细胞的结构	细胞膜的功能；细胞质中的能量转换器；细胞核的功能	细胞的分裂过程；细胞的分化；植物的基本组织；动物的基本组织	草履虫的结构和功能

根据大概念建构的需要而确定学习内容，学习内容之间就因为大概念而建立起了紧密的联系，在教学中建构大概念也就有了学习内容上的保证。

2. 围绕大概念设计教学过程

大概念统领下的课程整合以大概念统领学习内容，因此每个主题的学习内容都能够围绕大概念形成一定的知识结构。课程整合把建构知识结构作为每个主题学习的核心任务，也就是把建构大概念作为了核心任务。

课程整合围绕知识结构（大概念）建构，进行了这样的教学过程设计：先是在前知展现课中，通过驱动性问题的解决，调用前备的知识和经验建构起初步的知识结构框架。再通过结构完善课，采用自主学习的方式完善知识结构。随后，在探究实践课、答疑解惑课和巩固应用课上，学生继续对知识结构进行完善，直到建构起自己个性化的知识结构为止。

按照这样的设计，教学过程直接服务于大概念的建构，学生在建构大概念的同时也就达成了概念理解。有了对大概念的理解，也就逼近了生命观念的形成。

第二节　课程整合与科学思维的对接

《普通高中生物课程标准（2017年版）》对于"科学思维"是这样定义的："科学思维是指尊重事实和证据，崇尚严谨和务实的求知态度，运用科学的思维方法认识事物、解决实际问题的思维习惯和能力。如能够基于生物学事实和证据运用归纳与概括、演绎与推理、模型与建模、批判性思维等方法，探讨、阐释生命现象及规律，审视或论证生物学社会议题。"概括地讲，科学思维就是尊重事实和遵循逻辑。具有科学思维的人不会盲目相信或否定任何事情，对于不确定的事物总要寻找支持它的证据，然后通过逻辑推理得出结论。因此，科学思维可以帮助我们作出正确的判断和决策，远离盲从和迷信。科学思维的第一步是对问题的猜想，第二步是对事实的验证，第三步是理性地得出结论，这是一个分析、比较、求证、判断的过程。课程整合不专门强调科学思维，而是将其自然地融入整合的过程和方法当中。课程整合对科学思维发展的作用，主要通过"大概念统领下的课程整合"实现，也得益于"实践活动与概念理解的整合"和"基于 STEM 项目的跨领域整合"。

一、培养归纳与概括能力

归纳概括是将感性认识进一步抽象得出本质属性的思维过程。运用归纳概括的方法，可以将学生对事物认识的层次由感性上升到理性。培养学生的归纳概括能力对于发展学生的科学思维，使学生能够更加科学理性地生活和学习具有重要意义。

（一）在概念建构中培养归纳概括能力

归纳，是指从许多个别的事物中概括出一般性的概念、原则或结论的思维方法。概括，意为归纳、总括，是指把事物的共同特点归结在一起，加以简明扼要的叙述。概念性知识的学习，经常会用到归纳与概括的方法。具体过程是，学生根据现有的知识水平，运用比较、分析、判断等方法对所占有的信息材料进行梳理，找出各类信息的内在关联，再通过归纳概括形成概念。

常规教学虽然也注重概念教学，但并没有把概念建构放在一个非常重要的位置。很多教师通常的做法是，先直接出示概念，然后通过讲述的方式帮助学生理解概念。在这个过程中，学生不需要经历建构概念的过程，归纳和概括能力的培养也就无从谈起。课程整合对概念建构的重视主要表现在将"实践活动与概念理解的整合"单独作为整合的三个层次之一，并为概念理解和建构设置了大量实践活动，通过实践活动获得大量的事实，最终通过对事实的归纳概括建构出概念。在这个过程中，学生需要先认识个别事物的个性特征，再归纳概括出同类事物的一般特点，在应用中归纳和概括能力自然得到了提升。

例如，学习孢子植物时，在经过前知展现和结构完善后，教师发现学生对藻类植物、苔藓植物和蕨类植物主要特征的理解仍然不够透彻。针对这一问题，在探究实践课上，教师安排学生将收集到的各种植物根据共同特征分成不同的类别，这里就需要运用归纳和概括的方法。在此基础上，再对同一类植物的特征进行归纳，形成这类植物的共同特征，这是又一次运用了归纳概括的方法。

再如，在植物的光合作用和呼吸作用的主题教学中，光合作用和呼吸作用的概念也是通过归纳概括建构而成的。以呼吸作用为例，呼吸作用概念建构的过程和方法是，通过观察蜡烛在装有萌发的种子和煮熟的种子装置中的燃烧情况可以推断出：萌发的种子吸收氧气。把装有萌发的种子和煮熟种子的装置内的气体通入澄清石灰水，通过颜色变化情况可以推断出：萌发的种子释放二氧化碳。通过观察温度计在萌发的种子和煮熟的种子的装置中的读数变化可以推断出：萌发的种子释放出热量。通过萌发的种子的子叶或者胚乳变得越来越小可以推断出：萌发的种子中有机物被分解。通过不同植物、不同器官的重复实验和对照实验可以推断出：植物的不同器官都会吸收氧气，分解有机物，产生二氧化碳，释放能量。在此基础上，可归纳概括出"植物的呼吸作用是吸收氧气分解有机物，呼出二氧化碳并释放能量的过程""植物的活细胞都进行呼吸作用"。采用相同的方法，也可以建构起光合作用的概念。

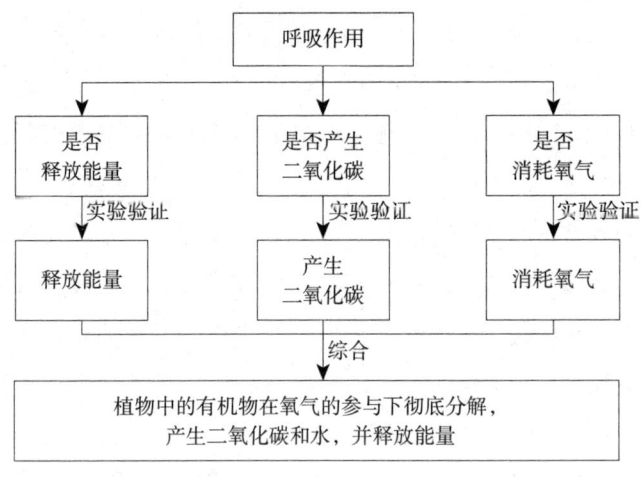

图 6-2-1　呼吸作用概念的归纳与概括

（二）在知识结构建构中培养归纳概括能力

知识结构图也叫知识网络图，是指某主题所有知识经过整理而形成的比较系统完整的结构化图示。由于知识结构图具有全面性、关联性、结构化、简洁性等特点，能够概括地表现出主干知识之间的联系，因而在生物教学中有着广泛的应用。

常规教学也会用到知识结构，但通常是在一节课小结时，教师向学生呈现自己制作好的成品，这是教师向学生单向输出的过程，学生得到的只是结果，而没有经历亲自建构的过程，因而也无法借此培养归纳概括能力。课程整合将建构知识结构作为总体策略，使建构知识结构贯穿于每个主题教学过程的始终。知识结构的建构需要运用归纳概括的方法，并且对学生的归纳概括能力提出了非常高的要求。首先，在前知展现课上，学生暴露出来的前认知是零散的，要把这些零散的知识联系起来，形成初步的知识结构框架，需要很强的归纳与概括能力。在结构完善课上，学生为完善知识结构要通过自主学习获得大量的知识，将这些知识纳入已有的知识结构中，也需要先经过归纳概括，因为知识结构是高度凝练的概念模型，纳入其中的必须是经过归纳概括形成的概念。同样道理，随后通过探究实践课、答疑解惑课、巩固应用课完善知识结构也需要归纳概括。

因此，这种以学生亲身参与为特征，以知识结构建构为核心任务的学习，知识结构建立的过程是知识积累的过程，也是归纳概括能力提升的过程。通过这种特有的方式，课程整合将归纳概括能力的培养落实在了每个主题、每个课型，甚至每个教学环节当中，学生的归纳概括能力自然可以得到提高。

二、培养模型与建模能力

模型是通过主观意识阐述形态结构的一种表达目的的形式。模型建构是指以实物或者画图的形式直观地表达事物的特征，或者应用概念对某个问题或事物进行描述。模型建构是生物科学研究非常重要的方法，DNA 双螺旋结构、细胞膜流动镶嵌结构等重大的科学发现都是通过模型建构的方法实现的。在教学中，可以利用模型"简略地描述事物，使原本抽象的问题直观化和简约化"的特点，帮助学生理解复杂的问题。模型有多种不同的形式，初中生物教学中用到的主要是物理模型和概念模型。

（一）通过物理模型培养模型与建模能力

物理模型以实物或图画的形式使学生可以直观感知一些肉眼看不见或当前不具备观察条件的事物。常规教学也会运用物理模型，但模型的运用一般比较少，并且只是让学生观察现成的模型。课程整合在充分利用实验室原有模型的基础上，发动学生自己制作更多的模型，如植物细胞结构模型、动物细胞结构模型、花的结构模型、草履虫结构模型、血液循环演示模型、呼吸运动演示模型、小肠壁的结构模型、肾单位的结构模型、神经细胞模型、DNA 结构模型、模拟小型生态系统的生态瓶等。大量模型的应用，为学生提供了丰富直观的学习资源。而学生亲身参与模型的制作，既加深了对相关知识的理解，也发展了模型与建模能力。

例如，关于肺的容积变化与胸廓容积变化的因果关系，许多学生都有"肺的扩大或缩小，导致胸廓容积扩大或缩小"的前科学概念，即使观察了教材中给出的演示实验"模拟膈肌的运动"，很多学生还是对其中的因果关系理解不够透彻，难以建立起"胸廓容积变化引起肺的收缩和扩张"的科学概念。课程整合对这部分的教学安排进行了调整，把"模拟教材中的演示实验，自制呼吸运动模型"作为前置性任务布置给了学生。为此，学生要阅读教材上的图文资料，了解"胸腔是一个由胸骨、肋骨、胸椎、肋间肌和膈肌构成的密闭结构，里面有两肺，胸腔下面是膈肌"等人体结构方面的知识，还要了解呼吸运动原理方面的知识。接下来需要思考，选择什么样的材料模拟胸廓、气管、支气管、肺和膈肌，什么样的模型能够演示出呼吸运动的原理，从而完成模型的设计。在模型制作过程中，要思考怎样将各个部件紧密地连接在一起、怎样使装置保持密封等操作细节问题。模型制作出来之后，还要进行试用，检验能否达到预期的效果。

图 6-2-2　"模拟膈肌的运动"模型

　　这样，学生就经历了模型制作的整个过程，在这样的经历中，学生不仅可以理解呼吸运动的原理，还可以明确模型制作的过程和要点，提高模型和建模能力。首先，是明确模型建构的目的。此模型建构的目的是演示呼吸运动的过程，帮助理解呼吸运动的原理。所以，在制作之前，需要先弄清呼吸运动的原理，为此就要对教材中的内容自主学习，因为有制作任务的驱动，学生的学习会更加积极主动。其次，是选择模型的表征形式。此模型要通过结构演示呼吸系统的功能，显然属于物理模型。既然是物理模型，就需要考虑制作模型适宜的材料，以及如何对材料进行加工和组装。再次，是建构模型并利用模型进行趋势推测。利用此模型推测的是呼吸肌、胸廓、肺三者变化的因果关系。借助模型的直观性特点，学生会亲身感受到"当用手向上顶橡皮膜，可以看到气球变小"。由此理解呼吸运动的原理"膈肌舒张，膈顶上升，胸廓的上下径变小，整个胸廓的容积减小，肺随着缩小"。最后，是评价和修正模型。就是在模型制作出来之后，通过试用进行评价，发现存在的问题并改进完善。

　　经过多次这样的模型建构，学生就会掌握物理模型建构的过程和方法，提高模型制作的兴趣，增强利用模型解决问题的意愿和能力。

（二）通过概念模型培养模型与建模能力

　　概念模型以文字和符号作为表述形式，描述抽象概括出来的事物的本质特征，表示事物的组成或相互关系。小到单个的概念，大到各种形式的知识结构，都属于概念模型。概念模型的建构能够带领学生经历概念形成的过程，明确概念之间的联系，从而更加深刻地理解概念。常规教学中有时也会建构概念模型，但没有将其上升到应有的重要地位。课程整合通过"实践活动与概念理解的整合"建构单个概念的模型，通过"大概念统领下的课程整合"建构知识结构框架，从而使概念模型建构成为学生学习的主要任务。

1. 单个概念模型的建构

单个概念模型即单个概念的模型，是概念模型中最简单也最常见的形式，它是相对于复杂的知识结构模型而言的。单个概念的模型有的是单纯用文字表示的概念，如"生物与环境构成的统一的整体叫作生态系统""呼吸作用在所有的活细胞中进行"；有的是以文字和符号抽象出概念的组成要素及相互关系，如达尔文的自然选择学说（如图 6-2-3 所示）。课程整合中，单个概念模型的建构主要是通过"实践活动与概念理解的整合"实现的。

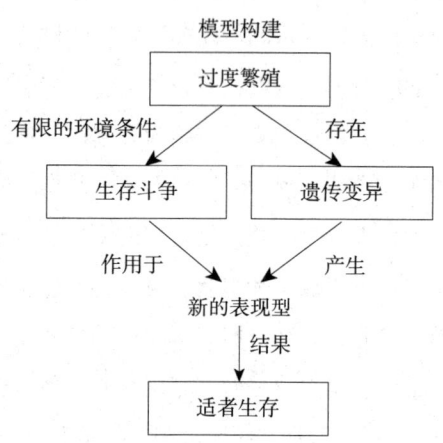

图 6-2-3 达尔文自然选择学说概念模型

例如，藻类植物、苔藓植物、蕨类植物的主要特征是三个概念，也是三个概念模型。通过前知展现课的前知展现和结构完善课的自主学习，教师发现学生的理解仍不到位，于是就安排了一节以建构这三类植物主要特征为目标的探究实践课。课上，教师首先安排学生对一些植物，如海带、紫菜、石莼、石花菜、墙藓、葫芦藓、铁线蕨、肾蕨等，进行分类并说出理由。在分类过程中，学生发现藻类植物如海带看起来也有根、茎、叶，为什么说藻类植物没有根、茎、叶的分化呢？针对这个疑问，教师又安排新的活动——观察海带不同部位的临时装片，通过观察，学生发现海带各部位细胞的形态、结构都很相似，由此证明海带只是由多细胞构成的植物体，没有组织的分化和器官的形成。经过这样的实践活动，学生就可以建构起"藻类植物、苔藓植物、蕨类植物的主要特征"的概念模型。

课程整合通过"实践活动与概念理解的整合"不仅可以帮助学生建构起单个概念的模型，而且可以引导学生通过这一过程领悟单个概念模型建构的方法。首先，单个模型的建构需要用到归纳的方法。如在上面的例子中，学生是通过对许多种植物共同点的确认和不同点的区分，才归纳出了这三类植物的主要特征，这是一个通过事实建构概念的过程。其次，要涵盖所有的具体事例，符合所有个例的特点。如果概念模型不能涵盖所有具体事例，就需要推翻已有的模型，建立新的模型，所以，在上面的例子中，一旦发现海带等藻类植物从外形上看也有根、茎、叶，就需要对其加以求证。最后，需要概括地表述。因为概念模型是对一类事物特征的高度抽象，所以在表述上需要高度凝练。概念模型越是凝练，所覆盖的范围也就越大。

通过一个个这样的单个概念模型的建构，学生会逐渐掌握模型建构的方法，并逐渐加深理解，最终实现熟练运用。

2. 知识结构模型的建构

知识结构模型是对结构化知识的图示化表达，通过知识结构的建构，可以培养学生化繁为简的思想。知识结构模型是概念模型的重要形式。知识结构模型通常以概括事物特征的关键词为节点，以箭头辅以文字表示不同关键词之间的关系。采用这样的方式揭示事物之间的相互联系具有两个突出的优点，直观形象和高度概括，建构和理解模型因此而成为学生理解和掌握生物学知识的有效工具。知识结构模型的建构有一定的过程和方法，需要经历分析、建构、检验、应用的过程，通过这样的过程可以培养学生分析、综合和表达的能力。

常规教学有时也会运用知识结构模型进行教学，通常的做法是由教师出示建构好的知识结构模型帮助学生巩固所学知识，这样的做法对学生模型与建模能力的提高并无太大的帮助，一是因为建构的主体是教师而不是学生；二是因为学生看到的都是建构好的知识结构模型，没有自己经历建构的过程；三是只是在部分学习内容中运用，时间短、频次低；四是每个部分的知识结构模型都是统一的、程式化的。课程整合对于知识结构模型的建构给予了充分的重视，将其提高到了前所未有的地位。首先是常态化，把建构知识结构模型作为每个主题学习的核心任务，贯穿于主题学习的始终。其次是自主性，学生是建构知识结构模型的主体，需要独立面对模型建构中的各种问题。最后是开放性，独立自主的结果是每个学生建构的模型都不一样，都是个性化的。

通过上述可以看出，课程整合通过发挥学生的自主性调动起了学生建构知识结构模型的积极性，从而将对模型和建模能力的培养落实在了每节课中。最终，学生不仅通过知识结构模型建立起了主题内知识之间的关联，而且通过建立模型，体验建立模型的思维过程，提高模型意识，领悟模型方法，全面发展模型与建模的能力。

三、培养批判性思维能力

批判性思维表现在能缜密地分析和检查自己或者别人的思想行为，并作出实事求是的评价和选择。通过批判性思维，能够促使人们对问题进行科学的分析和认识，作出理性的决定，甚至破旧立新，提出新的见解。对于批判性思维能力的培养，在延续常规教学一般做法的基础上，课程整合又有一些更加得力的举措。

（一）通过前科学概念转化发展批判性思维

前科学概念的转化通常需要经过发现、质疑和求证的过程。课程整合通过前知展现课为学生创造暴露前科学概念的机会，对于暴露出的前科学概念，老师要引导学生进行质疑，并通过查阅资料或实践活动等途径寻找转化前科学概念的证据，最终将前科学概念转化为科学概念。在这个过程中，就需要运用批判性思维，并通过运用发展批判性思维。

例如，在"人体的血液循环"前知展现中，不少学生暴露了"动脉血管中流动脉血，静脉血管中流静脉血"的前科学概念。当全班同学对于这一说法全都表示认同时，老师问道："这种说法的理由是什么？"老师的问题让全班同学一愣，这么明显的事情还需要理由！但老师既然问了，还是要给出答案的，于是一个学生回答："顾名思义。从字面上看，动脉和动脉血当然应该是对应的。"本以为这样的回答已经比较圆满了，没想到老师还是不依不饶："照这么说来，鲸鱼也是鱼了？"在老师的一再质疑下，有些同学开始对原来的说法产生了怀疑："对呀，很多事物的名称和内容是不相吻合的，顾名思义好像靠不住啊。""人体那么多血管，有没有里面流的不是动脉血的动脉血管，里面流的不是静脉血的静脉血管呢？""动脉和动脉血的定义究竟是怎样的呢？"经过一番讨论，大家一致认为需要对前面的说法进一步求证。通过自主阅读课本，学生知道了"动脉血管和静脉血管是根据里面的血液进出心脏区分的，而动脉血和静脉血是根据里面的血液含氧量多少区分的，动脉和动脉血、静脉和静脉血之间没有必然的联系"。通过梳理血液循环的途径，学生又找出了"肺动脉里流的是静脉血，肺静脉里流的是动脉血"的反例，从而将前科学概念转化成为科学概念。

在上述过程中，前科学概念是老师发现的，质疑是由老师引导学生完成的，求证则由学生独立完成。要将前科学概念转化为科学概念，质疑是非常关键的一个环节，而质疑需要具有批判性思维。首先，老师作出了示范："这种说法的理由是什么？"简简单单的一问，表现出的是寻求证据的批判性思维意识。"照这么说来，鲸鱼也是鱼了？"又进一步表现出了批判的精神。在老师的示范引领下，学生的批判性思维被成功唤醒，纷纷对原来认为天经地义的结论提出了质疑。在质疑的同时，自然地发现了求证的方法——剖析定义和寻找例证。这样的经历会给学生留下深刻印象，也会启发他们在今后的学习和生活中，可以在没有问题的地方发现问题，在没有结论的地方找到结论。

（二）通过社会议题讨论发展批判性思维

与生物学有关的社会性议题，是指当代生物科学技术发展和应用，所引发的社会伦理道德观念及与经济发展紧密相关的社会性问题，如克隆技术和基因工程等高新技术及其产品给社会伦理观念和生态环境保护带来的难题。由于社会议题来自现实生活，学生普遍具有一定的经历和体验，也往往有各自不同的看法，因此，在对社会议题的讨论中会相互质疑、争辩、分析和判断，也会对自己已有的认识进行审视、批判、修正，而这一切，都属于批判性思维的范畴。课程整合通过 STEM 项目引入社会议题，从而搭建起反复应用批判性思维的平台。在对这些社会议题的讨论中，学生需要判断信息是否恰当、区分理性和情感、区别事实和观点、辨识证据的不足、洞察论证的陷阱和漏洞、独立分析数据或信息、自我监控自己的思维过程、发现错误和进行更正、就观点和行为建构一个合理且公正的判断等，这些都是对批判性思维的训练。[①]

例如，"抗生素，会有效吗？"项目，教师是这样布置学习任务的：现在有两种不同的声音，有的认为生病应当使用抗生素，有的认为不要使用抗生素，你是怎么看的？为什么这些广受争议的"抗生素"当前却仍在医院等医疗机构广泛销售？为什么有时候一些病人在治疗时会主动申请使用抗生素？为什么有时候医生会拒绝为患者开出抗生素并极力反对病人使用抗生素？今天我们就来制定一个"抗生素使用准则"。为了保证制定的准则能够"准"，请同学们针对不同的观点，分别查阅资料，寻找支持相应观点的证据，然后通过论证，形成抗生素的使用"准则"。

对于抗生素该如何使用的问题，学生中也应该有上述两种不同的意见，无论持有哪种意见，在制定"抗生素使用准则"时，都需要用到批判性思维。

首先是基于证据。批判性思维强调以事实为依据，不能轻信与盲从，包括轻信权威、盲从大众，也包括轻信自己的经验。为此，需要通过查阅文献、开展调查等方式获得有关使用抗生素利弊的资料，作为判断的依据。

其次是讲究逻辑。即使有了事实资料，具有批判性思维的人也不会盲从自己的判断，而是会在充分论证的基础上给出结论。论证是用以支持某种观点或思想的一系列断言或陈述[②]，是批判性思维的核心。论证需要依据逻辑，即以事实为依据进行逻辑推理。最后呈现出来的论证，应包括理由和论断，经过论证得出的结论才是科学结论。

最后是进行反思。批判性思维是理由充分、逻辑严密的反思判断，不会自我反思和校正的不是批判性思维。当意见存在分歧时，如抗生素使用的利与弊，无论以前持有哪种观点，都需要进行反思。通过反思，找出自己证据的缺

---

① 谭永平：《批判性思维与中学生物教材教学》《中学生物教学》，2016 年第 13 期，第 10—12 页。

② 罗伯特·所罗门，凯瑟琳·希金斯：《大问题：简明哲学导论》，张卜天译. 桂林：广西师范大学出版社，2014 年第 4 版，第 37 页。

失、逻辑的漏洞或论证的不充分。而有了这样的反思，就可以不断修正无证据就批判、无理由却怀疑、未审视即接受等思维品质方面的缺陷，提高批判性思维的能力。

课程整合引入了社会议题，而社会议题本身就是存在分歧的，每一种观点都有很多支持它的理由，因而给学生创造了一个开放而有现实意义的讨论话题，学生在质疑、求证和论述的过程中，批叛性思维能力就能够得到不断培养和提高。

第三节　课程整合与科学探究的对接

《普通高中生物课程标准（2017 年版）》对于"生命观念"是这样定义的："科学探究是指能够发现现实世界中的生物学问题，针对特定的生物学现象，进行观察、提问、实验设计、方案实施以及结果的交流与讨论的能力。包括在探究中，乐于并善于团队合作，勇于创新。"虽然科学探究是科学家研究自然界规律的方式，但是其基于证据和逻辑解释现象、寻求答案的思维方式对每个学生、每个未来公民都是重要的。科学探究能力不能通过接受和死记硬背的方式培养，而是需要在探究中学会探究，在实践中得到发展。课程整合的整个教学方式设计都是探究式的，因此，相比于接受式或常规教学的部分探究，课程整合在培养学生探究能力方面有着较大的优势。课程整合对科学探究能力形成的作用，通过"大概念统领下的课程整合""实践活动与概念理解的整合"和"基于 STEM 项目的跨领域整合"来实现。

一、注重发现和提出问题

在科学探究的各项能力当中，常规教学对于发现和提出问题能力的培养不够重视。常规教学中，学生也有发现和提出问题的机会，但机会比较少，要求也不高。课程整合通过教学策略的变革和不同课型的设置，使学生发现和提出问题的机会大大增加。

（一）前知展现课发现和提出问题

前知展现是课程整合学习的开始。在前知展现课上，教师创设问题情境，通过驱动性问题，引导学生说出自己对所学内容已有的认知。由于学生初次独立面对新的学习内容，在回答其中一些问题的同时，也难免会产生许多疑问，同学之间也会有认知上的冲突。教师关注学生的这些疑问和冲突，并引导学生尝试说出疑问和冲突所在，使疑问和冲突逐渐清晰化，学生就会经历发现和提出问题的过程。

例如，在"植物体的光合作用和呼吸作用"前知展现课上，教师通过情境创设提出了以下驱动性问题："植物需要从环境中摄取哪些物质？在植物摄取物质的同时又能回馈给环境什么呢？"关于光合作用回馈给环境的物质，第一个学生说能够产生有机物为其他生物提供食物，释放氧气供呼吸作用利用。在这位同学发言之后，老师问道："其他同学有没有不同的意见？"一个学生提出光合作用产生的不是有机物而是化学能，另一个学生认为光合作用既产生有机物又产生化学能，而第三个学生认为提供化学能的不是光合作用而是呼吸作用，因为初一学过线粒体能够释放化学能。在学生充分发表了自己的意见之后，老师又问："刚才几个同学的意见都不一样，那么你们的分歧到底在哪里呢？"学生经过讨论，梳理出了两个主要的分歧：一是光合作用产生的究竟是有机物还是能量？二是化学能究竟是由光合作用产生还是呼吸作用产生的？

在上述过程中，学生展现关于光合作用的前认知时，不同学生之间产生了认知冲突，此时正是引导学生发现和提出问题很好的时机。教师抓住了这个时机，关注了学生的认知冲突，进行了非常到位的引导。平常的一问："其他同学有没有不同的意见？"是在引导学生发现问题，有了这句话的引导，再给予充分发言的机会，就能调动起学生发现问题的意愿，使问题充分暴露出来，将对光合作用的认识引向深入。"刚才几个同学的意见都不一样，那么你们的分歧到底在哪里呢？"引导的是提出问题，将问题明晰化。在这一句话的引导下，学生梳理出了两个主要的分歧，使问题的指向明晰了起来。[①]

课程整合通过前知展现课的设置，为学生提供了更多发现问题和提出问题的机会，使之成了经常性的活动。在不断开展的教学活动中，在老师有意识的引导下，学生会逐渐掌握提出和表述问题的方法，提高发现和提出问题

---

① 张涛：《在生物教学活动中如何引导学生提出问题》《山东教育》，2007 第 8 期，第 22—24 页。

的能力。

（二）答疑解惑课发现和提出问题

善于思考的学生在学习过程中会发现很多问题，产生很多疑问，但常规教学由于受课时的限制，学生没有专门的机会提出和解决问题。答疑解惑课是课程整合为解决学生的疑问而专门设置的课型，通过该课型学生获得了提出自己想要知道的问题的机会。学生发现和提出问题需要有适当的引导，如果不加以引导，学生提出的一般都是类似于"宫外孕是怎么回事？什么情况下孕妇必须剖腹产？为什么水中分娩会减轻疼痛"的问题，这类问题虽然也是学生真正的疑问，但都属于比较浅显的"是什么"的问题，这类问题的提出对提高学生发现和提出问题的能力并无太大帮助。在教师的引导下，学生经过不断的训练，可以逐渐养成前后联系、深入思考的习惯，提高发现和提出问题的能力，提出有价值也有深度的问题。

例如，"绿色植物的光合作用和呼吸作用"主题的答疑解惑课上，为了引导学生更好地提出问题，在学生提出问题之前教师给出了一个问题的示例："大雨过后为什么要及时排涝？"这是一个与生产实际密切联系的问题，并且问题明确地指向了"水分对植物生活会产生什么影响"，有了这样的示例，学生就知道该如何提出指向明确的问题了。在学生经过思考，得出了"排涝是为了使根能够得到充足的氧气，保证根细胞的呼吸作用"的结论之后，教师让学生对比观察根与叶片的结构图，然后给予提示："植物的叶和根都需要进行呼吸，通过刚才的观察，你能发现什么问题？"在教师的提示下，有的学生提出了"根部没有气孔，气体如何进出"的问题，有的学生进一步将其拓展为"叶片所需的氧气从气孔进入，那么植物其他器官所需的氧气通过什么获得呢"的问题。在上述过程中，通过教师对如何提出问题的引导，学生提出问题的能力得到了提高，最终提出了具有一定深度的问题。

学生发现和提出问题的能力可以迁移应用到其他主题的学习中，如关于"被子植物的一生"专题，学生可以提出这样的一些问题："有形成层的植物可以逐年加粗，没有形成层的植物是怎样加粗的呢？""植物的器官中有分生组织可以不断长大，那动物的器官是怎样生长的呢？""裸子植物种子的形成过程与被子植物一样吗？"等。

二、注重设计和实施方案

在科学探究的各项能力当中，设计实验方案属于要求较高的能力。初中生物虽然对于设计实验方案比较重视，但大都限于在确定变量、设置对照方面分析理解已有的实验方案，真正让学生自行设计的实验方案只有寥寥几个。课程整合通过以下两条途径加强了对设计和实施方案的训练，一是通过实践活动的开发增加需要设计并实施方案的数量，二是通过开展 STEM 项目提高对设计和实施方案的要求。

（一）实践活动增加方案设计和实施的量

课程整合围绕大概念组织学习内容，围绕主干知识和学生真正的疑问进行学习，在保证教学效果的同时，节省了一定量的课时，这些课时为实践活动的增加创造了条件。课程整合增加了很多需要设计和实施方案的实践活动，而许多实践活动需要学生自己设计和实施方案，所以学生获得了更多锻炼的机会，设计和实施方案的能力自然得到了增强。

例如，对于"绿色植物的呼吸作用"，教材中安排的三个演示实验，都是利用大豆种子作为实验材料。有的学生因此产生了疑问：植物体其他器官能否进行呼吸作用？对于这一问题，教材中没有给出现成的答案，学生通过自主学习也无法自行解决。在课程整合的学习方式下，对于这样的问题需要在探究实践课上通过实验进行探究。要设计出严密的实验方案，并通过实施得到可靠的结果，学生需要有多方面的考虑。第一，实验材料选用什么植物？用植物的哪些器官？第二，要考虑在什么样的条件下进行实验，包括如何对变量进行控制，如何排除光合作用对实验结果的干扰等。第三，设计什么样的实验装置才能既便于操作，又便于对实验结果的观察。第四，如何设置对照实验，即如何通过实验组和对照组实验结果的对照，得出实验结论。第五，如何对实验结果进行观察、测量和记录，如何使获得的实验结果更加可靠。

有了周密的设计，还需要很好地实施，才能最终获得可靠的实验结果，得出正确的结论，建构起"植物体的活细胞都能进行呼吸作用"的概念。

（二）STEM 项目提高方案设计和实施的质量

STEM 是一种不同于常规教学的学习方式，以通过实践活动解决问题或生产产品为主要形式。STEM 凸显工程和技术的特点，因此每一个项目都需要设计和实施方案，并以此作为重点。相比一般的实践活动，STEM 项目具有更高的难度，因此对方案设计和实施的要求更高，对学生设计和实施方案能力培养的作用也更大。

例如，"雾霾来了——防雾霾口罩的制作"项目，防雾霾口罩是该项目的最终产品。防雾霾口罩在阻挡雾霾颗粒透过口罩进入呼吸道的同时要保证呼吸通畅，在设计中应把防护性和透气性放在首要位置。另外，还要防止雾霾粒子从四周进入，需要考虑口罩与面部的贴合性。作为一款直接与人的皮肤接触的产品，舒适性也需要考虑进去。因此，防雾霾口罩的设计要围绕口罩的防护性、贴合性、透气性和舒适性进行，这样的设计要求显然要远远高于一般的实践活动。

但是，仅有这些考虑还远远不够，要形成一款完全符合上述要求的口罩，在具体设计中，还需要有更细致的考虑。比如，在增强防护性方面，要考虑哪种物质可以有效地吸附雾霾颗粒；在保持透气性和舒适性方面，要考虑选择什么样的面料作为主要材料才能既感觉舒服，透气性又好；在增强贴合性方面，要考虑采用什么措施可以使口罩与面部保持最大限度的贴合。对于这些问题，都需要寻找到最佳的解决方案：吸附雾霾颗粒要选择吸附能力强的粉末状活性炭，保持透气性和舒适性要选择无纺布和纱布，增强贴合性要在四个角缝制绑带等。

在此之下，还需要考虑更多的细节。比如，对于"在口罩中放入粉末状活性炭"，需要考虑到放置的面积要大、粉末不能堆积、要便于更换等，为此，需要先将粉末状活性炭平铺开来，采用九宫格缝制法，将其缝到一个纱布包里，再将纱布包放入口罩的夹层中，并在一侧缝上拉链以便于更换。再如，关于贴合性方面，要使口罩的大小、松紧适合不同脸型的人，需要对面部的尺寸进行测量，确定好长与宽。要将面料剪出一定的弧度，即中间略宽，两侧向内收。同时，还要在口罩的两侧上下边缘缝制可调节长短的绑带，或者选择本身具有弹性的皮筋作为绑带。

此外，还要设计防雾霾口罩功能测试方案，以检验制作好的口罩的实用性。检验合格，方可推广使用。为此，需要有设计思路——检验仍围绕防护性、透气性、贴合性进行。还需要有具体的方法，比如，通过从口罩外侧向口罩中央滴加深色液体的方式检测防护性;通过让学生佩戴口罩进行剧烈运动检测透气性;通过戴着口罩哈气看眼镜上水雾的多少检测贴合性。

由上述可知,即使只是一个小小的口罩,要制作出来也很不容易,也有很多的细节需要考虑并严格实施。可见,STEM 项目对设计和实施方案有着极高的要求,因此对学生设计和实施方案能力的培养有着很大的作用。

三、注重开展合作和交流

合作和交流是学生为了完成共同的任务,有明确的责任分工的互助性学习,通常用于解决有一定深度或广度的问题。传统的接受式教学,几乎所有的问题都由教师告知,因而不需要同伴间的合作与交流。新课程下虽然强调合作与交流,但在实际中并没有得到很好的贯彻落实。课程整合对于概念建构和理解的要求决定了合作与交流必须成为重要的学习方式。

(一)知识结构建构需要合作和交流

大概念统领下的课程整合采用"1/3 模式"作为教学模式,即把课堂教学时间分为 3 个模块,约 1/3 的时间个人自主学习,1/3 的时间小组合作学习,1/3 的时间全班交流讨论。在这样的教学方式中,合作与交流成了每节课必有的教学环节,占用了大部分教学的时间。

将合作交流置于重要的位置,是基于知识结构建构的需要安排的。由于知识结构的建构比较复杂,一个人很难考虑周全,所以需要集思广益。比如,前知展现课上,面对驱动性问题,有的学生可能不知道从哪里入手,大多数学生都会思虑不全,此时需要通过小组合作互相启发,以充分调动每个人已有的认知。而要建构起初步的知识结构,单靠小组内部已有的认知远远不够,还需要进行全班交流,以调动更多的知识为知识结构建构提供素材。再如,巩固应用课时,学生已经通过结构完善课、探究实践课、答疑解惑课对自己建构起的知识结构进行了完善,但由于知识结构是每个学生自己建构的,每个人建构的知识结构都是个性化的,所以还需要同学之间的互相检查,提出改进的意见,进一步对建构起来的知识结构加以完善。

(二)实践活动开展依赖合作和交流

在课程整合的三个层次中,"实践活动与概念理解的整合""基于 STEM 项目的跨领域整合"都包含实践活动，这些实践活动的开展一般都以小组合作为基本的组织形式，借助于合作和交流的方式完成。这是因为，相比于书本知识的学习，实践活动对合作和交流有着更强的依赖。一是因为实践活动比较开放，可以有不同的研究方向，有着多种方法和途径，还需要更多的学习借鉴，因此需要借助集体的力量才能很好地完成。二是实践活动对于过程的要求更加精细，比如设计实验需要考虑到每一个细节，实施实验需要严格规范，统计数据需要准确无误，因而需要分工合作，也需要讨论交流。三是实践活动的开展经常需要创新，即使有些活动已经有了成熟的经验，但对于学生来说却是第一次接触，面临的是全新的挑战，而创造是最高层次的能力要求，更需要同伴之间的紧密合作和交流。

1. "实践活动与概念理解的整合"中的合作和交流

在"实践活动与概念理解的整合"中，通过小组合作和全班交流可以使实践活动的效用得以充分发挥。

例如，"调查校园里的生物"时，需要小组合作完成调查任务，也需要交流分享展示学习成果。

由于校园实地调查的范围比较大，班级人数又比较多，教师很难照顾到每一个学生，此时适于采用小组合作的方式。通过小组合作开展调查有以下优点：一是方便进行组织管理。每个小组只有 4~6 名学生，以小组为单位，由组长组织管理起来很方便，而教师只需要宏观地监控各个小组的活动情况就可以了。二是可以取长补短。由于生物种类繁多，学生个人很难认全，此时需要集小组众人的智慧，每个人都贡献出自己之所知，全组就可以发现和识别更多的生物。三是能够提高效率。实践活动一般比较复杂，所有工作都由一个人完成需要较长的时间，通过小组之间分工协作，可以使任务完成得又好又快。如调查校园里的生物时，每个小组可以有组织者、记录员、监督者、小专家等分工，每个人各司其职，大家相互配合，调查的效率自然可以提高。

实地调查之后，需要进行全班的展示交流。通过各小组学习成果的展示，各组之间可以互相借鉴；通过对各小组发现问题的交流，可以借助全班的力量解答调查过程中发现的疑问，从而进一步完善调查结果。此外，在交流过程中，小组之间观点互相碰撞，可以生成许多新的想法，使对相关问题的思考更加深入。

这样，在合作和交流的帮助下，学生不仅认识了众多种类的生物，而且找出了许多生物主要特征的实例，对于观察、调查、分类等科学方法的运用也更加熟练了。

2."基于 STEM 项目的跨领域整合"中的合作和交流

相比于一般的实践活动，STEM 项目面临的问题更为复杂，对学生解决问题能力的要求更高，因而也更加依赖合作和交流。

例如，在"厨余酵素，变废为宝"项目中，酵素的制作过程涉及科学、技术、工程、数学四个领域，学生个人的知识和技能储备不足以支撑项目的实施，所以从搜集资料到制订计划，再到实施计划，整个 STEM 项目的实施过程都需要小组合作与交流。

如搜集资料时，有学生搜集到"需要将装置放在空气流通和阴凉处，避免阳光直照，发酵 3 个月后可使用"的资料，有学生搜集到"可以通过添加微生物的方法加速发酵的进程"的资料，将每个学生收集到的资料汇总到一起，就可以得到相对完整的参考资料了。

再如制订计划环节，涉及如何选择容器、如何能够更好地保证发酵所需要的条件、制作完成后的酵素产品如何取液更方便等问题，这些问题都需要在制订计划时有周密严谨的考虑，以使其既接近理想状态又具有较强的可操作性，这对于学生来说是比较大的挑战，因此需要小组合作，集思广益，还需要在全班范围内进行交流，以相互取长补短，进一步完善计划。

课程整合注重合作和交流，不仅因为合作和交流是解决问题的有效手段，更希望学生能够借此养成合作与交流的习惯，提高合作与交流的能力。因为人类今后所面临的问题将越来越复杂，要解决这些问题，光靠个人力量已很难实现，所以未来社会的公民必须具备合作和交流的能力。而合作和交流能力只能通过合作和交流培养，因此，课程整合重视合作与交流，这对于培养学生的合作精神，提高学生的交往能力，激励学生主动学习，使学生在合作中学会合作，在交流中学会交流，具有重要的作用。

第四节 课程整合与社会责任的对接

《普通高中生物课程标准（2017 年版）》对于"社会责任"是这样定义的："社会责任是指基于生物学的认识，参与个人与社会事务的讨论，作出理性解释和判断，尝试解决生产生活问题的担当和能力。"社会责任的培育能够使学生以造福人类的态度和价值观，积极运用生物学的认识、理解和思想方法，关注社会议题，参与讨论并作出理性解释，辨别迷信和伪科学；形成生态意识，参与环境保护实践；主动向他人宣传健康生活和关爱生命等相关知识；结合本地资源开展科学实践，尝试解决现实生活问题。课程整合基于真问题解决的实践活动，尤其是"STEM 项目"的开展，极大地密切了学生与社会生活的联系，可以有效地提高学生的社会责任担当意识。因此，课程整合对社会责任形成的作用，主要通过"基于 STEM 项目的跨领域整合"实现。

一、重视社会议题讨论

积极参与社会议题讨论，是体现社会责任的一个方面，也是培养社会责任的重要途径。社会议题讨论的是社会生活中的综合性问题，需要运用多种方法和能力，能够反映出一个人的综合素质，因而具有多方面的教育价值。除培养学生的批判性思维能力外，社会议题的讨论还能帮助学生发展理性思维的其他方面，认识生物学科的社会功能，提高参与社会决策的意识与能力。相比于常规教学，课程整合对社会议题讨论的重视是通过 STEM 项目的开展体现的。STEM 项目是课程整合不同于常规教学的特点之一，其中包含着丰富的社会议题。这些议题与社会生活联系紧密，在难度上与学生的适切性比较高，并且，STEM 项目的主体性特点决定了每项活动都需要学生自己完成，因此通过 STEM 项目开展社会议题讨论，讨论的广度和深度都有所增加。

（一）开发以社会议题为背景的 STEM 项目

有些 STEM 项目本身就是以社会议题为背景的。当前，有许多公众关注、聚焦的或与公共利益密切相关的社会热点问题，如环境、资源、人口及科技新成果等方面，这类问题富有争议与冲突，社会、公众对其的认知存在多元意见，因此适合作为 STEM 项目的背景。课程整合中就开发出了如"蔬菜汁真的如此神奇——探究蔬菜汁的营养价值""探究市场上饮料的酸碱度""食品安全之壁挂式菜园""雾霾来了——防雾霾口罩的制作"等。对这些问题进行研究，能够展现生物学的应用价值，培养学生的社会责任感。而这些以社会热点为背景的 STEM 项目的开展，必然会涉及社会议题的讨论。

例如，"抗生素，会有效吗？"项目的开发，就是以"抗生素的使用"这个社会议题为背景的。由于抗生素的滥用，引发细菌迅速迭代更新，导致各种细菌性疾病频发。因为"超级细菌"事件，电视、网络等新闻媒体开始关注"抗生素的使用"的问题。该项目在具体实施中，把"制定抗生素使用准则"作为规定的任务，而要制定科学规范的准则，首先需要对抗生素是否可以大量使用进行讨论，在丰富的资料收集和论证的基础上，才能作出理性的判断和选择，因此整个项目的实施，就是对这个社会议题的讨论。

（二）挖掘 STEM 项目中包含的社会议题

还有一些 STEM 项目，虽然本身不以社会议题为背景，但其中却蕴含着可以讨论的社会议题，如"家庭食谱设计与烹饪"蕴含着合理营养的议题，"厨余酵素，变废为宝"蕴含着环境保护的议题，"家庭中的无土栽培——阳台农业"蕴含着土地资源利用的议题等。对于这类 STEM 项目，需要通过深入挖掘，发现其中包含的社会议题。

例如，"东北酸菜——美味与健康兼得"项目。酸菜原产于东北，因其口味独特，受到了越来越多威海人的喜欢。但也有人提出，酸菜中含有亚硝酸盐，吃了可能会诱发癌症。这样的异议就是一个小的社会性问题，这个问题就可以作为一个讨论的议题。对于这个问题的讨论，需要以亚硝酸盐产生的原因等资料作为论据，还需要测量亚硝酸盐的浓度作为证据，在这个过程中，学生要运用能够作出理性解释和判断的方法。如果传统的酸菜中亚硝酸盐浓度确实比较高，接下来需要对酸菜的制作工艺加以改进，以降低酸菜中亚硝酸盐的浓度。一旦做到了这一步，学生对于这一生活问题解决的能力就得到了提高。而对某个问题的解决又会使学生收获信心，长此以往，参与讨论的意识就可以得到加强，解决问题的担当和能力就可以得到提高。

二、强化环境保护意识

在初中生物课程中，涉及环境保护相关知识的内容有很多。例如，"生物与环境""人类活动对环境的影响""绿色植物与生物圈中的碳氧平衡"等内容都与环境保护关系密切，在有关动物和植物的学习内容中也都渗透了一些保护环境的教育。这些内容虽然可以起到帮助学生提高环境保护意识的作用，但由于选取的事例经常离学生比较远，难以对学生形成很大的冲击。并且，以讲授为主要的教学方式，学生缺少亲身参与和体验，也使得这些内容的教育价值不能得到很好发挥。而许多 STEM 项目，如"雾霾来了——防雾霾口罩的制作""厨余酵素，变废为宝"，以发生在身边的、学生能感知到的环境问题为背景，让学生在项目实施的过程中，自然而然地强化了环境保护意识。

例如，"雾霾来了——防雾霾口罩的制作"项目，是以近年来在我国频发的雾霾为背景的。由于威海地区空气质量比较好，学生对雾霾并没有太深刻的感受。所以项目开始时，教师首先要通过视频、照片、文字和相关的数据等资料向学生展示雾霾颗粒是如何侵犯人体呼吸系统的，会对人体造成哪些严重的伤害。在了解了雾霾的危害之后，接下来再带领学生研究雾霾产生的原因到底是什么。经过逐步的分析，可以知道雾霾产生的原因有很多，如汽车尾气的排放、工业废气对空气的污染、植被减少导致地面的尘土飞扬，无论是以上哪种原因，主要因素都是人类活动本身造成的环境破坏，而地球是我们唯一的家园，人类造成的这些恶果，终将由人类自己品尝。由此，让学生意识到环境保护的重要性，认识到保护环境是一项迫在眉睫的任务。在做好这些铺垫后，教师要引导学生思考：面对雾霾，我们要做什么？通过讨论，学生可以想到，首先是要做好自我防护，同时也可以给他人提出防雾霾的合理化建议。于是，自然地引出了制作和佩戴防雾霾口罩的活动。项目的最后，还要让学生明白，对于雾霾不能"头痛医头，脚痛医脚"，要治标，更要治本，治理环境是当前工作的重点，保护环境是每个人义不容辞的责任。

上述 STEM 项目实施的过程，也是对学生环境保护意识强化的过程。通过视频等资料感知雾霾对人体的危害，属于"感受"水平；知道雾霾是人类对环境污染和破坏的结果，意识到保护环境的重要性，属于"认同"水平；制作和佩戴防雾霾口罩，并向他人推荐使用，进而参与保护和治理环境的行动，则属于"内化"水平了。就这样，随着 STEM 项目实施的进程，学生的环境保护意识也循序渐进地得到了强化。

三、落实健康生活方式

健康生活方式是指有益于健康的习惯化的行为方式，具体表现为生活有规律，没有不良嗜好，讲究个人、环境和饮食卫生，讲科学、不迷信，平时注意保健，生病及时就医，积极参加有益的健康文体活动和社会活动等。健康生活对于个人和社会都具有非常重要的意义。生物学因为其学科特点，与健康有着非常密切的关系，在向学生传播健康知识，帮助学生建立健康的生活方式方面有不可替代的作用。常规的教学也会向学生传授与健康有关的生物学知识，倡导健康的生活方式，但在内容上，以理解原理为主，实际应用为辅；在范围上，局限于教材中的内容，难以涵盖生活中与健康有关的方方面面；在方式上，通常都是从教师到学生的单向传递，学生的参与程度不够高。课程整合在健康教育方面，不仅仅局限于知识的传输和一般性的倡导，而且引导学生将健康生活真正落到了实处。

（一）通过答疑解惑课落实健康生活方式

课程整合设置了答疑解惑课，专门解答学生真实的疑问。答疑解惑课规定，学生所有的疑问都可以通过答疑解惑课进行解答，这样所有健康生活方面的问题就都包含在了其中。而在学生的疑问当中，关于健康生活的问题一般都占有了较大的比例。另外，答疑解惑课完全是以学生为主体的，所有的疑问都是来自学生，也都是由学生进行解答，这又进一步提高了健康教育学生的参与度和主动性。

例如，关于"心脑血管健康知识"的学习，在常规教学中，比较开放的做法是老师布置前置性任务，让学生查阅资料了解心脑血管健康方面的相关知识。由于这样的任务比较笼统，所以查阅到的资料缺乏针对性，难以真正引起学生的兴趣。课上学习时，老师准备的案例虽然典型，但由于不是发生在学生身边的事例，也很难使他们感同身受，产生共鸣。所以，学生总觉得心脑血管健康离自己很遥远，即使学过了相关的内容，也不能对已有的认识产生冲击，更做不到将保护心脑血管健康的生活方式变成自觉的行动。而答疑解惑课的目的是解决学生心中真正的疑惑，问题都是由学生自己提出来的，学生提出的问题自然会与自己的生活密切相关，因而他们对这些问题的解决更感兴趣，因这些问题解决而带来的信息对自己的触动也会更大。下面是某班同学在"人体的新陈代谢"主题的答疑解惑课上提出的部分问题，如下表所示。

表 6-4-1　"人体的新陈代谢"主题答疑解惑课上的部分问题

与健康生活密切相关的问题	1.测血压时为什么血压计要挤压胳膊？高血压和低血压的标准和危害分别是什么？高血压的发病原因是什么 2.心脏病是由什么引起的？什么是心脏搭桥？什么情况下可以进行心脏搭桥？心脏搭桥的材料是什么？是怎样进行的 3.血管硬化是怎么回事？有人造心脏吗？换心手术可以实现吗？怎么做 4.高血脂是怎么回事，为什么现在有的孩子会患高血脂症 5.糖尿病患者的胰岛素注射在肚子上，胰岛素后面流到哪里了？怎样对患者起作用 6.有毒物质进入人体后，会被循环系统运输到什么器官

这些问题都是学生受所学知识的启发，联系自己生活中的所见所闻而生发出来的。提出第一个问题的学生的爸爸患有高血压，第二个的爷爷做过心脏搭桥手术，第三个的妈妈患心脏病。提出第四个问题的学生是因为看过一则新闻：有个孩子突然患病，医生抽血发现他的血浆是乳白色的，里面都是油，需要将整个身体的血浆全部换掉才能救活。因为这些活生生的案例发生在学生身边，提出的这些问题具有针对性，所以学生研究问题的积极性非常高，在接下来展示交流自己所解决的问题的成果时，都会结合案例对相关知识进行深刻透彻的讲解，有的还会给出预防这些疾病的建议。

通过对这些活生生的病例的分析，学生们真切地感受到某些慢性病如高血压、高血脂等的发生是不良生活方式日积月累的结果，并非是到了一定的年龄突然形成的，从而与自己的生活建立起了联系，引起了对个人生活方式的关注。而且，学生还知道了这些疾病的发病呈现年轻化的趋势，越来越多地发生在年轻人身上，比如交流第四个问题的学生说："以前我对健康饮食的三低（低盐、低脂、低糖）很不以为然，可是，当我看到新闻中那个孩子的血浆都是乳白色时，我真的很震惊，原来心脑血管疾病也会发生在我们身上，不健康的生活方式是可以危及生命的。"其他同学对此也都产生了很大的共鸣。与此同时，学生也了解到了一些预防心脑血管疾病的方法，如不熬夜、不饮酒、不抽烟；食用低盐、低糖、低油脂的食物；进行必要的运动；保护环境，减少污染，增加空气中的负离子含量等。

由此可见，答疑解惑课因为解答的是学生真实的疑问，所以针对性强，容易引起共鸣，学生可以因为关注而了解，因为了解而认同，因为认同而践行，最终将健康的生活方式落实到自己的行为当中。

（二）通过 STEM 项目落实健康生活方式

STEM 项目的内容具有开放性，所有学生感兴趣并适合研究的健康生活方面的问题都可以作为项目的研究内容。STEM 项目的实施强调参与性，在 STEM 项目的六大教学原则中，情境性、实践性、开放性、生活性、协同性、延伸性原则都指向了学生的参与，参与不仅可以使学生了解健康生活的知识，认同健康生活的理念，还可以通过亲身践行落实健康生活方式。

例如，"家庭食谱的设计和烹饪"就是从健康生活的角度而设置的项目。该项目不是直接告诉学生如何搭配一日三餐，而是先出示正常情况下，不同年龄段的人们每天需要的各种营养的量，再出示他们一天的食谱，让学生从营养均衡的角度判断哪些食谱是科学的。为了作出准确的判断，学生需要广泛地查阅资料，了解食谱中的不同食物所含营养的种类和营养的量，再与日需求量进行比较，以判断食谱的科学性。随后，学生开展了家人健康状况调查，查看家人的体检报告和病历本，了解并记录下每个人的身体指标和健康状况。同学甲在了解到爷爷患有糖尿病后，在食谱中"不能吃的食物"后面标注出"糖尿病，禁用或少用含糖量比较高的食物"的字样；同学乙在食谱中标出痛风的爸爸不能吃的食物，如动物内脏、肉汤等；同学丙为患胆囊炎的妈妈设计的食谱取消了油炸食品和动物油的使用。在设计每顿的食谱时，首先是选好主食，其次根据主菜搭配小菜，以及相应的甜点、水果等。对于一天的食谱，很多学生都是先设计午餐，然后去除午餐已选用的食物，再设计早餐和晚餐。有了一天的设计，再进行适当的改变，就很容易形成一周的食谱了。

通过这一项目的实施，学生可以积累合理膳食的知识、掌握计算营养摄入量的方法、了解家人的身体及饮食禁忌情况，在此基础上，可以在对家人原有饮食习惯改进方面进行有针对性的指导，可以根据食谱进行烹饪以享用营养全面、均衡、合理的饮食，进而，还可以逐渐培养起自己健康饮食的习惯，进行合理膳食方面的宣传与推广，从而将健康生活的方式更好地落到实处。

总之，课程整合将社会责任蕴含在 STEM 项目建设中，通过项目选择，引发学生对社会问题的关注和思考；通过项目实施，提升学生责任担当的意识和能力；通过体验与尝试，感悟学科知识的价值与意义；通过成果的应用与推广，实现社会责任的有效落实。

附：课程整合案例

案例1 绿色植物与生物圈的水循环

（以主题为单位的整合）

"绿色植物与生物圈的水循环"是课程标准一级主题"生物圈中的绿色植物"中的一个二级主题。该主题对应的大概念是"绿色植物通过蒸腾作用参与生物圈的水循环"，这一大概念统领了本主题的所有学习内容。

对于本主题，学生已经具有以下知识储备：

1. 在小学《科学》课程四年级上册"水循环"一节，学习过的内容有：①水循环的过程；②绿色植物通过蒸腾作用参与生物圈的水循环；③验证蒸腾作用的实验方法。

2. 在初中《生物学》课程六年级上册"植物体的结构层次"一节，学习过的内容有：植物体五种不同基本组织的名称、特点、功能和分布。

3. 在初中《生物学》课程六年级下册"植株的生长"一节，学习过的内容有：①根的成熟区有大量根毛，内有导管；②木本植物茎的木质部内有导管，韧皮部内有筛管，它们都是输导组织；③植物的生长需要从土壤中吸收水分和无机盐。

本主题的教学分为三个课时，第一课时为前知展现和结构完善课，第二课时为探究实践课，第三课时为巩固应用和答疑解惑课。

第一课时　前知展现和结构完善课

由于本主题内容相对较少，所以将前知展现和结构完善合并在一个课时完成。前知展现环节要让学生充分展现对于本主题的前认知，并初步构建知识结构，同时暴露认知的空缺点和前科学概念，为后续教学奠定基础和提供依据。结构完善是在前知展现的基础上，通过自主学习、合作交流、教师点拨等方式完善知识结构，理清并强化正确的认知，同时梳理出未知或错误认知，为第二课时探究实践课学习内容的确定提供依据。

一、教学目标

1. 暴露学生的前认知，固化学生正确的认知，梳理学生的未知与错误认知。
2. 初步构建并完善绿色植物通过蒸腾作用参与生物圈的水循环的知识结构。

二、教学内容

由于课程整合教学是以主题为单位进行的整体性教学，因此前知展现和结构完善课的教学内容即是本主题所有的教学内容。

1. 概念梳理

表1 "绿色植物与生物圈的水循环"主题的概念层级

大概念	绿色植物通过蒸腾作用参与生物圈的水循环		
次级概念	绿色植物通过根吸收土壤中的水分	水分能在绿色植物的各个器官中运输	绿色植物体内的水分主要通过叶片散失到大气中
三级概念	1. 根的成熟区有大量根毛，是吸收水分的主要区域 2. 大量的根毛增大了吸水面积，与吸收水分的功能相适应 3. 蒸腾作用促进了根对水分的吸收	1. 植物体的各器官都有导管，导管是运输水分的结构 2. 导管中空以及相互连通的结构特点，与运输水分的功能相适应 3. 蒸腾作用为水分的运输提供了动力	1. 叶片上有大量的气孔，气孔是水分散失的"门户" 2. 气孔的结构特点与散失水分的功能相适应 3. 植物体内的水分通过蒸腾作用散失到大气中

2. 具体内容

本主题的内容涵盖了山东科技大学出版的《生物学》第三单元第三章"绿色植物与生物圈的水循环"两节中的所有知识，具体包括植物的生活需要水、根适于吸水的特点、水分的运输途径、植物的蒸腾作用、绿色植物参与生物圈的水循环。

三、教学设计

教学 环节	教师活动	学生活动	设计意图
情境 导入	出示生物圈中水循环的路径图，并提出问题：如果地球上没有绿色植物，水循环还能进行吗 出示学习资料并组织学生讨论 资料1：两个花盆，内置湿度相同的土壤。一个花盆内放一株生长良好的植物，另一个不放植物。取两个透明塑料袋，分别将整个花盆罩住并密封。用视频记录一段时间内塑料袋内壁水分变化的情况 资料2：据科学家测算，某热带雨林的降雨量是1950毫米/年，其中植物散失的水是1570毫米/年，占该雨林总降雨量的80.5% 在达成共识的基础上，进一步提出本节课的驱动性问题：绿色植物是怎样参与到生物圈的水循环的	说出自己的答案并阐明理由 观察实验现象并推测理由 阅读资料，思考交流，达成共识	用事实帮助学生认同绿色植物能够促进生物圈中的水循环，为提出本节课的驱动性问题做好铺垫
前知 展现	（一）自主学习 针对"绿色植物是怎样参与生物圈的水循环的"的问题，提出学习要求，展现前认知 学习要求： 请结合植物体各结构的特点，尝试独立用流程图（文字＋箭头）的形式写出植物参与水循环的具体路径，教师巡视，了解学生的前认知 （二）小组合作 组织学生开展小组合作并出示合作与展示要求 合作要求： 1.组长安排发言顺序，每位同学都要发言 2.倾听，并补充完善自己的流程图 3.记录小组内达成的共识、有分歧和疑惑之处 展示要求： 展示交流分为三部分：达成的共识、有分歧和有疑惑之处 （三）全班交流 组织学生进行全班交流，并梳理出学生暴露的问题	自主书写流程图 解读学习要求 小组交流，求同存异 班级交流并完善知识结构	以问题为驱动，暴露学生的前认知，一是可以整体构建出本主题初步的知识结构（流程图），二是可以暴露学生的知识盲点或误区，便于后续有针对性地组织学习活动

教学环节	教师活动	学生活动	设计意图
结构完善	（一）自主学习 提供资料，出示学习任务，组织学生进一步完善知识结构 学习任务： 1. 观察下图，用红笔在根、茎、叶结构模式图上画出水从土壤中进入植物体、在植物体内运输、直到散失到大气的具体路径 2. 用红笔完善环节一的流程图，并结合流程图描述绿色植物参与生物圈的水循环的过程 （二）小组合作 组织学生小组讨论 （三）全班交流 组织学生班级展示	解读并明确学习要求 小组讨论并展示交流，完善知识结构	根据提供的资料完善知识结构并进一步暴露疑难问题，梳理出后续学习任务
课堂小结	梳理出学生的疑问或分歧的问题，对问题进行筛选，确定贴合主干目标的问题，准备在探究实践课进行探究	倾听并记录存在的疑问	根据学习内容梳理出主干问题和枝节问题，作出探究实践课和答疑解惑课的学习内容安排

四、教学实录

（一）情境导入

师：（出示图片：生物圈中水循环的路径图）同学们，请观察这幅图片，推测如果地球上没有绿色植物，水循环还能进行吗？并说明理由。

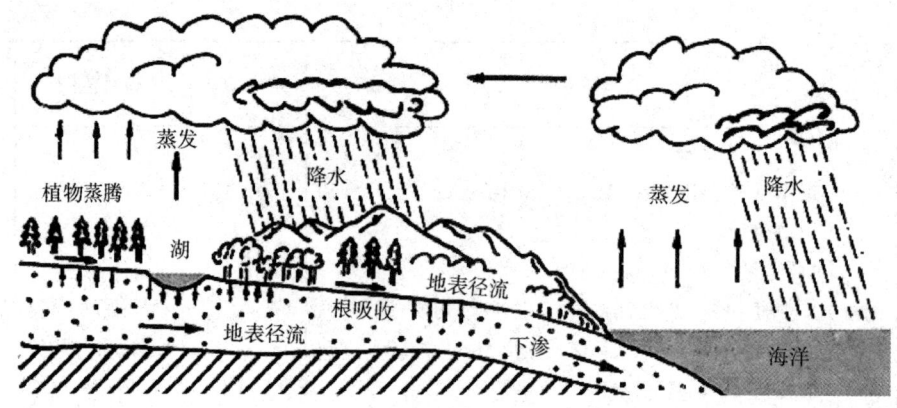

图1 "生物圈中的水循环"示意图

生1：没有绿色植物水循环也能进行。水从海洋和陆地蒸发到大气，再通过降雨回到海洋和陆地。

师：（板书画出水自然蒸发的循环过程图）确实，没有绿色植物水循环也能进行，那么，有了绿色植物对生物圈中的水循环有没有影响？如果有，有什么影响？（板书：画一棵大树）

生：有了绿色植物，生物圈的水循环会加快，因为有一部分水分会通过植物的蒸腾作用散失到空气中。

师：你们有没有见过水分通过植物散失呢？

（有的学生说见过，有的学生说没见过。）

师：下面我们来观察一组小实验。

【多媒体呈现】

实验方法：两个花盆，内置湿度相同的土壤。一个花盆内放一株生长良好的植物，另一个不放植物。取两个透明塑料袋，分别将整个花盆罩住并密封。用视频记录一段时间内塑料袋内壁水分变化的情况。

请大家推测：一段时间内两个塑料袋内壁的水分会有什么变化？并说明原因。

生2：有植物的那个塑料袋内壁出现水分的速度会比较快，没有植物的塑料袋出现水分的速度会慢一些。

师：（多媒体呈现录制的视频）如同学们所说所见，绿色植物能够散失水分，促进生物圈的水循环。请大家再看这则资料。

【多媒体呈现】

据科学家测算，某热带雨林的降雨量是1950毫米/年，其中植物散失的水是1570毫米/年，占该雨林总降雨量的80.5%。

数据表明绿色植物可以散失大量的水分。那么，绿色植物是怎样参与到生物圈的水循环呢？今天我们就一起来探究《绿色植物与生物圈的水循环》（板书课题）。

（二）前知展现

1. 自主学习

师：请结合图片思考，绿色植物怎样参与生物圈的水循环。（稍等片刻，让学生思考，思考后很多人举手。）

师：哦，大家都有自己的想法了，为了让老师能知道你的想法，我们把自己的想法写下来。请看学习要求。

图2 "绿色植物吸收、运输、散失水分"示意图

【多媒体呈现】

学习要求：请结合植物体各结构的特点，尝试用流程图（"文字＋箭头"的形式）写出植物参与水循环的"具体路径"。

（学生按照要求书写路径。）

2. 小组合作

师：同学们都写出了自己的想法，接下来咱们借助小组的力量碰撞一下，看看大家能否达成共识或者是否对你有新的启示。请看合作和展示要求。

【多媒体呈现】

合作要求：1. 组长安排发言顺序，每位同学都要发言。2. 倾听并补充完善自己的流程图。3. 记录小组内达成共识的，以及有分歧、疑惑的地方。

展示要求：展示交流分为三部分：达成共识的内容、有分歧、有疑惑的内容。

（学生小组讨论，师巡视，并记录小组合作的情况。）

3. 班级交流

师：大家在小组内进行了思维碰撞，下面我们来交流一下碰撞成果。

生1：我们小组达成共识的是：植物通过根吸收水分，水在茎中运输，输导组织将水分运输到叶片，然后通过叶片上的气孔散失到大气中。水到了天上变成了云，又变成了雨，落到土壤中，形成了地下水。我们暂时没有分歧或疑问。大家有补充或不同意见吗？

生2：水分在运输过程中应该是先经过枝条，然后再到叶片；水分出去是以水蒸气的形式，而且降水的方式有很多，除了雨，还可能是雪。

生3：我们认为吸收水的是根成熟区的根毛。

生4：我们认为水分到了叶片以后是进入了叶脉。

生5：水分经过茎，先是输导组织在运输，然后到了茎中，通过导管进行运输。

师：（在学生交流过程中不断完善板书）通过同学们的交流，可以看出植物通过吸收水分—运输水分—散失水分三个过程参与了水循环的过程。在此过程中，水分需要经过植物体内一系列的结构，刚才大家提到了根、茎、叶、枝条、叶脉、输导组织、导管等结构的名称，有人能理顺一下这些结构之间的关系吗？

生6：根里面有输导组织，根、茎、叶中有导管，叶中的导管在叶脉中。

师：枝条和茎有什么关系？

生7：枝条包含茎、叶、芽。

师：茎和输导组织以及输导组织和导管又有什么关系？

生8：茎中有输导组织，输导组织包含导管和筛管，导管位于木质部，筛管位于韧皮部。

师：（记录学生不理解的概念间的关系）大家还有补充吗？

生9：我认为茎也能散失水分。

生10：水分主要是通过叶片的气孔散失的，而且茎的树皮比较厚，摸起来比较干燥，所以茎不能散失水分。气孔除了能够散失水分还能让空气进出，有利于植物进行光合作用。

（三）结构完善

师：前面，同学们根据已有知识解释了"绿色植物怎样参与到生物圈的水循环"，那么，同学们的交流是否正确、完整？这还需要我们通过后面的学习进一步验证。现在我们总结一下达成共识的知识以及有疑惑的问题。

【学生前认知的梳理】

1. 正确认知：

①根、成熟区、导管之间的关系；②枝条、茎、叶之间的关系；③茎、木质部、导管之间的关系；④叶脉、导管之间的关系；⑤输导组织、导管、筛管之间的关系。

2. 未知：

导管、气孔的具体位置和分布特点。

师：通过刚才的交流我们理清了一些结构之间的关系，但是对于导管的分布和水分在植物体内运输的具体路径还有疑问。下面老师给大家提供一些资料，再继续探索，看能否帮你解决刚才的疑问，从而进一步完善我们的流程图。

1. 自主学习

师：请同学们看一下接下来的学习要求。

【多媒体呈现】

学习要求：

1. 请观察根、茎、叶结构模式图，用红笔在图上画出水从土壤中进入植物体、在植物体内运输、直到散失到大气的具体路径。

2. 请用红笔完善环节一的流程图，并结合流程图用自己的语言描述绿色植物参与生物圈的水循环的过程。

3. 流程图中要标注出植物参与水循环的生理作用、结构及结构所在位置。

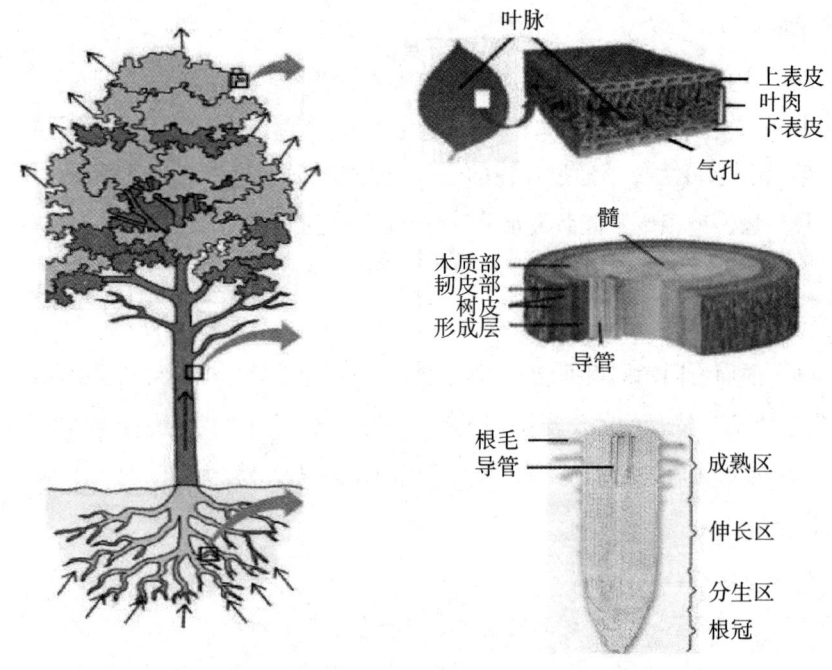

图3 "绿色植物的根、茎、叶结构"模式图

师：为了让同学们更好地理解学习要求，老师举个例子。比如水完成"吸收"这个生理过程，靠根毛这个结构，根毛位于成熟区这个位置。同学们写的时候按照要求写完整。

（学生进一步完成流程图。）

2. 小组合作

师：同学们都写出了自己的所思所想，下面我们再借助小组的力量进一步完善自己的流程图，同时看看能否解决我们任务一中暴露的问题（指着副板书中暴露的问题）。接下来的展示请同学们到台前，指图给大家讲解，同样要从达成共识、有分歧、有疑惑这三个方面进行交流。

（学生小组讨论。）

3. 班级展示

师：我们来交流一下小组合作的成果。

生1：根成熟区的根毛吸收水分以后，会通过茎木质部的导管向上运输，有一部分可能会进入树皮、形成层、髓，通过导管运输的水分会进入叶片的叶脉以及叶肉细胞，多余的水分会通过表皮上的气孔散失。同学们还有补充吗？

生2：我认为植物的各个器官都有导管，而且导管是连通的。

师：你的推测很有道理，下节课我们会通过实验进行验证。根中有没有导管？

生：（再次观察根的结构图）根成熟区中有导管。

师：所以，根毛吸收的水分应该是先进入根成熟区的导管，再进入茎木质部中的导管，叶脉中的导管。到达叶片后除了小部分被叶肉细胞利用，大部分水分通过叶片表皮上的气孔散失到大气中。同学们还有什么疑问吗？

生3：气孔位于表皮什么位置？空气也是通过气孔进出吗？

生4：气孔的开关受什么控制？

生5：水分的散失需不需要阳光？植物为什么要散失水分？

生6：水分为什么能在植物体内由下向上运输？这需要消耗能量吗？

（四）课堂小结

师：大家又提出了这么多问题，下面，我们理顺一下本节课的学习内容（指着板书）：①明确了水分在植物体内从吸收到散失的路径，以及根毛、导管、气孔所在的大致位置；②我们现在还存在的疑惑是：气孔的分布、结构特点以及气孔的工作原理是怎样的？植物散失水分有何意义？导管是不是分布在植物的各个器官？导管在植物体内是不是连通的？水分在植物体内运输的动力是什么？这些问题我们会通过以后的学习进一步解决。下课。

附：

图4　板书设计

第二课时　探究实践课

通过前知展现和结构完善课，学生构建起了初步的知识结构，也暴露了认知的空白点、疑惑点和错误点。根据学生暴露出来的问题，本节课选择与本主题主干知识相关的、对构建主题大概念"绿色植物通过蒸腾作用参与生物圈的水循环"至关重要的、需要通过探究来解决的问题，让学生设计实验、进行探究、得出结论，再根据得出的结论进一步完善此前构建的知识结构，从而打通绿色植物参与生物圈水循环的关键节点，形成对大概念的深入理解和知识结构的完整认知。

一、教学目标

1. 说出根尖与吸收水分功能相适应的结构特点。
2. 说出导管在植物体内的分布及其与运输水分功能相适应的结构特点。
3. 说出气孔在植物体内的分布及其与散失水分功能相适应的结构特点。

二、教学内容

学生在前知展现课上暴露出很多问题，如枝条与茎是什么关系？根尖有什么结构特点与吸收水分的功能相适应？导管分布在哪里，它有什么结构特点与运输水分的功能相适应？植物各个器官中的导管有什么联系？气孔分布在哪里，有什么结构特点与散失水分的功能相适应？水分在植物体内运输的动力是什么？水分在植物体内运输的具体路径是怎样的？

这些问题有的在上节课已经得到了解决，有的还没有解决。教师要对没有解决的问题进行梳理，筛选出对构建本主题大概念至关重要的问题，让学生通过探究实践去感知、解释或解决。本主题的大概念是"绿色植物通过蒸腾作用参与生物圈的水循环"，其次级概念分别针对水的"吸收""运输"和"散失"，因此对构建本主题大概念关系密切的问题应聚焦在"根如何吸收水分""茎如何运输水分"和"叶如何散失水分"三个方面。关于这三个方面，学生已知根的成熟区有大量的根毛可以吸收水分，但没有亲眼见过根毛，也不知道为什么大量的根毛有利于吸收水分；已推测出导管像管道一样适于运输水分，并且根、茎、叶等器官中都有导管，它们是连接贯通的，但没有直观地感受到；已知气孔在叶表皮上并且中间有孔，可散失水分，但不明确上、下表皮气孔数量及气孔的具体结构。所以，确定以下三个问题作为探究实践课的学习内容：

1. 根尖有什么结构特点与吸收水分的功能相适应？

2. 导管的结构及分布特点怎样与运输水分的功能相适应？

3. 气孔的结构及分布特点怎样与散失水分的功能相适应？

三、课前准备

1. 实验材料：生出根毛的玉米（或绿豆）幼根、带根毛的萝卜、带根的葱、带根的芹菜、带果实的樱桃枝条、冬青枝条、韭菜（新鲜和萎蔫的）、白色菊花等。

2. 实验用具：培养皿、放大镜、小木板、锥形瓶、透明塑料袋两个、烧杯、镊子、刀片、纱布、载玻片、盖玻片、显微镜、导管模型、标签、红墨水、彩色染料等。

四、教学设计

教学环节	教师活动	学生活动	设计意图
导入	引领学生回顾第一课时达成共识的内容，并聚焦学生的疑惑： 1.根尖有什么结构特点与吸收水分的功能相适应 2.导管的结构及分布特点怎样与运输水分的功能相适应 3.气孔的结构及分布特点怎样与散失水分的功能相适应	回顾第一课时达成共识的内容： 1.根的成熟区有根毛可以吸收水分 2.根成熟区的导管、茎导管、叶脉导管运输水分 3.叶片表皮上的气孔散失水分	梳理清楚学生对大概念"绿色植物通过蒸腾作用参与生物圈的水循环"的已知及疑惑点，明确本节课要通过实验解决的问题
探究实践	**任务一：探究根尖有什么结构特点与吸收水分的功能相适应** 出示探究要求并引导学生观察根毛及根尖结构图，总结根尖的结构特点 要求： 1.用放大镜观察玉米（或绿豆）苗幼根的根毛，思考根毛长在根的哪个部位？具有什么特点与其功能相适应 2.观察根尖结构图，思考成熟区除了根毛外，还具有哪种结构利于运输水分	观察玉米（或绿豆）苗幼根的根毛及根尖结构图，自主思考后交流，总结根尖适于吸收水分的特点	1.针对学生存在的问题，提供玉米苗幼根，让学生亲眼看到根毛并总结适于吸收水分的特点 2.观察根尖结构图，发现成熟区存在导管利于运输水分
	任务二：探究导管的结构及分布特点怎样与运输水分的功能相适应 1.探究导管的微观结构 出示探究要求并引导学生观察导管微观结构 要求： 观察导管模型及导管显微结构图，思考导管有什么结构特点与运输水分的功能相适应 2.探究导管的整体分布 （1）出示学习要求和参考资料并引导学生设计实验探究导管的分布	1.观察导管模型及导管显微结构图，总结导管适于运输水分的结构特点 2.设计实验，探究导管的分布	1.明确导管的分布、结构和功能

教学环节	教师活动	学生活动	设计意图
	要求： 请按照表格中的解剖部位和方法对樱桃枝条（木本）进行解剖，并描述实验现象，思考各器官中的导管分布有什么联系 参考资料：木本植物茎的结构图 （2）出示合作与展示要求并组织学生进行小组合作。 合作要求： ①组长安排好分工：每人解剖一个结构 ②仔细观察、记录实验现象，得出实验结论 展示要求： 拿着解剖的植物边演示边讲解。交流格式： 解剖部位—解剖方法—现象—结论 （3）出示补充资源：冬青枝条、芹菜、萝卜、葱、彩色菊花、番茄果实中导管分布的图片 （4）引导学生总结植物体内导管的分布特点	3. 小组合作解剖、观察并展示交流 4. 根据对樱桃枝条的解剖和教师提供的补充资源，总结导管分布特点	2. 直观地感受到植物体各器官内导管是连接贯通的，将植物体连成一个统一的整体
探究实践	任务三：探究气孔的结构及分布特点怎样与散失水分的功能相适应 1. 探究气孔的整体分布 出示两组实验并引导学生探究气孔的整体分布 实验一：有两组实验装置，一个花盆中有完整的植物，另一个花盆的植物去掉叶片，用塑料袋罩住植物部分，一段时间后观察两组塑料袋内水分的差异，并解释原因 实验二：将新鲜叶片浸在热水中，仔细观察叶片表面的现象，比较叶片正反面的气泡数量，并解释原因 2. 探究气孔的微观结构 出示探究要求并组织学生进行"观察叶片表面的气孔"的实验 要求： 参考课本第49页，制作叶片表面的气孔临时装片，观察并画出气孔结构简图。思考气孔有什么结构特点使其能够散失水分	1. 观察分析两个实验并得出结论 2. 做"观察叶片表面的气孔"实验、画气孔结构图，讨论并交流得出结论	明确气孔的分布及其结构和功能

续表

教学环节	教师活动	学生活动	设计意图
巩固评价	1.指导学生进一步完善知识结构图并巩固记忆 2.引导学生分析以下问题：绿色植物是怎样参与到生物圈的水循环的	1.根据本节课所学知识，进一步完善知识结构图并巩固记忆 2.归纳总结绿色植物是如何通过根毛的吸收、导管的运输、气孔的散失参与到生物圈的水循环	1.完善、固化知识结构 2.评价本节课的目标达成度
课后实践	布置实践性作业	以白菊花、彩色染料为材料，利用本节所学内容做一朵彩色菊花	学以致用

五、教学实录

（一）导入

师：在前知展现和结构完善课上，同学们已达成以下共识。

【多媒体呈现】

达成共识：

1.根的成熟区有根毛可以吸收水分。

2.根成熟区的导管、茎导管、叶脉导管运输水分。

3.叶片表皮上的气孔散失水分。

师：但是同学们对根毛、导管、气孔的具体结构和分布还存在很多疑惑，所以，老师对大家提出的疑问进行了提炼，本节课重点探究以下3个问题。

【多媒体呈现】

1.根尖有什么结构特点与吸收水分的功能相适应？

2.导管的结构及分布特点怎样与运输水分的功能相适应？

3. 气孔的结构及分布特点怎样与散失水分的功能相适应？

（二）探究实践

任务一：探究根尖有什么结构特点与吸收水分的功能相适应。

师：请同学们结合学案上的资料进行观察、思考，对上述第一个问题进行探究。

【多媒体呈现】

1. 用放大镜观察玉米（或绿豆）苗幼根的根毛，思考根毛长在根的哪个部位？具有什么特点与吸收水分的功能相适应？

2. 观察根尖结构图，思考成熟区除了根毛外，还出现哪种结构有利于运输水分？

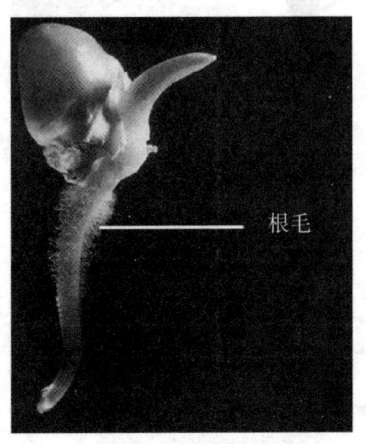

图 5　萌发的玉米种子

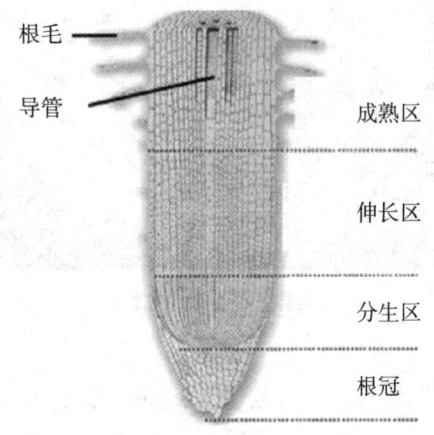

图 6　"根尖的纵切面结构"示意图

生 1：我发现玉米幼根的成熟区有毛茸茸的根毛，并且数量很多，有利于扩大吸收水分的面积。

生 2：成熟区还有导管，有利于运输水分。

师：（总结）成熟区之所以"成熟"，是因为这个区的细胞分化出根毛，根毛是表皮细胞向外突出形成的，水分透过一层细胞膜就能进入根内，而且根毛数量很多，增加了吸收水分的表面积，提高了吸收水分的效率；这个区的细胞还分化出导管这种输导组织，使吸收的水分能够及时运走。这些特点都利于根尖吸收和运输水分。

任务二：探究导管的结构及分布特点怎样与运输水分的功能相适应。

1.探究导管的微观结构

师：下面我们探究导管的微观结构，请同学们看探究要求。

【多媒体呈现】

要求：观察导管模型及导管显微结构图，思考导管有什么结构特点与运输水分的功能相适应。

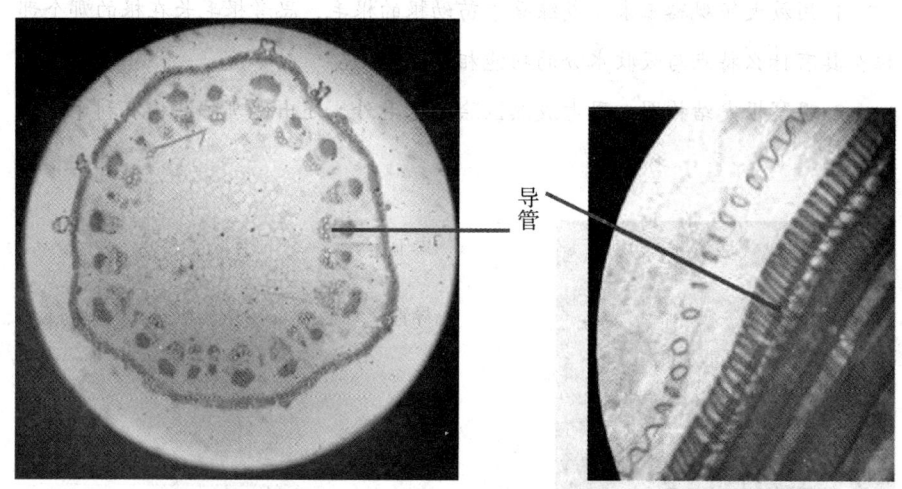

图显微镜下植物茎横切面   图8 显微镜下植物茎纵切面

（学生自主思考后，小组讨论完善答案，各组确定一人进行班级展示，展示的学生组织其他同学进行质疑和补充。）

师：请第1小组展示。

小组1：（拿着导管模型为大家展示）我们小组发现导管内部是空的，它的结构就像管子一样，这样才有利于运输水，与它运输水分的功能相适应。但我们不知道导管模型外面的纹是什么结构，其他小组有没有补充或为我们小组解答的？

生1：导管应该是多个细胞组成的。

生2：导管细胞应该是死细胞，细胞中间的细胞质等结构应该都没有了才能形成中空的管道。

生3：导管不是单个的，是一束一束的。

生4：导管周围的纹应该是细胞壁。

师：（总结）每根导管都是由许多长形、管状的细胞所组成的，这些细胞没有细胞质和细胞核，上下细胞间的细胞壁已经消失，形成一根中空的管道，利于运输水分。所以，正如同学们所说的导管细胞是死细胞。导管也确实不是一根一根的，而是一束一束的。导管外的螺纹或横纹是什么结构呢？同学们可课后查阅资料，待答疑解惑课和大家一起交流！

（教师对于学生暴露出的与本节课主干知识相关的问题，直接给予肯定或否定的答案。对于学生暴露的与本节主干知识关联不大的问题，如导管外面的横纹或螺纹是什么结构的问题，留到答疑解惑课处理。）

2. 探究导管的整体分布

师：我们已经知道根、茎、叶中都有导管，那花、果实、种子中是否也有导管呢？这些导管之间有怎样的联系呢？你能否设计一个实验验证它们的存在并探究它们之间的联系？

生1：把植物的枝条插在红墨水中，过一段时间看看哪个地方被染红，说明哪个地方有导管。

生2：可以把茎横切或纵切，看看里面导管的位置。

生3：也可以把叶片横切或沿主叶脉纵切，如果叶脉被染红，说明叶脉中有导管。

生4：可以把植物的花插在红墨水中，如果花瓣变红了说明花中也有导管。

生5：把带果实的樱桃枝条插在红墨水中，过段时间如果果实也被染红，说明果实中也有导管。

师：同学们的想法非常好。老师把带果实的樱桃枝条插进滴有几滴红墨水的水里，并在阳光下照射3~4小时，下面同学们就对其进行解剖，观察其中导管的分布情况，请看要求。

【多媒体呈现】

要求：请按照表格中的解剖部位和方法对樱桃枝条（木本）进行解剖，并描述变红的部位，思考各器官中的导管有什么联系。

表2 解剖部位及对应的解剖方法

解剖部位	解剖方法	现象（哪个结构变红）	结论
櫻桃茎	横切		
	纵切		
	环剥主干茎和侧枝茎的树皮		
叶柄基部	在叶柄与茎连接处掰掉一片叶		
叶柄	纵切		
叶脉	将主叶脉纵切		
果实	纵切		
种子	观察种皮		

（教师出示以下参考资料：木本植物茎的结构图）

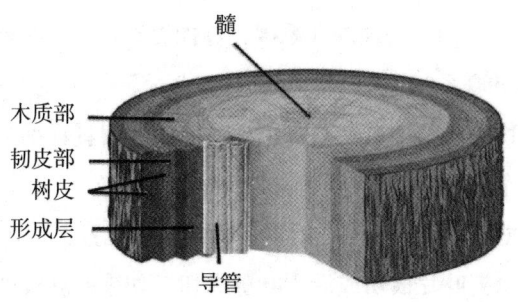

图9 "木本植物茎的结构"模式图

【多媒体呈现】

合作要求：

1.组长安排好分工，每人解剖一个结构。

2.仔细观察、记录实验现象，得出实验结论。

展示要求：

拿着解剖的植物边演示边讲解。交流格式：

解剖部位—解剖方法—现象—结论

（教师强调合作要求后，小组合作解剖观察。各组确定一人进行班级展示，展示的学生组织其他同学进行补充和质疑。）

师：请第2小组展示。

小组 2：（投影展示解剖的樱桃枝条的横切和纵切部分）我们小组把樱桃茎横切发现树皮和中间的髓没有变红，木质部变红，说明导管在木质部中。我们又将茎纵切，发现在茎内，导管是上下连通的。

生 1：（投影展示环剥树皮的樱桃枝条）我们小组把茎的树皮环剥，发现主干和侧枝都变红了，说明茎内导管是连在一起的。又把叶柄从茎上剥掉，发现叶柄和茎相连处也变红了，说明叶中导管和茎中导管是相互连接的。

生 2：（投影展示纵切樱桃叶片的叶柄和主叶脉）我们小组发现樱桃的叶脉都变红了，我们将叶柄和主叶脉进行了纵切，发现叶柄和叶脉中都被染红了，说明叶柄、叶脉中有导管。

生 3：（投影展示解剖的樱桃果实和种子）我们小组展示解剖的果实和种子，发现果肉里很多地方都被红墨水染红了，把果核敲开，发现里面种子的种皮也被染红了。说明果实和种子里也有导管。

师：（总结）通过解剖观察，我们发现樱桃的茎、叶、果实、种子中都有导管，而且它们是连接贯通的。那么植物六大器官中的根、花中有没有导管呢？

生：有，因为根吸收水才能运到茎。花也和茎相连。

师：是否如同学所说的这样呢，请看老师给大家提供的补充材料。

【多媒体呈现】

补充资源：冬青枝条、芹菜、萝卜、葱、彩色菊花、番茄果实中导管分布的图片。

师：（总结）通过对这么多植物的观察，我们发现植物的根、茎、叶、花、果实、种子等器官内都有导管，它们是连接贯通的，将植物体连成一个统一的整体。根吸收的水分，就是沿着导管运输到植株各处的。

但是植物吸收的水只有 1%~5% 被细胞各项生命活动利用，其余 90% 多的水都通过气孔散失到大气中参与生物圈的水循环。那么气孔的分布和结构又是怎样的呢？下面我们完成任务三：探究气孔的结构和分布。

任务三：探究气孔的结构及分布特点怎样与其散失水分的功能相适应。

1. 探究气孔的整体分布

【多媒体呈现】

实验一：观察下列两组植物，描述两组塑料袋内水分的差异，并解释原因。

图10 探究叶是水分散失的器官实验装置

师：请观察这两组植物，塑料袋内的水分有什么差异？为什么呢？

生：有叶片的那组塑料袋中有大量水分，没有叶片的那组塑料袋中几乎没有水分。说明水分主要是通过叶片散失的。

师：通过这个实验，我们知道叶片是散失水分的主要器官。那么气孔到底在叶片的哪个部位呢？下面我们再来进行一个小实验。

【多媒体呈现】

实验二：将新鲜叶片浸在热水中，仔细观察叶片表面的现象，比较叶片正反面的气泡数，并解释原因。

（学生小组合作动手实验并观察）

生1：我们小组发现叶表皮上有气泡冒出，说明气孔在叶表皮上。

生2：我们还发现叶片背面气泡比正面的多，说明叶片背面的气孔多。

师：通过这个实验我们知道气孔分布在叶表皮上，而且下表皮气孔比上表皮的多。

2.探究气孔的微观结构

师：气孔有什么结构特点能够散失水分呢？下面我们进一步来探究气孔的微观结构。

【多媒体呈现】

要求：参考课本第49页，制作叶片表面的气孔临时装片，观察并画出气孔结构简图。思考：气孔有什么结构特点能够散失水分？

（学生阅读课本，然后小组内分工，有的观察新鲜叶片表皮气孔，有的观察萎蔫叶片表皮气孔，画出气孔张开和关闭的两种情况图。教师巡视学生做实验及画图情况。）

生1：（投影展示画的气孔结构图）我画的是新鲜叶片表皮的气孔，气孔边上有两个细胞，中间有个孔，可散失水分。

生2：我补充一下，这两个细胞呈半月形。

生3：（投影展示画的气孔结构图）我观察的是萎蔫叶片表皮的气孔，两个细胞贴在一起，气孔没有张开。

师：气孔什么时候开，什么时候关呢？

生：叶片新鲜，水分比较多时气孔就张开。叶片萎蔫，水分减少气孔就关上。

【多媒体呈现】

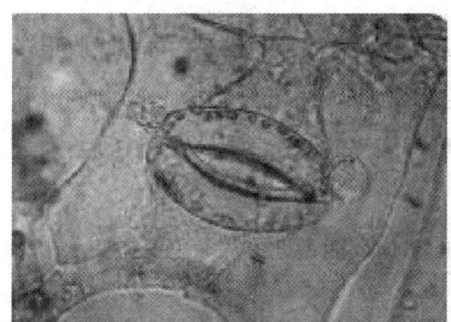 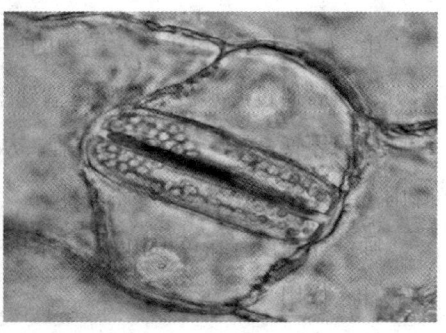

图11　张开的气孔　　　　　　　图12　闭合的气孔

师：（总结）围成气孔的两个半月形的细胞叫保卫细胞，它们中间围成的空腔就是气孔，水分通过气孔散失到大气中。当水分充足时气孔就张开，当水分减少时气孔就关闭。

（三）巩固评价

师：请结合本节课所学知识，进一步完善知识结构图。

（学生自主完善知识结构图，教师巡视指导并将优秀的知识结构图投影展示，其他学生对照完善自己的知识结构图，然后巩固背诵。）

师：请同学们结合结构图思考以下问题。

【多媒体呈现】

结合下图，说一说绿色植物是怎样参与到生物圈的水循环的？

图13 "绿色植物参与生物圈的水循环"示意图

生：（到讲台指图讲解）植物的根尖成熟区有大量的根毛，可以吸收很多水分；然后通过成熟区的导管运输到茎的木质部中的导管，再往上运到叶柄、叶脉中的导管；最后穿过叶肉细胞，从叶片表皮的气孔散失到大气中，再通过降雨落到地面上，被植物的根吸收。

师：如果没有绿色植物，生物圈中的水循环能否进行？绿色植物在水循环中起什么作用？

生：能，绿色植物能促进生物圈的水循环。

师：绿色植物正是通过根吸收水、茎运输水、叶散失水从而参与并促进生物圈的水循环。

（四）课后实践

师：课后请同学们以白菊花、彩色染料为材料，利用本节所学内容做一朵彩色菊花，观察导管在花内的分布。

师：同学们可能还存在其他的疑惑，课后请同学们写下来，待到答疑解惑课我们继续解答。

第三课时　答疑解惑和巩固应用课

本节课包含答疑解惑和巩固应用两部分。答疑解惑环节的设置，是因为在结构完善和探究实践后，学生对本主题的内容仍然会存在一些疑惑，需要在课内和课外采用一定的方式进行解答；巩固应用是指对此前构建的知识结构及教材中的相关内容进行巩固记忆，然后再运用本主题所学知识解决生活中的问题，此环节的主要目的是通过应用检查学生对概念的理解情况。

一、教学目标

1. 解答"绿色植物通过蒸腾作用参与生物圈的水循环"的相关疑惑。

2. 进一步完善"绿色植物通过蒸腾作用参与生物圈的水循环"的知识结构图，并巩固记忆。

3. 运用"绿色植物通过蒸腾作用参与生物圈的水循环"的相关知识解决生活中的问题。

二、教学内容

（一）答疑解惑的内容

经过前面的学习，学生对于本主题的内容已经基本掌握，但还存在一些疑惑。这些疑惑有些是关于所学内容知识方面的，有些是与生活密切联系的；有些是在前两节课学习过程中暴露出来的，有些是教师专门让学生提出的。对于这些问题，教师要进行分析、分类和筛选，有针对性地采用不同的方式加以解决。学生的主要疑惑有：

1. 与课内知识相关的问题

【1】较简单的

（1）气孔只能散失水分吗？

（2）为什么叶片下表皮比上表皮的气孔多？

【2】较复杂的

（1）植物的生活为什么需要水？

（2）水在植物体内运输的动力是什么？

（3）蒸腾作用的意义是什么？

2. 课外拓展的问题

【1】与导管相关的

（1）草本植物的导管在哪里？

（2）导管是怎样形成的？一束导管有几根？

（3）导管外的纹理是怎样形成的？

（4）细胞怎样获取导管中的水？

【2】与气孔相关的

（1）气孔怎样张开、闭合？如何区分气孔的内壁和外壁？

（2）气孔张开需要阳光吗？

（3）气孔小散失的水就少吗？

【3】与生物圈水循环相关的

（1）花和果实能否参与生物圈的水循环？

（2）植物参与生物圈的水循环的环境条件有哪些？阳光是必要条件吗？

【4】与蒸腾作用相关的

（1）只有叶能进行蒸腾作用吗？

（2）每种植物都能进行蒸腾作用吗？

（3）蒸腾作用是绿色植物参与生物圈水循环的唯一途径吗？

【5】与筛管相关的

（1）筛管的结构是怎样的？

（2）绿色植物参与生物圈的水循环与筛管有关吗？

对于这些问题，可采用让学生自行认领，通过查阅资料等方式分头加以解决。对于课上解答的问题，要制作课件准备课堂交流；对于其他问题，则可采用制作微课在班级群内分享、制作手抄报张贴在教室内等形式呈现答案，供同学们相互学习。在整个过程中，教师要对学生的答疑情况进行指导和把关。

在上述问题中，需要在课堂上进行解答的是对构建本主题大概念至关重要的、与课内知识相关的复杂的问题。因此，本节课课上解答的问题有三个：

1. 植物的生活为什么需要水？

2. 水在植物体内运输的动力是什么？

3. 蒸腾作用的意义是什么？

（二）巩固应用的内容

巩固应用的内容主要为本主题的知识结构图，具体如下：

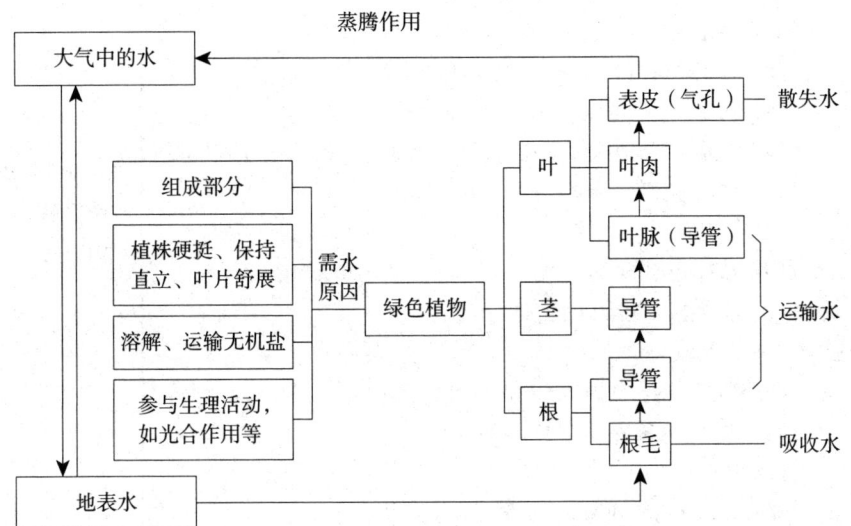

图14 "绿色植物参与生物圈的水循环"知识结构图

三、教学设计

教学环节	教师活动	学生活动	设计意图
导入	呈现本节课需解答的问题： （1）植物的生活为什么需要水 （2）水在植物体内运输的动力是什么 （3）蒸腾作用的意义是什么	明确本节课需解答的问题	
答疑解惑	出示展示要求，并组织学生讲解、交流要求： 展示的同学讲解时，其他同学倾听并记录要点，讲解结束后可进行评价、补充或质疑	课前安排的三个学生分别对三个问题进行讲解 其他学生倾听、评价、补充或质疑	通过学生的讲解、交流，对3个主要问题进行答疑解惑

教学环节	教师活动	学生活动	设计意图
巩固应用	任务一：完善结构、巩固知识 出示学习要求并组织学生完善知识结构图和巩固记忆 要求： 1. 自主完善 完善知识结构图（只写关键词，具体内容可标注在课本第几页），要涵盖以下内容： （1）按路径写出植物参与生物圈水循环的重要结构（根毛、导管、气孔）及其特点、功能、分布 （2）水对于植物的作用 （3）蒸腾作用的概念和意义 2. 组内互助 快速浏览组内其他同学的知识结构图，组内互助修正、完善自己的知识结构图 3. 巩固记忆 结合知识结构图和课本，巩固记忆，同桌抽背	1. 自主完善知识结构图 2. 组内互助完善 3. 巩固记忆	进一步完善知识结构图，并巩固记忆
	任务二：联系实际、学以致用 出示学习要求，并组织学生分析交流学案资料 要求： 阅读学案资料，圈出与本章有关的生物学知识，并在其旁边简要写明道理	1. 自主分析资料 2. 小组讨论完善答案 3. 小组展示交流，其他组评价、补充、质疑	理论联系实际，评价学生对本主题知识掌握情况
总结提升	出示问题并引导学生描述绿色植物通过蒸腾作用参与生物圈水循环的过程 问题：请结合知识结构图及生物圈中的水循环示意图，说明一棵大树如何参与生物圈的水循环，它在生物圈水循环中起什么作用	综合运用本主题知识解答问题	评价学生对"绿色植物通过蒸腾作用参与生物圈的水循环"概念的理解

四、教学实录

（一）导入

师：同学们，在"绿色植物与生物圈的水循环"这一主题的学习中，同学们提出了很多问题，有些问题探究实践课已经得到了答案；有些问题同学们课后查阅资料并张贴在教室墙上进行了展示；有些问题的答案已上传班级 QQ 群进行了分享，这节课我们主要解决以下三个问题。

【多媒体呈现】

1. 植物的生活为什么需要水？

2. 水在植物体内运输的动力是什么？

3. 蒸腾作用的意义是什么？

（二）答疑解惑

要求：同学讲解时，其他同学倾听并记录要点，讲解结束后可进行评价、补充或质疑。

问题 1：植物的生活为什么需要水？

师：下面首先请 ×× 同学为大家讲解！

生：大家好，今天我给大家讲解"植物的生活为什么需要水"。

在日常生活中，我们经常看到环卫工人给植物浇水，植物的生活为什么需要水呢？

我们先来看一组数据，植物体的含水量为 60%~80%，瓜果果肉 90%，幼嫩叶子 80%，树干 50%。我们再来看这两个苹果（边拿苹果演示、边讲解），一个是新鲜的，一个是已经干得皱巴巴的，它们里面都有水分吗？（分别切开新鲜的和皱巴巴的苹果，用吸水纸在苹果上贴一下。）我们用吸水纸一吸发现，不管是新鲜的还是皱巴巴的苹果里面都有水分。平日我们切菜时，会发现菜里面也会流出一部分汁液（切开生菜叶，用吸水纸检验），我们可以发现菜里面是含有水分的。不管是科学数据还是这些实验现象都表明植物体内含有水。由此可见，水是植物体的重要组成成分。

如果长时间不给植物浇水，叶子就会萎蔫、耷拉下来，但是浇水之后，植物又会硬挺起来，叶片也能舒展开。由此可见，水分充足可以使植株硬挺、直立，叶片才能舒展，有利于光合作用。

给植物施化肥后要浇水，你知道这是为什么吗？因为化肥中含有无机盐，但化肥是固态的，其中的无机盐不能直接被根毛细胞吸收，所以施完化肥要浇水，让无机盐溶解在水中从而被根毛细胞吸收。由此可见，无机盐只有溶解在水中，才能被植物体吸收，并运输到植物体的各个器官。

请同学们看这个小资料：水分从活的植物体表面以水蒸气状态散失到大气中的过程，叫作蒸腾作用。光合作用实质上是绿色植物通过叶绿体，利用光能，把二氧化碳和水转变成储存能量的有机物，并且释放出氧气的过程。由此可见，水还能参与植物的生理活动，如蒸腾作用、光合作用等。我的讲解结束，谢谢大家！

（其他同学针对讲解的内容提出疑问，讲解的学生小组或老师给予解答。）

问题2：水在植物体内运输的动力是什么？

生：大家好，下面我为大家讲解"水在植物体内运输的动力是什么"。

水之所以能在植物体内由下向上运输，是因为蒸腾作用会产生蒸腾拉力。当气孔张开后，气孔下腔附近的叶肉细胞因蒸腾作用而失去水分，含水量就会下降，细胞液的浓度就会升高，所以从相邻细胞夺取水分，失去水分的细胞又从旁边的另一个细胞取得水分。这就好像水分子之间是手拉手的，由于蒸腾作用使得大量的水分从气孔散失，但是，它们离开植物体之前，拉了后面的水分子兄弟一把，这样从气孔下腔到叶脉导管，再到叶柄、茎的导管，再到根部导管之间就形成了一系列的水势梯度，最终引起根从外界土壤中吸收水分。这种力量完全是由于叶片的蒸腾作用而形成的，不需要消耗能量。这样水就能在植物体内由下向上运输了。这是我的解答，谢谢大家！

（其他同学针对讲解的内容提出疑问，讲解的学生小组或老师给予解答。）

问题3：蒸腾作用的意义是什么？

生：大家好，今天我为大家讲解"蒸腾作用的意义是什么"。

先请大家看这个小资料：一株玉米从出苗到结实，大约需要消耗200千克以上的水。其中只有1%到5%的水参与组成植物体和进行各项生命活动。95%到99%的水都通过蒸腾作用散失掉了。这是不是一种浪费？蒸腾作用到底有什么意义呢？

　　刚才通过前面同学的讲解，大家已经知道：蒸腾作用能促进水分的吸收，拉动水分和无机盐在植物体内由下向上运输。我不再细讲。

　　大家来看这幅图片，图片中的植物由于缺水不能进行蒸腾作用，叶片已被太阳灼伤，再看第二幅图片，水分充足，植物能进行蒸腾作用，所以叶片未被灼伤。科学研究表明 1 克水在 20℃下蒸发，要吸收 2.44 千焦能量。因此水在蒸发时可以带走叶片表面的热量。由此可见，蒸腾作用能降低叶片表面的温度。

　　我们已经知道植物通过蒸腾作用参与生物圈的水循环，而且蒸腾作用散失的水占降雨量的 80.5%，由此可见，蒸腾作用能提高大气湿度，增加降水，促进生物圈的水循环。

　　下面我们总结一下，蒸腾作用对植物自身的意义。

　　1.产生蒸腾拉力，促进水分的吸收，拉动水和无机盐在体内的运输，保证各组织器官对水和无机盐的需要。2.能降低叶片表面的温度，避免植物因气温过高被灼伤。

　　对生物圈的意义，提高大气湿度、增加降水，促进生物圈的水循环。这是我的讲解，谢谢大家！

　　（其他同学针对讲解的内容提出疑问，讲解的学生小组或老师给予解答。）

（三）巩固应用

任务一：完善结构、巩固知识

1.自主完善

师：下面各自独立完善知识结构图，请看学习要求。

【多媒体呈现】

　　要求：（只写关键词，具体内容可标注在课本第几页）要涵盖以下内容：

　　（1）按路径写出植物参与生物圈水循环的重要结构（根毛、导管、气孔）及其特点、功能、分布。

　　（2）水对于植物的作用。

　　（3）蒸腾作用的概念和意义。

　　（学生按要求进一步完善知识结构图。）

　　2.组内互助

师：我发现，有的同学知识结构图构建得还有欠缺，下面请借助小组的力量继续完善。

【多媒体呈现】

快速浏览组内其他同学的知识结构图，组内互助修正、完善自己的知识结构图。

（教师巡视指导，寻找完成较好的知识结构图准备投影展示。）

师：我们来看××同学的知识结构图，谁来评价或补充？

（学生对展示的结构图进行评价、补充。）

3. 巩固记忆

师：请对照刚才的大家一起修改的知识结构图，再补充完善自己的知识结构图，然后巩固背诵。

【多媒体呈现】

结合知识结构图和课本，巩固记忆，同桌抽背。

（学生对照知识结构图和课本巩固记忆并抽背。）

任务二：联系实际、学以致用

【多媒体呈现】

要求：阅读学案资料，圈出与本章有关的生物学知识，并在其旁边简要写明道理。

【学案资料】

园林工人移栽树苗时，根部要带一个土坨，还要去掉部分枝叶，而且往往在阴天或傍晚进行移栽；移栽后要及时给树苗浇水、加上黑色网罩遮阴、有的树还要"打吊针"输入营养液（吊针针头要插入木质部，营养液中含有植物生长调节剂、无机盐、维生素等，可促使植物根系多而壮、增强抵抗力等），以促进移栽树苗的成活。树苗移栽成活后，逐渐长得枝繁叶茂，人们可以到大树底下乘凉。

图15 带土坨移栽的树苗   图16 大树底下好乘凉

（学生先自主思考，然后小组讨论形成组内相对统一的观点。）

师：请第1小组交流你们的见解，其他组倾听并补充或质疑。

生1：移栽树苗时根部要带一个土坨，可以保护幼根和根毛；去掉部分枝叶可以降低蒸腾作用，减少水分的散失；移栽后加上黑色网罩遮阴可降低光合作用；有的树还要"打吊针"输入营养液，吊针针头要插入木质部，因为木质部中有导管可运输水分。这是我们组的观点，大家有没有补充的？

生2：移栽树苗时根部要带一个土坨，土坨中还有水可以给树根提供水分。移栽后加上黑色网罩遮阴是为了降低蒸腾作用，减少水分的散失，提高树苗的成活率，而不是为了降低光合作用。

生3：我再进行补充，在阴天或傍晚进行移栽，这时光照弱、温度低，蒸腾作用弱，水分散失少，有利于成活。

生4：人们可以到大树底下乘凉，因为蒸腾作用散失水分，水分蒸发时可带走周围环境中的热量，所以大树底下温度低。

（四）总结提升

【多媒体呈现】

总结提升：请结合知识结构图及下图，说明这棵大树是如何参与生物圈的水循环的？它在生物圈水循环中起什么作用？

图 17 "生物圈中的水循环"示意图

生：（到讲台指屏幕讲解）首先，这棵树通过根成熟区的根毛吸收水分，其次通过根成熟区的导管将水运到茎和叶脉中的导管，最后通过叶表皮的气孔将水散失到大气中。大气中的水再通过降雨回到地表，渗入地下，或流到江河湖海中。这样这棵树就参与到了生物圈的水循环，而且能促进生物圈的水循环。

师：除此之外，植物的枝叶还能承接着雨水，减缓雨水对地面的冲刷；树林中的枯枝落叶就像海绵一样，能够吸纳大量的雨水渗入地下，补充地下水。一片森林就是一片绿色水库，"雨多它能吞，雨少它能吐"，我们应当保护森林，正如习总书记所说，"绿水青山就是金山银山"，让我们遵照总书记教导，守卫好我们的绿水青山！

案例2 细胞是生物体结构和功能的基本单位
（以课时为单位的整合）

课程整合不仅适合主题教学，也适合单一课时的教学；不仅适合新授课教学，也适合复习课教学。本课是一节复习课，以大概念"细胞是生物体结构和功能的基本单位"统整第二单元"生物体的结构层次"所有重要的知识，将前知展现、结构完善、答疑解惑、巩固应用4个课型改为教学环节，浓缩在一节课当中。本节课中，以构建知识结构为核心任务和总体策略，学生梳理生物体结构与功能的关系，教师板书呈现大概念的内涵，其目的均为构建起结构化的知识，并以此加深对单元大概念的理解。

一、教学目标

1. 构建生物体结构与功能关系的知识结构图。

2. 阐明细胞是生物体结构和功能的基本单位。

二、教学内容

1. 概念梳理

表3 "生物体的结构层次"主题概念层级

大概念	细胞是生物体结构和功能的基本单位					
次级概念	细胞是生物体结构的基本单位			细胞是生物体功能的基本单位		
三级概念	除病毒外，所有生物都是由细胞构成的	细胞都具有相似的结构：细胞膜、细胞质、细胞核	构成生物体的单位，按由小到大的顺序依次为细胞、组织、器官、系统	细胞的不同结构分别执行不同的功能，使细胞成为物质、能量、信息的统一体	细胞能进行分裂分化，以生成不同种类的细胞用于生物体的生长、发育和生殖	单细胞生物可以独立完成生命活动

2. 具体内容

本节课的学习内容涵盖了山东科技大学出版的《生物学》第二单元"生物体的结构层次"所有的重要知识，包括"细胞的生活""单细胞生物""动物体的结构层次""植物体的结构层次"几节中生物体的结构与功能、细胞的结构与功能的相关知识。其中，对"结构和功能"关系的理解是重点；对"细胞是基本单位"的理解是难点。

三、教学设计

教学环节	教师活动	学生活动	设计意图
前知展现	提出问题：生物体结构和功能的基本单位是什么 追问：为什么说细胞是生物体结构和功能的基本单位 下面，我们通过复习第二单元"生物体的结构层次"，进一步加深对这个问题的理解。要理解"为什么说细胞是生物体结构和功能的基本单位"，首先要知道生物体结构和功能的相关知识	说出自己已有的认识	展现学生对大概念"细胞是生物体结构和功能的基本单位"已有的理解情况
结构完善	任务一：梳理生物体结构和功能的关系 1.多媒体呈现合作和展示要求 合作要求： 组长组织小组内交流课前梳理的知识结构图，用红笔补充完善；每组确定一名发言人在班级展示。时间3分钟 展示要求： 用投影展示修改后的知识结构图并讲解，组织其他同学质疑或者补充 2.归纳总结 多媒体呈现多种单细胞生物图片，植物、动物生物结构层次图片，并引导学生梳理生物体的结构层次 板书呈现生物体的结构与功能关系 小结： （1）生物体的结构与功能的相关知识 结构：有的生物体由一个细胞构成，有的生物体由多细胞构成。多细胞生物有一定的结构层次，包括组织、器官、系统等 功能：生命活动主要表现在物质进出、能量转化和信息控制等方面 （2）细胞的结构与功能的相关知识 结构：动植物细胞共有的结构是细胞膜、细胞质、细胞核 功能：细胞是物质、能量、信息的统一体	小组交流课前梳理的生物体结构和功能相关知识。补充完善自己的知识结构图 展示交流，并组织其他同学质疑或补充 观察图片并说出单细胞生物和多细胞生物的结构层次	通过对生物体结构和功能知识的梳理，为理解本主题的大概念做知识上的准备 通过结构化的板书进行梳理，有利于学生从整体上认知生物体结构和功能的关系

教学环节	教师活动	学生活动	设计意图
结构完善	追问：为什么说细胞是生物体结构和功能的"基本单位"呢？ 讲解："基本单位"是指"能够完成全部功能的最小结构" 多媒体呈现一组风车、一架风车、风车的叶片等组成结构的图片 引导学生思考："风力发电"时能完成"发电功能"的基本单位是什么 结论：风车是能实现"发电功能"的最小单位。一组风车不是最小单位，风车的组成结构不能完成发电功能。对生物体来说，细胞是能够完成全部生命活动的最小结构，所以是基本单位 任务二：阐明细胞是生物体结构和功能的基本单位 过渡：怎么理解"细胞"是生物体的结构和功能的基本单位呢？下面，我们从单细胞生物和多细胞生物两个层面来分析 （一）单细胞生物 多媒体呈现草履虫图片 学习任务： 以草履虫为例说明，为什么对单细胞生物来说，一个细胞就是一个完整的生命体，能独立完成各项生命活动。时间3分钟 组织班级交流 追问：为什么"细胞"是单细胞生物体结构和功能的基本单位呢 追问：细胞膜是不是单细胞生物结构和功能的基本单位呢？为什么 多媒体呈现： （1）细胞的某个结构只能完成某种或几种生命活动，不能完成全部的生命活动 （2）对单细胞生物来说，细胞即生物体，细胞的生命活动即生物体的生命活动，所以以细胞是单细胞生物体结构和功能的基本单位	观察图片，思考交流对基本单位的认识 指图讲解单细胞生物能独立完成生命活动	此问指向的是学生认知的"盲点" 用生活中的例子类比细胞，通俗易懂，学生容易理解 以草履虫为例，通过讲解加深对细胞是单细胞生物体结构和功能的基本单位的理解

续表

教学环节	教师活动	学生活动	设计意图
结构完善	（二）多细胞生物 过渡：为什么"细胞"是多细胞生物体结构和功能的基本单位呢 多媒体呈现人体结构层次图片 学习任务： 以人体为例，结合组织、器官、系统的概念分析阐明，生物体的各结构层次（细胞、组织、器官、系统）中，谁是基本单位？为什么 多媒体呈现与人体运动产生有关的图片 学习任务：请结合上图分析说明"肌细胞"是人体产生运动的基本单位 同理：神经细胞是人体对刺激产生反应的结构和功能的基本单位 多媒体呈现： 小结 （1）生物体的各个结构层次都是生命活动的单位，但细胞是完成全部生命活动功能的最小单位 （2）构成生物体的每一个细胞都能相对独立地完成物质进出、能量转化和信息控制等全部生命活动 对照板书小结：对于多细胞动物来说，"细胞"也是生物体结构和功能的基本单位	分析比较细胞、组织、器官、系统在结构层次上的关系，得出细胞是最基本的单位 交流	通过追问，让学生理解生物体的结构和功能的基本单位，应该是能完成全部生命活动的最小单位——细胞，而非细胞的组成结构 此环节重在通过比较不同层次的结构，再次强化细胞是完成全部生命活动的最小单位，而非很多细胞组成的结构
巩固应用	1.多媒体呈现"概念梳理" （1）除____外，所有生物都是由____构成的，有的由____细胞构成，有的由____细胞构成 （2）生物体的生命活动主要集中在物质交换、能量转化、信息控制上，而细胞是____的统一体 （3）对单细胞生物，一个细胞就是一个完整的生命体，可以独立地完成各项生命活动，例如：____ （4）对多细胞生物，受精卵经细胞____形成组织，不同组织构成____，多个器官联合起来构成____，这些结构层次都是构成生物体的单位，但每个层次都是由细胞构成的，每一个细胞可以相对独立地进行各项生命活动	填写答案，同桌交流，巩固落实	通过概念梳理评价学生对大概念的理解情况，暴露学生的问题

教学环节	教师活动	学生活动	设计意图
巩固应用	2.知识巩固 对照屏幕上的概念梳理和学历案上的知识结构图及板书进行巩固，结合知识结构图说出为什么细胞是生物体结构和功能的基本单位 应用反馈：（2017年威海市初中学业考试题） 纷繁多彩的各种生物，外形上差异巨大。但是，透过表面现象可以找到它们的共同点——细胞、组织、器官和系统都是生物体结构和功能的单位。下面，让我们一起寻找"细胞是生物体结构和功能的基本单位"的例证 （1）除____外，不论植物界的花草树木，还是动物界的虫鱼鸟兽，都是由细胞构成的 （2）生物体内物质和能量的变化都是在细胞中进行的，如分解有机物释放能量的主要场所是细胞中的_____ （3）进行有性生殖的多细胞生物，都是由一个细胞——受精卵，经过____发育成新的生物体 （4）每个细胞核里的遗传物质都含有指导个体发育的全部____，因而使得每个细胞都具有发育成一个完整生物体的潜能 （5）有一类生物能够直接为"细胞是生物体结构和功能的基本单位"提供例证，这类生物是_____ 3．总结提升 无论单细胞生物还是多细胞生物，细胞都能够相对独立地完成生命活动，实现物质进出、能量转化和信息控制。所以，细胞是生物体结构和功能的基本单位 科学家正是利用了细胞含有完整的遗传信息，能够相对独立地完成生命活动的原理，发明了克隆技术	独立完成后对照正确答案订正，班级交流疑难	通过与大概念密切相关的综合题考查目标达成度
答疑解惑	组织学生提出疑问，并组织班级交流	提出疑问，互相解答	解答学生仍然存有的疑惑，进一步实现对本节知识的理解

四、教学实录

（一）前知展现

师：生物体结构和功能的基本单位是什么？

生1：细胞。

师：为什么说细胞是生物体结构和功能的基本单位？

生2：细胞核是细胞的控制中心，可以控制细胞分裂。

生3：对于单细胞生物来说，一个细胞就能进行各项生命活动，对于多细胞生物来说每个细胞都能相对独立地进行各项生命活动，又可以整体协调，构成统一的整体。

师：其他同学有没有补充，（举手同学较少）看来同学们对这个问题的理解不够深刻，这节课我们通过复习第二单元"生物体的结构层次"，来加深对"细胞是生物体结构和功能的基本单位"这个概念的理解。要理解概念，首先要明确生物体的结构和功能是怎样的关系。

（二）结构完善

任务一：梳理生物体结构和功能的关系

师：上课前，同学们已经梳理了生物体结构和功能的相关知识，下面我们交流一下，请看要求。

【多媒体呈现】

合作要求：小组内交流课前梳理的知识结构，修改完善自己的知识结构，确定一人班级展示。

展示要求：展示的学生组织其他小组或同学进行质疑或补充。

（学生小组合作，并对自己的知识结构进行完善，准备展示。）

师：请一组展示。

小组1：（投影展示完善后的知识结构）细胞的结构有细胞壁、细胞膜、细胞质、叶绿体。细胞壁的功能是保护和支持，细胞膜的功能是控制物质的进出，叶绿体的功能是进行光合作用，线粒体的功能是能量转换，液泡的功能是储存营养物质。这是我们组的观点，其他小组有补充吗？

生1：我认为细胞膜的功能还有保护和选择透过性。

小组 1：我同意细胞膜具有保护功能，但选择透过性我认为是细胞膜的特性，不是功能。

生 2：能量转换器不只有线粒体，还有叶绿体。

小组 1：同意你的观点，谢谢你。其他同学还有没有补充？

其他学生：没有。

师：看来同学们对生物体的结构和功能的相关知识掌握得不错。下面一起梳理一下（同时板书关键词，并用箭头进行关联），我们先来看生物体的结构，有的生物体由一个细胞组成，是单细胞生物；有些生物体由多个细胞组成，是多细胞生物。多细胞生物体是有一定的结构层次的，多细胞生物体的结构层次是怎样的呢？

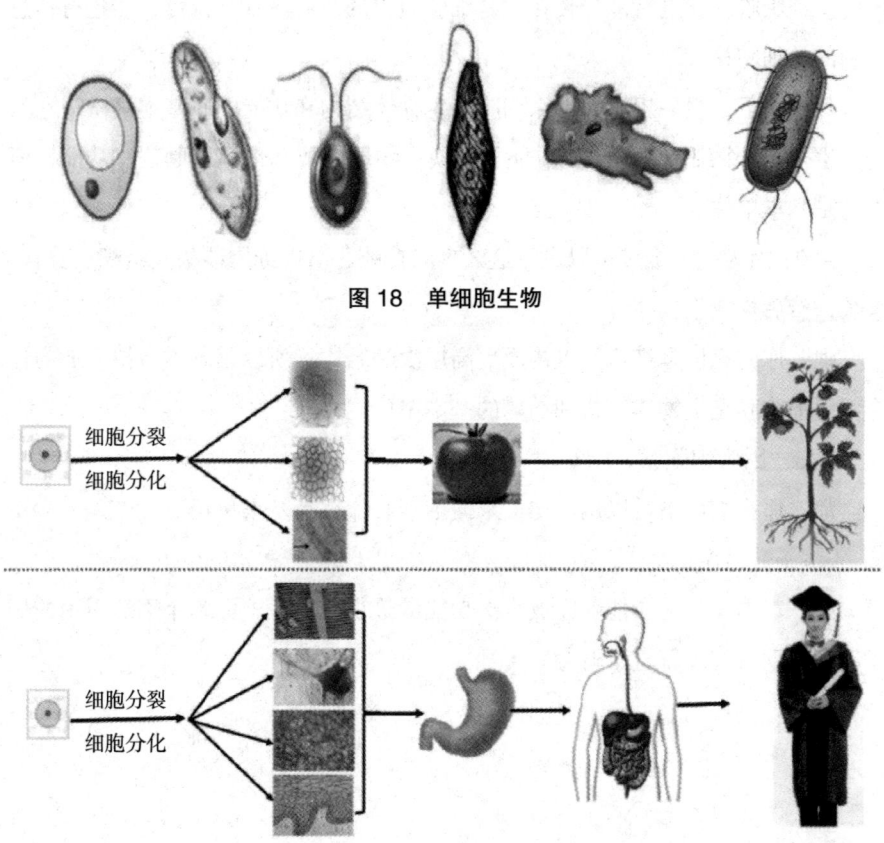

图 18　单细胞生物

图 19　植物体与动物体的结构层次

生 1：植物体的结构层次是：细胞→组织→器官→植物体

　　　　动物体的结构层次是：细胞→组织→器官→系统→动物体

师：这是生物体的结构，我们再来看生物体的功能。在学案中，我们列举了生物体的几种生命活动，这些生命活动的实现都离不开物质和能量；同时，这些生命活动受到生物体的调节和控制，也就是受到信息的控制。所以说，生物体的每一种功能的实现，都集中在物质进出、能量转化和信息控制上。

师：生物体是由细胞构成的，那么，细胞的基本结构包括哪些？是否也具有这些功能呢？

生 2：细胞基本结构包括：细胞膜、细胞核和细胞质。其中能控制物质进出的是细胞膜；能进行能量转化的是细胞质里的线粒体和叶绿体；能进行信息控制的是细胞核。

师：接下来想一想，为什么细胞是生物体结构和功能的"基本单位"？

生 1：一个细胞就可以完成能量转换、物质交换和信息控制这些功能，所以它是基本单位。

生 2：因为一个细胞可以进行这么多的功能，所以细胞能构成组织、器官、系统，然后构成生物体。

师：你的意思是细胞可以构成更高层次的结构，所以是基本单位。那为什么不说细胞膜是生物体结构和功能的基本单位呢？

生 3：因为细胞膜只能实现一种功能。

师：那我们可不可以用一句话来概括到底什么是基本单位。

（举手的同学很少）

师：基本单位是指能够完成全部功能的最小结构。下面举个生活当中的例子，来帮助我们理解这个概念。

【多媒体呈现】

一组风车

一架风车

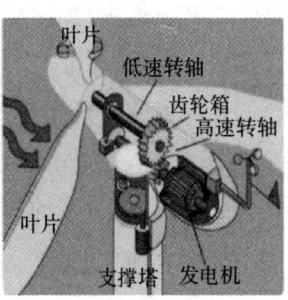
叶片等组成结构

图 20　风车及组成结构

师：图中能完成风力发电的基本单位是哪一个？是一组风车、一架风车，还是构成风车的某一个结构，比如说叶片？

生 1：叶片。

生 2：不对，是一组风车。

生 3：我认为风车是基本单位，因为风车的某一个结构是不能发电的，要组合在一起才能发电。

师：叶片不能完成发电的全部功能；一组风车里面的每一架风车都可以完成发电功能，是完成发电的基本单位。所以一组风车和构成风车的部件都不是完成发电的基本单位。

师：下面我们继续思考，为什么说"细胞"是生物体结构和功能的基本单位？

生 4：因为"细胞"能完成所有的生命活动。

生 5：我给他做补充，单细胞生物只有一个细胞构成，一个细胞就能完成所有的生命活动，说明细胞是基本单位。而我们每个人都是由受精卵发育成的，也说明细胞是人体结构和功能的基本单位。

师：按这个同学的思路，我们从单细胞生物和多细胞生物两个层面分析，为什么说"细胞"是生物体结构和功能的基本单位？

任务二：阐明细胞是生物体结构和功能的基本单位

1.单细胞生物结构和功能的基本单位是细胞

【多媒体呈现】

以草履虫为例说明，为什么对单细胞生物来说，一个细胞就是一个完整的生命体，能独立完成各项生命活动。时间3分钟。

生1：草履虫是单细胞生物，但是它能完成呼吸、营养、排泄等一系列生命活动，证明"细胞"是生物体结构和功能的基本单位。

生2：我给他补充一下，根据之前的学习可以知道，我们人体能完成呼吸、摄食、运动等生理功能。而单细胞生物也可以进行运动、摄食、排泄等生理功能，所以对单细胞生物来说"细胞"是生物体结构和功能的基本单位。

师：解释得有理有据。那为什么细胞膜不是生物体结构和功能的基本单位呢？

生3：草履虫的表膜就是细胞膜，表膜是草履虫用来呼吸的。

生4：我补充，表膜只能完成呼吸，不能完成全部的生命活动，只有完整的草履虫才能完成全部的生命活动。

【多媒体呈现】

小结

（1）细胞的某个结构只能完成某种或几种生命活动，不能完成全部的生命活动。

（2）对单细胞生物来说，细胞即生物体，细胞的生命活动即生物体的生命活动。

2.多细胞生物结构和功能的基本单位是细胞

【多媒体呈现】

请结合组织、器官、系统的概念分析，生物体的各结构层次（细胞、组织、器官、系统）中，谁是基本单位？为什么？

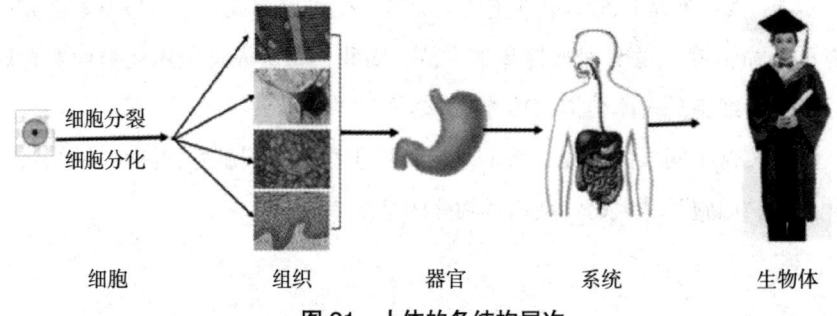

| 细胞 | 组织 | 器官 | 系统 | 生物体 |

图21　人体的各结构层次

生1：我认为细胞是基本单位，如果一个细胞没有分裂分化，也不会形成组织、器官、系统，不会形成生物体。

师：也就是说后面的结构层次的形成都是以细胞分裂分化为基础的。有没有其他意见？

生2：细胞是生物体能够独立完成所有生命活动的最小结构，它已经不能再分了，所以细胞是基本单位。

师：你是结合对"基本单位"的理解进行的概括和补充。有没有人能够从组织、器官、系统概念的角度来进行说明。

生3：细胞分裂分化形成组织，多种组织按照一定的次序结合构成器官，能共同完成一种或多种生理功能的器官联合起来构成系统。如果没有细胞，就没有组织、器官、系统，所以"细胞"是生物体结构和功能的基本单位。

师：刚才的分析是基于理论层面，下面我们结合实例进一步分析。

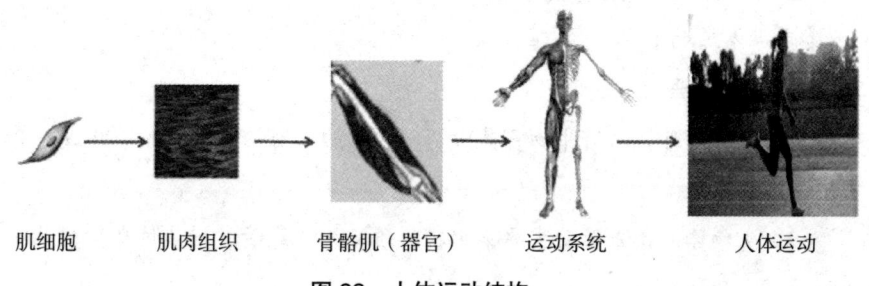

肌细胞　　　　肌肉组织　　　骨骼肌（器官）　　运动系统　　　　人体运动

图22　人体运动结构

【多媒体呈现】

师：为什么肌细胞是人体产生运动的基本单位？独立思考后，小组交流。

（小组合作，准备班级交流。）

小组2：我们小组认为，人体产生运动需要运动系统，运动系统由很多种与运动有关的器官构成，骨骼肌这个器官主要由肌肉组织等构成，肌肉组织的功能是通过收缩和舒张使机体产生运动，肌肉组织是由肌细胞构成的，肌细胞也能通过收缩和舒张使机体产生运动。就完成运动功能来说，肌细胞是最小的单位，所以肌细胞是产生运动的基本单位。

师：如果肌细胞分成更小的结构，还能否完成收缩和舒张的功能？

生1：不能。

师：人体的运动离不开物质、能量和信息。构成人体的不同层次，包括运动系统、骨骼肌、肌肉组织、肌细胞也都能进行物质进出、能量转化和信息控制。肌细胞作为物质进出、能量转化、信息控制的最小结构，它能够实现收缩和舒张的功能，所以肌细胞是人体产生运动的基本单位。

小结

【多媒体呈现】

多细胞生物体的各个结构层次都是生命活动的单位，但细胞是完成全部生命活动的最小单位。构成生物体的每一个细胞都能相对独立地完成物质进出、能量转化和信息控制等全部的生命活动。

师：（总结）对于多细胞动物来说，"细胞"也是生物体结构和功能的基本单位。

（三）巩固应用及答疑解惑

【多媒体呈现】

1. 概念梳理

（1）除____外，所有生物都是由____构成的，有的由____细胞构成，有的由____细胞构成。

（2）生物体的生命活动主要集中在物质交换、能量转化、信息控制上，而细胞是____的统一体。

（3）对单细胞生物，一个细胞就是一个完整的生命体，可以独立地完成各项生命活动，例如：_____。

（4）对多细胞生物，受精卵经细胞____形成组织，不同组织构成____，多个器官联合起来构成____，这些结构层次都是构成生物体的单位，但每个层次都是由细胞构成的，每一个细胞可以相对独立地进行各项生命活动。

（学生填写答案，同桌交流。）

2. 知识巩固

师：请同学们对照概念梳理，先自主巩固，然后同桌交流，一会儿进行检测。

（对照屏幕上的概念梳理和学历案知识结构及板书进行巩固，指着结构图说出为什么细胞是生物体结构和功能的基本单位。)

3. 应用反馈

师：下面快速完成学案上的检测题。

纷繁多彩的各种生物，外形上差异巨大。但是，透过表面现象可以找到它们的共同点——细胞、组织、器官和系统都是生物体结构和功能的单位。下面，让我们一起寻找"细胞是生物体结构和功能的基本单位"的例证。

（1）除病毒外，不论植物界的花草树木，还是动物界的虫鱼鸟兽，都是由细胞构成的。

（2）生物体内物质和能量的变化都是在细胞中进行的，如分解有机物释放能量的主要场所是细胞中的线粒体。

（3）进行有性生殖的多细胞生物，都是由一个细胞——受精卵，经过细胞分裂与分化发育成新的生物体。

（4）每个细胞核里的遗传物质都含有指导个体发育的全部遗传信息，因而使得每个细胞都具有发育成一个完整生物体的潜能。

（5）有一类生物能够直接为"细胞是生物体结构和功能的基本单位"提供例证，这类生物是单细胞生物。

（生对照正确答案批改，用红笔订正，交流和分析错误原因。）

4. 总结提升

师：无论单细胞生物还是多细胞生物，细胞都能够相对独立地完成生命活动，实现物质进出、能量转化和信息控制。所以，细胞是生物体结构和功能的基本单位。正是利用了这个原理，科学家发明了克隆技术，如威尔穆特发明了克隆羊多莉，有兴趣的同学可以课下查阅相关的资料。

5. 答疑解惑

师：对于这节课的内容你还有疑问吗？

（学生提出仍然存有的疑问，其他同学和老师解答。）

附：

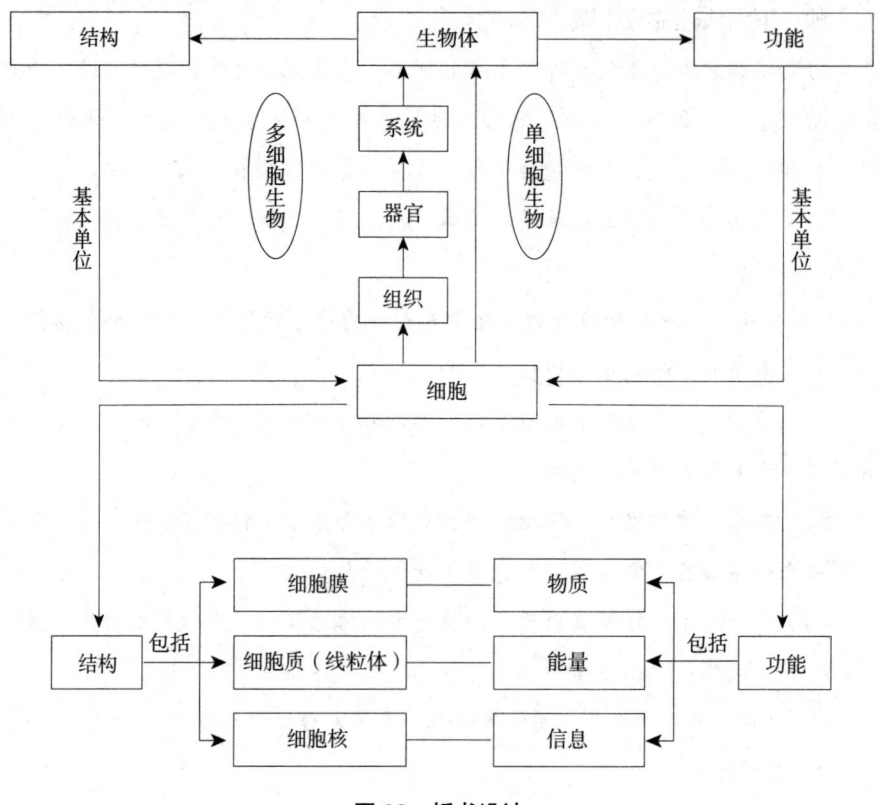

图 23 板书设计

学历案：

《细胞是生物体结构和功能的基本单位》复习课学历案

学习目标：1. 构建生物体结构与功能的关系概念图。

2. 阐明细胞是生物结构和功能的基本单位。

课前学习区：梳理生物体结构及功能的相关知识，填写在下面的结构图中。

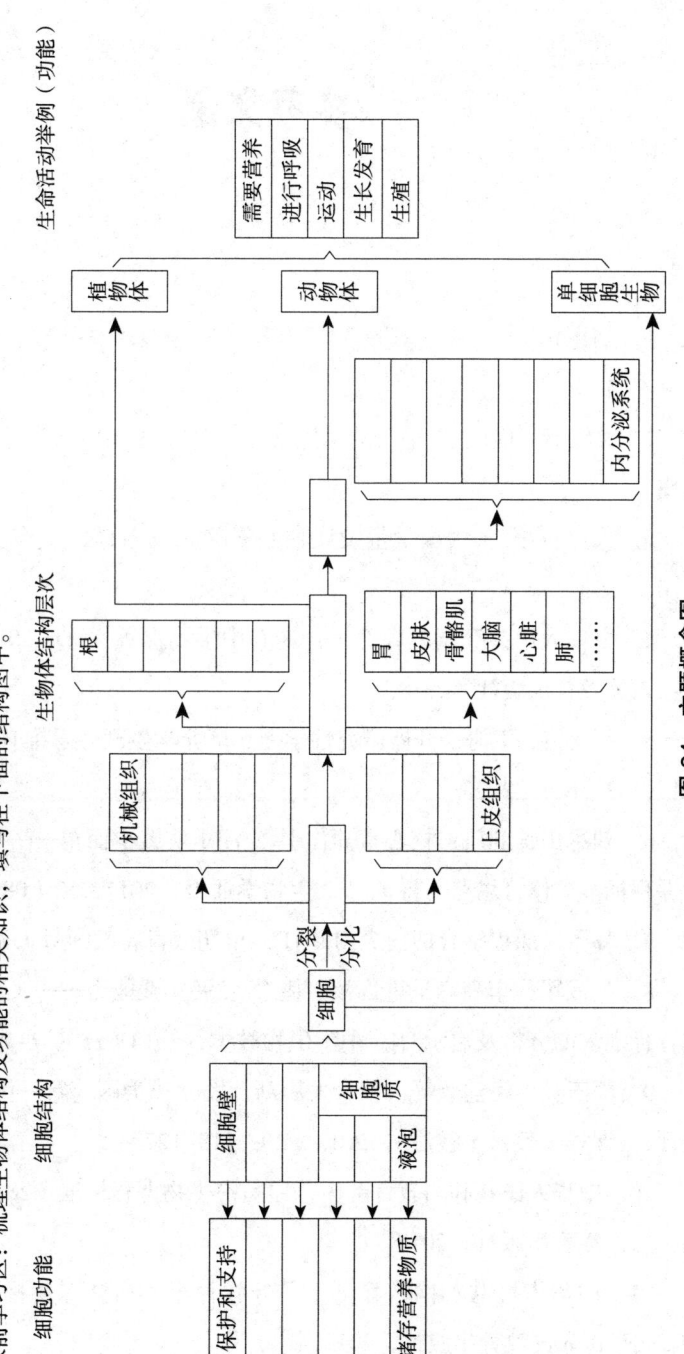

图 24　主题概念图

参考文献

1. 刘恩山："21世纪技能"呼唤科学教育改革《基础教育课程》，2010年第6期.

2. 林崇德. 面向21世纪的学生核心素养研究 [M]. 北京师范大学出版社，2016.

3. 人民日报.《中国学生发展核心素养》发布 [J]. 上海教育科研，2016（10）：85.

4. 中华人民共和国教育部·普通高中生物课程标准（2017年版）[M]. 北京：人民教育出版社，2018.

5. 荆永涛，王海. 开展研究性学习，培养学生理性思维 [J]. 中学生物学，2017，33（6）：22-23.

6. 刘恩山，刘晟. 核心素养作引领 注重实践少而精——《普通高中生物学课程标准》修订思路与特色 [J]. 生物学通报，2017，52（08）：8-11.

7. 韩雪. 课程整合的概念内涵 [J]. 早期教育（教师版），2002（12）.

8. 吴成军，李高峰. 重视核心概念 发展实践能力——《美国新一代科学教育标准》的分析及启示 [J]. 中学生物教学，2014（z1）：7-10.

9. 郭玉英，姚建欣等. 整合发展新蓝图——美国《新一代科学教育标准》述评.《课程·教材·教法》，2013（8）：118-127.

10. 中华人民共和国教育部·普通高中生物课程标准（2017年版）[M]. 北京：人民教育出版社，2018.

11. 中华人民共和国教育部·义务教育小学科学课程标准（2017年版）[M]. 北京：人民教育出版社，2017.

12. 义务教育生物学课程标准 [S]. 中华人民共和国教育部. 北京：人民

教育出版社，2011.

13. 教育过程 [M]. J.S. 布鲁纳. 人民教育出版社，1989.

14. 奥苏伯尔. 教育心理学 [M]. 人民教育出版社，1994.

15. 毛长俊. 语数外学习（高中数学教学），2014.

16. 阿尔文·托夫勒. 第三次浪潮 [M]. 中信出版社，2006.

17. L.W. 安德森. 学习、教学和评估的分类学——布卢姆教育目标分类学修订版 [M]. 皮连生主译. 上海：华东师范大学出版社，2008.

18. 张涛. 课程目标向课时目标的五步转化——以"说明动物的运动依赖一定的结构"为例 [J]. 中学生物教学，2016（19）：12–13.

19. 张涛. 试论"描述"与"概述"的区别 [J]. 生物学通报，2006，41（7）：34–36.

20. 张涛. 基于概念理解的教学过程分析与重建——以"神经调节的基本方式"一课为例 [J]. 课程·教材·教法，2014（8）：74–78.

21. 张海鸥. 整合实践活动，促进概念生成 [J]. 生物学教学，2017，42（6）：16–17.

22. 张海鸥. 多元评价促进生物学实践活动的有效开展 [J]. 生物学教学，2016，41（9）：56–57.

23. 吴成军. 以生命系统的视角提炼生命观念 [J]. 中学生物教学，2017（19）.

24. 苏科庚. 聚焦高中生物核心素养——对"生命观念"的理解 [J]. 中学生物教学，2016（8）：62–63.

25. 张涛. 帮助学生形成生物学基本观点之我见 [J]. 基础教育参考，2013（12）：40–42.

26. 钟启泉. "批判性思维"及其教学 [J]. 全球教育展望，2002，31（1）：34–38.

27. 谭永平. 从发展核心素养的视角探讨高中生物必修内容的变革 [J]. 课程·教材·教法，2016，36（07）：62–68.

28. 谭永平. 发展学科核心素养——为何及如何建立生命观念 [J]. 生物学教学，2017，42（10）：7–10.

29. 谭永平. 批判性思维与中学生物教材教学 [J]. 中学生物教学, 2016（13）: 10-12.

30. 许明. 基于模型建构的初中生物概念教学研究 [J]. 教学月刊·中学版（教学参考）, 2016（z1）: 57-60.

31. 黄伟东. 如何在初中生物教学中利用社会热点问题 [J]. 广西教育, 2012（26）: 80-81.

32. 美国国家科学教育标准 [S]. 美国国家研究理事会. 戢守志译. 北京: 科学技术文献出版社, 1999.

33. 发生认识论原理 [M]. 皮亚杰. 商务印书馆, 1997.

34. 民主主义与教育 [M]. [美] 约翰·杜威. 王承绪译. 北京: 人民教育出版社, 1990.

35. 学习的基本理论与教学实践 [M]. 莫里斯·L. 比格. 张敷荣等译. 北京: 文化教育出版社, 1984.

36. 教育走向生本 [M]. 郭思乐. 北京: 人民教育出版社, 2001.

37. 核心概念在理科教学中的地位和作用——从记忆事实向理解概念的转变 [J]. 张颖之, 刘恩山. 教育学报, 2010.

38. 张涛. 在生物教学活动中如何引导学生提出问题 [J]. 山东教育, 2007（08）: 22-24.

39. 罗伯特·所罗门, 凯瑟琳·希金斯. 大问题: 简明哲学导论 [M]. 张卜天译. 桂林: 广西师范大学出版社, 2014 年第 4 版: 37.

引用案例来源

1. 邓琳琳，威海市经济技术开发区皇冠中学——STEM 项目"雾霾来了——防雾霾口罩的制作"

2. 闫玉婷，威海市高新区第九中学——STEM 项目"自制菌棒——培养食用菌"

3. 隋芳，威海市文登区三里河中学——STEM 项目"制作生态瓶"

4. 禹法芹，威海市文登区实验中学——STEM 项目"葡萄酒的制作"

5. 刘新章，威海市乳山市怡园中学——STEM 项目"冬小麦的种植"

6. 侯志毅，威海市文登区张家产中学——STEM 项目"番茄的无土栽培"

7. 刘婷，威海市环翠国际中学——STEM 项目"厨余酵素，变废为宝"

8. 刘文凤，威海市荣成第十二中学——STEM 项目"腌制东北酸菜"

9. 张海鸥，威海市环翠区塔山中学——STEM 项目"制作彩虹玫瑰"

10. 李乃龙，威海市乳山市下初镇中心学校——STEM 项目"纳豆的制作"

11. 李晓静，威海市荣成第二十七中学——STEM 项目"纳豆的制作"

12. 吕萍，威海市临港区苘山中学——STEM 项目"豆腐乳的制作"

13. 张志威，威海市环翠区古寨中学——探究实践课"尿的形成和排出"

14. 林文杰，威海市环翠国际中学——结构完善课"生物与环境知识结构图"

15. 张晔，威海经济技术开发区皇冠中学——巩固应用课"人体的新陈代谢"

16. 王圆圆，威海市环翠国际中学——解疑答惑课"人体的新陈代谢"

17. 盛思源，威海市塔山中学初一四班——"黄粉虫养殖日记"

18. 孙小昀，威海市塔山中学初一二班——"校园生物种类调查报告"

19. 马燕飞，威海市实验中学——实践活动"小金鱼的学习行为"

20. 张志威，威海市古寨中学——实验图片"植物的呼吸作用"

21. 谷萍，威海市环翠国际中学——前知展现课"绿色植物的光合作用和呼吸作用"

22. 毕明松，文登区实验中学——山东省优质课"鱼类"

23. 丛雪雁，威海经济技术开发区皇冠中学——前知展现课"人体的新陈代谢"

24. 张海鸥，威海市塔山中学——探究实践课"绿色植物参与生物圈的水循环"

25. 林文杰，威海环翠国际中学——前知展现课"植物体的结构层次"